한 건국사상가의 초상

김범부(金凡父, 1897~1966)를 찾아서

한 건국사상가의 초상

김범부(金凡父, 1897~1966)를 찾아서

초판 1쇄 발행   2020년 8월 31일
초판 2쇄 발행   2021년 1월 31일

저 자	김정근
발행인	윤관백
발행처	도서출판 선인

등 록	제5-77호(1998.11.4)
주 소	서울시 마포구 마포대로 4다길 4(마포동 324-1) 곳마루 B/D 1층
전 화	02) 718-6252 / 6257
팩 스	02) 718-6253
E-mail	sunin72@chol.com

정가 21,000원
ISBN   979-11-6068-399-8   94100
          978-89-5933-395-0   (세트)

한 건국사상가의 초상

김범부(金凡父, 1897~1966)를 찾아서

김 정 근

도서
출판 선인

다솔사 시절의 범부(당시 40대)

이 책이 나오기까지

왜 지금도 범부인가

　김범부(1897~1966, 이하에서는 범부라고 부른다)는 직업적인 사상가였다. 돈이 벌리는 직업은 잠깐씩만 가지고 일생의 대부분을 책을 읽고 사색하고 글 쓰는 일로 일관했다. 그의 사상이 과연 독창적이고 미래 지향적이었다는 사실은 이제 알 만한 사람은 다 알고 있다.

　범부는 일찍부터 일제가 조선을 식민지로 지배한다는 것은 천부당만부당하다고 생각하여 가슴에 항일의식을 품고 살았다. 그래서 일제 식민지시대에 동지들과 더불어 독립운동을 전개하다 여러 차례 붙들려 옥고를 치렀으며 파산의 경험마저 겪은 처지였다. 따라서 그는 1945년 해방 이후의 정국에서 비교적 유리한 입장에서 입신출세의 길을 걸을 수도 있었다. 그러나 국회의원으로 활동하는 등 대외활동이 아주 없지는 않았지만 그것은 그야말로 짧은 기간이었고 범부의 생애에서 중요한 부분은 아니었다. 그는 큰 뜻에서 초지일관 오로지 생각하고 말하고 글 쓰는 일에 매진했다. 그는 과연 '직업적인' 사상가였던 것이다.

　범부는 풍류정신의 사람, 건국사상가, 통일사상가, 국민윤리의 창시자, 국민운동의 제창자, 새마을운동의 주창자 등으로 불린다. 한국 현대사의 중요한 대목 대목이 범부의 관심 주제였다. 그런데 여기서 주목해야 할 점이 있다. 범부의 의제 설정과 해결책이 후세에 귀감이 되고 있다는 것이다. 그것은 우선 범부가 채택한 주제가 민족이 당면한 초미의 과제들이었다는 것이고, 다음으로 접근의 원리와 방법론이 특이했다는 것이다. 같은 접근 방법이 모든 주제에 걸쳐 일관되게 관철되고 있다는 것도 눈여겨 볼 일이다. 시대적인 배경에 비추어보았을 때 이것은 매우 독창적이었다고 할 수 있다.

범부는 사람의 삶에서나 사회의 경영에서 원리와 방법을 매우 중시했다. 그는 그것을 힘의 원천으로 보았다. 원리와 방법이 제대로 섰을 때 흥이 돋고 일체감이 생기는 것이라고 보았다. 그런데 여기서 범부의 독창성이자 장점이라고 할 수 있는 것은 그 원리와 방법을 나라 바깥에서 가지고 오려는 생각을 하지 않고 나라 안에서 구하려고 했다는 점이다. 우리나라의 오랜 역사적 경험에서 그것을 추출하여 사용하려고 했던 것이다. 범부는 그것을 일러 '천명(闡明)'이라고 했다.

범부는 좋은 것을 세계의 여러 곳에서 구해다가 조합하여 사람들 앞에 내어놓으면 그것이 먹힐 것 같지만 실은 그렇지 않다고 했다. 좋은 처방이란 반드시 민족생활의 오랜 실험을 거쳐서 나온 마치 사람의 생리와 같은 것에서 나오지 않으면 안 된다고 보았던 것이다. 그래서 그는 당장의 필요를 충족시키기 위해 이것저것을 조합하여 만들어내는 '안출(案出)'이란 것은 삼가는 것이 좋고 민족전통의 오래된 고갱이라고 할지 영성(靈性)이라고 할지, 전통의 한복판 또는 핵심과 같은 데서 길어 올리는 것이 바람직하다고 보았다.

그렇다고 해서 범부가 국수적인 태도를 취했는가 하면 그것은 아니었다. 내 집을 짓기 위해서는 나의 형편, 주변의 산천과 토지, 인문과 자연의 환경 같은 것을 먼저 살피는 것이 중요하다는 것을 주장했던 것이며 나라의 바깥 사정을 두루 살펴서 아는 것은 얼마든지 타당하다고 생각했던 것이다. 외국 것이라면 무조건 따라서 하는 것을 능사로 여기고 그것을 턱없이 들여와 배합하여 사용하려는 태도를 경계했던 것이다. 그것을 알아보고 참고로 삼는 것은 얼마든지 좋은 것이라고 보았던 것이다.

범부는 특히 공적인 일에 관심이 많았다. 사적인 측면은 등한시한 면이 있었다. 따라서 일제 때는 나라의 독립과 해방이 주된 관심사였고 이후에는 건국과 관련한 여러 사항이 그의 일거리였다. 남북통일 문제도 그의 앞에 놓인 큰 과제였다. 이 모든 문제를 그는 '천명'의 관점에서 해결하려고 했다. 그에게 신라사, 풍류정신, 화랑도가 중요했던 이유가 다른 데 있지 않았다. 사실 그는 일생 동안 이 명제들의 구명과 적용을 위해 헌신하고 노력했다. 그는 민족의 오랜 지혜에서 건국사업, 국민윤리, 국민운동, 새마을운동의 여러 국면에 대한 해답을 구하려고 했다.

시간을 한참 건너뛰어 2016년 범부가 세상을 떠난 지 50년이 되었을 때 그의 풍류사상과 건국철학은 드디어 한반도의 통일사상으로 읽히기 시작했다. 그때는 몇 년 전부터 관심 있는 학자와 연구자들이 범부 사상의 중요성을 인식하고 현대적인 연구방법을 적용하여 자료를 발굴하고 해석 작업을 진행하여 알찬 결과물을 다량으로 내어놓고 있을 즈음이었다.

범부 사상에 대한 본격적인 재조명 작업에 신호탄을 처음 쏘아올린 것은 동리목월기념사업회(회장 장윤익)였다. 이 사업회는 2009년 4월의 동리목월문학제의 일환으로 범부 사상을 다루기 시작했다. 처음에 소박하게 채택된 이 주제는 그 이후 두 차례 더 반복되어 모두 3회에 걸쳐 심화되는 결과를 가져왔다.

2009년 동리목월문학제의 심포지움은 '김범부 선생과 경주문학'이라는 주제로 열렸다. 여기서는 이완재(영남대 명예교수), 진교훈(서울대 명예교수), 손진은(경주대 교수), 김정근(부산대 명예교수) 등이 주제 발표를 했고 질의응답이 있었다. 2010년에는 '동학 창시자 崔濟愚와 한국의 천재 金凡父'라는 주제 밑에 모였다. 여기서는 박맹수(원광대 교수), 우기정(영남대 외래교수), 김석근(건국대 외래교수), 이용주(광주 과기원 교수), 김정근(부산대 명예교수) 등이 주제 발표를 했고 여러 학자와 연구자들의 논평이 이어졌다. 2011년의 모임의 주제는 '한국사상의 원류: 동학과 동방학'이었다. 이 세 번째 모임에서는 김태창(오사카 공공철학공동연구소 소장), 장윤익(동리목월기념사업회 회장, 경주대 총장 역임), 윤석산(한양대 교수), 김정근(부산대 명예교수) 등의 발표가 있었고 토론이 뒤를 따랐다.

범부의 사상 문제를 치밀하게 천착한 또 하나의 그룹이 있었다. 그것은 영남대 철학과를 중심으로 구성된 범부연구회(회장 최재목, 선임연구원 정다운)였다. 이 연구회는 2009년 6월에 경북 경산에서 제1회 학술세미나를 개최했다. 이때는 단독 발표자로서 김정근(부산대 명예교수)이 등장했다. 그 자리에서 김정근은 '범부 연구의 새 지평'이란 논문을 발표했다. 이완재, 최재목, 우기정, 정다운 등의 토론이 있었다.

지금까지 있어온 범부 사상을 주제로 하는 모임 가운데 가장 큰 규모의 것은 2009년 10월에 영남대학에서 열린 범부연구회의 제2회 학술세미나였다. 세미나의 주제는 '凡父 金鼎卨의 思想世界를 찾아서'였다. 1박 2일로 열린 이 세미나에서는 무려 14편의 논문이 발표되었다. 이완재, 진교훈, 최재목, 김정근, 김석근, 이용주, 박맹수, 손진은, 우기정, 정다운 등이 발표했다. 발표 뒤에는 열띤 논평과 토론이 있었다. 이 세미나 때 배포된 자료집은 너무도 화려하여 가히 기념비적인 것이었다.

이 연구회의 제3회 학술세미나는 2012년 4월 영남대학에서 열렸다. 이 세미나는 '凡父 金鼎卨 研究의 새로운 地平과 深層'이란 주제로 펼쳐졌다. 여기서는 이완재, 진교훈, 김정근, 최재목, 성해준(동명대 교수), 김석근(연세대 외래교수), 이태우(대구가톨릭대 외래교수), 정다운(범부연구회 선임연구원) 등이 발표하고 토론했다.

범부연구회의 활동은 한동안 잠잠했다. 그러던 것이 '2019년 범부연구회 경주 세미나'의 형태로 다시 기지개를 폈다. 2019년 5월 경주향교 명륜당에서는 '범부 김정설 연구의 과제와 전망'이란 주제 밑에 동국대 김광식 교수의 '다솔사 안거법회(1939년), 개요와 성격'이란 논문 발표와 뒤 이은 토론이 있었다. 이때 생산된 자료집에는 '범부 관련 우수 논문' 두 편이 실려 있었다. 최재목 영남대 교수의 '범부 연구의 현황과 과제 및 범부의 학문 방법론'과 김정근 부산대 명예교수의 '범부가 세상과 소통한 방식'이 바로 그것이었다.

범부 연구에서 또 하나의 큰 획을 긋는 모임은 '범부 김정설 서거 50주년 학술심포지엄'이었다. 김동리기념사업회와 통일문학포럼이 이끈 이 모임은 2016년 10월 7일 서울예술의전당 컨퍼런스홀에서 있었다. 여기서는 정형진(역사연구가)의 '한국 고대풍류도와 통일시대', 김정근(부산대 명예교수)의 '한 건국사상가의 초상', 김석근(아산정책연구원 부원장)의 '김정설의 국민윤리론과 건국철학' 등이 발표되었다. 많은 사람이 모인 가운데 열띤 토론이 이루어졌다.

위에서 반세기도 더 전에 세상을 떠난 범부가 근래에 와서 역사의 무대 위에 다시 오르게 되는 과정을 대강 소개해보았다. 그것은 주로 동리목월기념사업회와 범부연구회가 주관한 학술세미나를 통해서였다. 그것은 사회적인 흐름과 요청에 따른 것이며 관련 학자와 연구자들이 그렇게 만든 것이었다. 이 시대 우리 사회에서 그와 같은 어마어마한 일이 학자와 연구자들을 중심으로 자연스럽게 일어난 것은 과연 일대 사건이라고 할 수 있고 역사적인 기적이라고 말해도 무리는 없을 것이다.

이 책에는 본문에 다섯 꼭지가 실려 있고 따로 부록이 첨부되어 있다. 본문에 실린 꼭지들은 저마다 범부의 접근 원리와 방법인 '천명(闡明)'이라고 하는 입장을 대변하기도 하고 적용하고 있기도 하다. 범부의 제자들이 남긴 회상기 여섯 편으로 구성된 부록 역시 이와 같은 범부의 입장을 지지하고 있다. 앞에서도 밝혔지만 범부는 우리 현실의 중요한 국면을 타개하기 위해 다양한 해결책을 제시하면서 언제나 민족의 영성(靈性)에 귀를 기울었다. 그는 그 태도를 일관되게 유지했다. 깊이 생각하면 이것은 보통 일이 아니다. 범부의 '천재성'(당대 사람들의 표현 – 필자)이 여기서 드러난다고 할 수 있다. 그는 그것 때문에 유독 풍류정신을 불러내고 동경대전과 동학가사를 읊었던 것이다.

나는 일찍이 '찾아서 시리즈'로 알려져 있는『김범부의 삶을 찾아서』,『김범부의 생각을 찾아서』,『김범부의 건국사상을 찾아서』3부작을 내놓은 적이 있다. 이번의 새 책 역시 같은 탐구의 연장선상에 있으며 약간의 진전된 생각을 담고 있다고 보면 무난할 것이다. 조그만 연구자로서 나는 이 시점에서 범부사상의 깊이 앞에 절로 고개가 숙여진다. 그의 사상에 대한 탐구에는 끝이라는 것이 있을 수 없다는 생각을 하게 된다. 그것은 여러 사람이 달려들어야 그나마 감당이 가능한 과제라는 짐작도 하게 된다.

이제 범부사상은 서거 50주년을 전후하여 이 나라의 건국사상이며 통일사상으로 부각되어 있다. 앞으로 그것이 어떻게 발전해갈 것인지 자못 궁금하다. 범부의 사상이 우리 사회의 의제로서 과연 어떤 모습으로 채택될 것인지 그 귀추가 주목된다. 나는 우리 사회가 통일시대로 한 발짝 더 가까이 다가설수록 범부사상에 대한 호출이 더욱 다급해지고, 따라서 깊이 읽혀지고 해석되는 일이 일어나게 될 것이라고 생각한다. 나는 범부의 유장한 사상이 우리나라의 발전을 위해 소중하게 사용되기를 바란다.

책의 출판사에 감사한다. 어려운 결심을 해준 윤관백 대표와 편집에 정성을 기울여준 담당자들에게 사랑과 존경을 보낸다.

2020년 8월
남녘땅 기장에서
김 정 근

차 례

| 머리말 | 이 책이 나오기까지: 왜 지금도 범부인가 ·························· 7

1장 범부의 풍류정신 천명과 『화랑외사』 구상
  : 국민도덕 세우기와 관련하여 ······························· 19

  1. 시작하며: 범부는 누구인가 / 19

  2. 범부의 신라사 이해 / 25

  3. 범부의 풍류정신 천명 / 33

  4. 범부의 『花郎外史』 구상 / 36

  5. 맺으며: 범부는 이른 시기의 노블레스 오블리주 주창자였다 / 46

2장 내가 보는 범부와 박정희(朴正熙)의 사승(師承) 관계
  : 박정희 집권 초기의 정치 기획과 관련하여 ································ 53

  1. 시작하며 / 53
  2. 두 사람이 서로 다른 길을 걷다 / 58
    1) 사상가 범부 / 59
    2) 군인 박정희 / 64
  3. 두 사람이 같은 길에서 만나다 / 68
    1) 1960년의 범부 / 69
    2) 1961년 박정희의 방문과 그 이후 / 76
      (1) 혁명공약 / 78
      (2) 첫 만남 / 79
      (3) 그 후 / 82
      (4) 오월동지회 / 90
      (5) 충고 / 95
      (6) 범부의 죽음 / 102
  4. 맺으며: 그 만남의 의미와 남겨진 과제 / 102

3장 한 토종 사상가의 삶과 생각
  : 이야기가 있는 범부 김정설 연보(年譜) ································ 111

  1. 이 연보가 나오기까지 / 111
  2. 이야기가 있는 범부 김정설 연보 / 116

4장 삼인정담(三人鼎談): 정치, 경제, 문화에 걸쳐 ························· 157

   1. 해설 / 157

   2. 삼인정담(三人鼎談) / 158

5장 여행기: 구름 따라 물 따라 천리를 가다 ························· 169

   1. 해설 / 169

     1) 문헌의 유래 / 169

     2) 문헌의 내용 / 171

     3) 왜 풀어쓰기인가 / 173

   2. 여행기 / 176

| 부록 | 회상기(回想記): 범부를 추억하며 ························· 201

   1. 해설 / 201

   2. 회상기(回想記) / 205

     1) 백씨(伯氏)를 말함 / 205

     2) 백씨 범부 선생 이야기 / 209

     3) 범부(凡父) 김정설(金鼎卨) 선생의 일 / 214

     4) 신라(新羅)의 제주(祭主) 가시나니

       : 곡범부 김정설 선생(哭凡父 金鼎卨 先生) / 217

     5) 범부(凡父) 선생과의 만남 / 218

     6) 간행사(刊行辭) / 224

• 찾아보기 / 229

1장

범부의 풍류정신 천명과『화랑외사』구상

국민도덕 세우기와 관련하여

1. 시작하며: 범부는 누구인가

김범부(金凡父, 1897~1966, 이하에서는 범부라고 부른다)는 드러난 것보다 숨겨진 것이 많은 인물이었다. 그런 면에서 특히 해석의 여지를 많이 남기고 세상을 떠난 삶이었다. 이 글에서 나는 근래 우리 사회에서 주목을 받기 시작한 범부학의 입문자로서 그가 생전에 하려고 했던 일의 국면에 대해 부분적인 해석과 추론 작업을 해보려고 한다. 내가 하려는 작업의 내용에 대해서는 나중에 좀 더 구체적으로 밝히게 될 것이다. 여기서는 그렇게 하기 전에 우선 범부의 생애와 그에 대한 새로운 사회적 관심에 대해 간략하게 소개해두기로 한다. 그렇게 하는 것은 아울러 이 글을 집필하게 되는 사회적 조건을 밝히는 일도 될 것이다.[1]

범부는 19세기의 마지막 밤이 깊어갈 무렵, 그리고 미처 20세기의 동이

---

[1] 범부 생애의 전반에 대해서는 다음 책을 참고해주기 바란다. 김정근,『풍류정신의 사람 金凡父의 삶을 찾아서』(선인, 2010). 이 글의 도입부는 대부분 이 책에 의존하고 있다.

트기 전의 시점인 1897년에 한반도의 남녘땅 경주에서 태어났다. 그가 태어난 것은 그해 2월이었는데 공교롭게도 같은 해 10월에 대한제국이 선포되었다. 그래서 그는 대한제국기의 전 기간에 걸쳐 유년과 소년기를 고향에서 보내며 글공부를 했고 거기서 유학(儒學)의 소양을 쌓았다. 어린 시절의 유학 읽기는 이후 그의 사상 발전의 기반이 되었다.

범부는 조의제문(弔義帝文)으로 유명한 점필재 김종직의 15대 후손이었다. 점필재의 증손 석령(錫齡) 계통의 자손이었다. 그 선조가 무오사화를 만나 화를 피해 경주 서면의 고란이라고 불리는 깊은 산골을 찾아들어 숨어 살게 되면서 조그만 선산 김씨 문중을 형성하게 되었는데 범부는 그 집안에서 태어났던 것이다. 범부의 조부 동범(東範) 때 서면을 떠나 경주 읍내로 들어와 살게 되었는데 범부 자신은 당시 경주부 북부리에서 태어나 성건리에서 자랐다. 기록에 보면 범부의 조부 동범은 동시대에 근처 현곡면에 살았던 최복술(나중의 수운 최제우)과는 어릴 때부터 서로 너나 하는 친구 사이였으며 평소에 자주 어울려 놀았고 그 관계는 복술이 나중에 관에 잡혀 형장의 이슬로 사라지기까지 계속되었다고 한다. 범부는 조부에게 들은 최복술의 이야기를 나중에 구술증언으로 남긴 적도 있었다.[2]

범부는 고향 경주에서 4세부터 13세까지 10년간 김계사(金桂史) 문하에서 글공부를 했다. 그런데 김계사가 누구였는지 지금까지 자세히 밝혀진 바가 없었다. 향리의 고명한 선비였다는 정도로 알려져 있을 뿐이었다. 그러던 중에 내가 최근에 접한 한 문헌에 따르면 김계사는 일찍이 경주 서편의 서악서원에서 공부한 당대의 큰 선비였으며 함께 공부한 사람 중에 나중에 동학의 2대 지도자가 된 최경상(나중에 해월 최시형)이 있었다고 한다. 함께 공부하긴 했지만 최경상은 김계사보다 5세 연장자였다. 같은 문헌에서 범부는 자라면서 스승이었던 김계사로부터 수운 최제우와 해월 최

---

[2] 金鼎卨 구술, 小春(金起田) 글, 「大神師 생각」, 『天道敎會月報』, 162호(1924. 3), 16~19쪽.

시형에 대해 많이 들었다고 한다. 김계사는 1832년에 태어나 1910년에 79세를 일기로 세상을 떠난 것으로 밝혀졌다.[3]

역시 같은 문헌에서 범부는 1950년대 후반에 『한국일보』에 연재한 「최제우론」에 이어 「최시형론」을 계속해 연재하려고 했으나 건강 사정으로 미루어 오다가 그만 때를 놓쳤다고 한다. 이것을 미루어보면 동학이라고 하는 사상의 코드는 범부 어릴 때부터 그 조부 동범과 스승 김계사에 의해 머리에 입력되었던 것이라고 이해할 수 있다.

대한제국이 막을 내리며 들어선 일제강점기에 범부는 사상범으로 지목을 받아 일제 형사들에게 쫓기는 신세가 되었다. 일제경찰의 문초와 투옥의 경험도 여러 번 했다. 그 때문에 자신과 맏아들은 광복 이전에는 직업도 가질 수 없었다. 광복 직전 시기에 범부 가족은 장남 지홍(趾弘)이 지금의 부산광역시 기장군 일광면 원당 마을에서 운영하던 굴 두 개 규모의 기와 공장에 생계를 의존하는 가파른 삶을 살지 않으면 안 되었다.

범부가 예의 기와 굴 마당에서 광복을 맞이한 것은 그의 나이 49세 때였다. 일제가 물러나자 그때까지 불온 사상가로서 구석으로 몰리며 살았던 그는 단박에 민족 사상계의 거목으로 등장했다. 그제야 그는 마음 놓고 시대와 사회의 요청에 따라 다양한 사상 활동을 펼치게 되었다. 광복 직후에는 부산에서 곽상훈, 김법린, 박창희, 오종식, 이시목, 이기주 등과 더불어 건국방책 논의를 목적으로 일으킨 일오구락부(一五俱樂部)의 리더였고 1948년에 서울로 올라와서는 동지들과 더불어 경세학회(經世學會)를 조직하고 건국이념을 연구하는 한 편 일련의 강좌를 열었다. 대한민국 시대에 들어와서는 유서 깊은 동래군의 민의원(국회의원), 고도 경주의 계림대학장, 서울의 동방사상연구소장, 오월동지회 부회장(회장은 박정희 당시 최고회의의장) 등을 역임했다.

---

3) 최정간, 『해월 최시형家의 사람들』(웅진, 1994), 44쪽.

위의 간략한 기술에서 보는 것처럼 범부는 일제강점기에는 그의 항일 자세와 행동 때문에 불온 인물로 몰려 주로 숨어 지내는 생활을 했다. 산사에 은거하면서 불교연구에 심취한 적도 있었다. 그는 경남 사천의 신라 고찰인 다솔사에도 오래 기거했다. 해방공간과 대한민국 시대에 들어와 어느 정도 대외적으로 나타나는 활동을 펼치기는 했으나 잠깐씩이었고 그것으로 그의 전모가 드러난 것은 아니었다.

그는 일생의 대부분을 주로 독서와 사색을 하며 살았다. 동시에 글을 쓰고 사상 강좌를 진행하는 한편 방대한 규모의 저술 기획을 가지고 있었다. 그 가운데 저술 기획은 여러 가지 사정으로 대부분 불발로 끝이 났고 다만 그 구상의 테두리만은 대강 전해지고 있다. 그래서 지금 남아 있는 그의 몇 안 되는 저작은 그의 큰 구상에 비추어보면 편린에 지나지 않는다고 할 수 있다.

범부는 일생 동안 천재 소리를 들으며 살았다. 그 소리는 한반도는 물론 제국주의 종주국인 일본에서까지 들렸다. 그의 당대에는 사상가로서 특출한 지위를 지니고 있었으며 따르는 제자들도 많았다. 그가 우리 사회에 남긴 유산 가운데 가장 큰 부분은 좌담, 단발성 강의, 연속 강좌 형태의 '말씀' 이었다. 범부의 언어는 당대 사람들을 사로잡는 무엇이 있었다. 목이 마른 그들에게 큰 위안과 영감이 되었던 것 같다. 위에서 지적한 것처럼 불행하게도 그는 여러 가지 사정 때문에 글의 유산은 그다지 많이 남기지 못했다. 이와 같은 관련에서 그가 1966년에 70세를 일기로 생을 마감한 이후에는 평소 그를 따랐던 제자들과 가족에 의한 약간의 추모 사업이 있긴 했지만[4]

---

4) 범부 서거 1주기가 되는 1967년에 凡父先生遺稿刊行會(회장 金庠基 서울대 사학과 교수) 에서 『花郎外史』 재판본을 펴냈다. 범부 서거 15주기가 되는 1981년에 같은 유고간행회 (이때 회장은 李鍾厚 영남대 철학과 교수)에서 『花郎外史』 3간본을 펴냈다. 범부 서거 20주기가 되는 1986년에 범부의 새 저서가 되는 『정치철학특강: 凡父遺稿』(以文出版社) 와 『풍류정신』(정음사)이 세상에 나왔다. 이 두 책은 광화문 출판문화회관에서 열렸던 범부 서거 20주기 추모식장에서 처음 선을 보였다. 책의 간행과 관련하여 유고간행회장 이었던 이종후 교수와 범부의 막내 사위인 진교훈 서울대 철학교수의 숨은 공로가 컸다.

그의 큰 족적은 속절없이 역사의 뒤안길로 사라져갔다. 빠른 속도로 산업화의 길에 들어선 우리 사회는 더이상 그의 지혜와 통찰에 관심을 가지지 않았다.

그런데 역사의 전복 능력은 아무도 모른다. 그의 사후 꽤 오랜 세월이 흐른 뒤에 범부는 의식 있는 학자들의 손에 의해 다시 역사의 무대에 올라서게 되었다. 그의 사상이 다시 주목을 받기 시작한 것이었다. 그가 세상을 떠난 지 30년 쯤 뒤가 되는 1990년대 이래 의식 있는 연구자들의 눈에 범부의 존재가 다시 부각되기 시작했고 2000년대에 들어와서는 그의 이름이 많은 사람들의 입에 더욱 자주 오르내리게 되었다. 그 예를 몇 가지만 들어보자.

김지하는 우리 사회에서 탁월한 시인이며 비중 있는 사상가이다. 그는 범부를 우리 민족에 기반을 둔 세계사상을 펼쳤던 사상가로 보았다. 그의 범부에 대한 언급 가운데 다음과 같은 것이 있다.

> 초점은 해방 직후의 김범부(金凡父) 선생에게 있다. 왜냐하면 현대 한국학의 최고 과제는 한마디로 줄여서 '최제우와 최한기(崔漢綺)의 통합'인데 제3휴머니즘의 철학적 근거가 될 범부의 「최제우론」과 「음양론」이 곧 다름 아닌 최제우와 최한기 통합의 지남침(指南針)에 해당하기 때문이다.[5]

역시 같은 김지하는 다음과 같은 발언도 했다.

> 김범부는 현대 한국 최고의 천재라고 생각한다. 사회주의와 자본주의 이후 제3의 휴머니즘으로 기존의 접근과 다르게 양자의 장점을 키우고 '한국학'을 추구하려 했기 때문이다. 제3의 휴머니즘은 미래 자본주의 단점을 밀어내고 장점을 취합한 것으로 자기체계를 가지고 있었다.

---

[5] 김지하, 『예감』(이룸, 2007), 484쪽.

다만 그가 책을 많이 안 쓴 것이 아쉽지만 당시 전쟁 전이라 책을 내 놓을 수가 없었고 그만큼 그도 분주했다고 생각한다.[6]

지금 '범부연구회'를 이끌면서 이 땅에서 새로운 접근 방법으로 범부 연구 활동을 주도하고 있는 영남대 철학과의 최재목은 범부의 존재를 다음과 같이 소개했다.

> 범부는 우리에게 잘 알려져 있는 소설가 金東里(1913~1995)의 맏형으로 근현대기 한국의 사상과 학술 면에서 탁월한 능력을 보였던 사상가로 흔히 '하늘 밑에서는 제일로 밝던 머리'로 평가된다. 그는 '風流' 및 '東方' 등의 주요 개념들, 아울러 '東方學' 연구의 방법론에 대한 탐색, 미당 서정주가 '新羅의 大祭主'라 표현했듯 '新羅－慶州－花郎' 개념의 중요성을 부각시킨 선각자라 할 만하다.[7]

이 글은 범부에 대한 이와 같은 새로운 사회적 관심을 배경으로 작성되는 것이다.[8] 그의 광활했던 사상세계와 활동의 한 측면을 조명해보려는 시도라고 할 수 있는데, 구체적으로 그것은 그의 국민도덕 세우기와 관련이 있는 것이다. 아마도 국민도덕 세우기 기획은 그가 벌였던 여러 가지 사업의 일부였을 터이지만 그의 전 생애를 관통하여 심혈을 기울였던 핵심 과

---

6) 영남대학교 신문방송사, 「嶺南學과 영남대학: 김지하 석좌교수와의 인터뷰」, 『영남대학교 개교60주년 기념호』(2007), 16쪽.

7) 최재목, 「凡父 연구의 현황과 과제 및 凡父의 학문방법론」, 『凡父 金鼎卨의 思想世界를 찾아서』(제2회 범부연구회 세미나, 영남대학교, 2009. 10. 24-25), 3~4쪽.

8) 우리 사회에 범부학의 새로운 시작을 알리는 긍정적인 신호가 그밖에도 다양하게 나타나고 있다. 이것과 관련하여 다음의 자료를 참고해주기 바란다. 정다운, 『범부 김정설의 풍류사상: 멋・和・妙』(선인, 2010); 우기정, 『범부 김정설의 국민윤리론』(예문서원, 2010). 위의 두 저자는 영남대 철학과의 최재목 교수 지도하에 범부 사상을 연구하여 박사학위를 받았다. 아울러 다음 서평 기사도 살펴주기 바란다. 최익현, 「잊혀진 사상가의 歸還」, 『교수신문』, 2011. 3. 21, 1면.

제였을 것으로 여겨진다. 그는 이 과제를 해결하기 위해 다양한 노력을 펼쳤던 것으로 보인다. 때로 강의의 형태로 또 때로는 글의 형태로 대응했던 것으로 드러나고 있다.

나는 이 글에서 범부의 국민도덕 세우기를 위한 노력의 일단을 검토하되 작업의 범위를 제한하여 우선 그의 전략 품목이었던 풍류정신 천명 활동을 읽어갈 것이다. 다음으로 같은 목적을 가지고 그의 유저 가운데 『花郎外史』의 저작의도를 살필 것이며, 이 저작의 내용과 기법에 대해 자세한 해석을 시도하게 될 것이다.

범부는 자신의 사상을 펼치기 위해 여러 가지 방법을 적용하였는데 문사철의 기법을 자유자재로 활용했다. 글의 경우 자주 문학의 형식을 빌리기도 했다. 내가 여기서 해석의 저본으로 삼고자 하는 『花郎外史』 역시 유장한 사상을 담고 있으면서 저자 자신의 표현대로 설화(說話)의 형식을 취하고 있다. 범부의 계씨가 되는 소설가 김동리는 설화 대신 전기소설이라고 규정하기도 했다. 영락한 대로 역사적 사실을 바탕으로 구성한 허구이므로 아마도 동리의 표현이 더욱 적절한 것일 수 있을 것이다.

2. 범부의 신라사 이해

범부가 생애를 걸고 추구했던 사업 가운데 새로운 국민 도덕의 원칙을 천명하는 과제가 포함되어 있었다. 한국인들이 일제의 식민지 백성으로서 나라 없이 산 경험에서 오는 폐해가 크다는 점을 인식한 범부는 그 문제를 국민 도덕의 확립을 통해 해결하려고 했다.

일제의 식민 지배를 받으면서 한국인들은 심한 상처를 경험하지 않으면 안 되었다. 그것은 궁핍한대로 동족끼리 치거니 받거니 하고 살 때와는 질적으로 다른 경험이었다. 나라를 잃어버린 상태에서 그들은 전반적으로 비통하고 우울한 분위기에서 살아야 했으며 행동은 자연히 조심스럽고 수동적으로 되었다. 두려움이 많아졌으며 전보다 남의 눈치를 많이 보게도 되었다. 그들은 낮은 자존감과 열등감에 시달리는 일도 흔히 있었다. 이것이 상처받은 백성들의 모습이었다. 이런 상황에서 특별히 부와 권력을 탐하거나 출세 지향적인 사람들은 특이한 길을 택하기도 했다. 그들은 이상한 몸짓으로 식민 종주국 사람들에게 접근했으며 빌붙고 아첨하는 일도 마다하지 않았다. 식민종주국이 제시하는 법과 제도에 발 빠르게 적응해가기도 했다. 그것 역시 상처 입은 인간의 또 다른 모습일 뿐이었다.

범부의 우려는 바로 거기에 있었다. 당대의 선구적 지식인으로서 식민 지배에 시달리는 백성들에게 어떤 리더십을 보여주고 무슨 말을 해주어야 할 것인가를 심각하게 고민했던 것 같다. 식민치하에서 굴절된 인간 행태의 문제도 문제였지만 그는 광복 이후에 벌어질 문제까지도 예견하고 걱정했던 것 같다. 식민지 백성이 나라가 독립되었다고 해서 하루아침에 상처를 깨끗이 털어버리고 자주적이고 품위 있는 인간으로 가뿐히 새롭게 태어나는 것은 아닐 것이었다.

과연 어느 날 갑자기 광복의 날이 닥쳐왔을 때 범부의 우려는 그대로 적중했다. 해방 정국과 6·25전쟁을 겪으면서 사회는 아비규환이었고 무질서 자체였다. 사람들은 서로에게 인간이고 동족이기를 거부했다. 도덕이 무너진 상태에서 사람들은 각자의 이익을 좇아 서로 엉켜 붙기도 하고 헤어지고 흩어지기도 했다. 나라는 되찾게 되었지만 국민은 없었던 것이다.[9]

---

9) 범부는 "民族이라는 것은 歷史性이 主가 되는데 國民이라고 할 때에는 國民的 自覺이 반드시 따라야 하는 것이다."라고 갈파했다. 범부의 '국민'에 대한 이해는 매우 복잡하며 의미심장한 데가 있었다. 그 깊은 곳에서 그의 유명한 '국민윤리론'이 탄생했던 것이다. 그래서 이 문제는 별도의 논의 공간이 필요할 것이라고 생각한다. 이것과 관련하여 다음의 문헌을 참고하면 도움이 될 것이다. 김범부, 「國民倫理特講」, 『花郎外史』(以文出版社, 1981), 187~240쪽. 특히 '국민'을 어떻게 정의하는가에 대한 언급은 같은 글의 202~203쪽에 나와 있다.

광복이 된 조국 땅에서 이제 도덕의 원칙을 세우는 문제는 더욱 절실해졌다. 그런데 범부에게 국민 도덕의 원칙이란 현대인의 필요에 따라 그때그때 '안출'하는 그런 것이 아니었다. 이것저것을 조합하여 만들거나 바깥으로부터 수입하여 즉석에서 두들겨 맞추어 세울 수 있는 것이 아니라는 견해를 그는 가지고 있었다. 오히려 국민 도덕의 원칙은 민족의 역사적 경험 가운데서 발굴하여 '천명'하는 성질의 것이라고 했다. 반드시 그 원천을 탐구해서 근거로 삼지 않으면 안 된다고 했다. 그래서 범부에게 국민 도덕이란 "民族的 人生觀의 傳統的 要素를 제쳐 두고는 찾을 수도 밝힐 수도 없는 것"[10]이었다. 그것은 모름지기 민족생활의 사실 가운데서 찾아 밝혀 시대에 맞추어 발전시킬 수밖에 없는 무엇이었다. 이것과 관련하여 범부는 그의 유명한 「國民倫理特講」에서 다음과 같은 관찰을 남기기도 했다.

> 國民道義라고 하는 것이 年來에 와서 대단히 문제가 되니까 혹 道義問題를 운위하는 사람들이 가령 이러 이러한 것을 崇尙했으면 道義가 바로 서지 않겠는가, 이런 생각으로 혹 글도 쓰고 말도 하는 사람이 있습니다. 그런데 그것이 성과가 있을 줄 모두가 기대하는 모양인데 결코 그렇지가 않아요. 왜 그러냐 하면 正直이 좋은 줄은 누구도 알고, 眞實이 좋은 것도 누구나 알며, 正義를 사랑해야 되는 것도 누구나 잘 안다 이 말이요. 이런 것을 陳列해서 자꾸 正直을 요구하고 眞實을 요구한다고 해서 이것이 實效가 나느냐 하면 안 난단 말입니다. 그러니까 이 民族이 所有한 倫理的 生理, 道德的 生理를 探求해서 그것에 呼訴하지 않으면 안 되는 것입니다.[11]

그래서 범부는 국민 도덕 문제를 고민하면서 우리 민족의 역사적 경험의 중요성에 눈을 돌리지 않을 수 없었다. 역사의 맥을 짚어 내려오면서

---

[10] 金凡父, 『花郎外史』(以文出版社, 1981), 「序」.

[11] 김범부, 「國民倫理特講」, 위의 책, 235쪽.

특히 삼국시대의 무게감에 주목하지 않을 수 없었으며 그중에서도 특히 민족을 통일국가로 만든 신라사에 비중을 두게 되었다. 범부의 이와 같은 자세는 당시 무엇이나 좋은 것은 다 서양에서 오는 것이라고 믿기만 했던 세태에 비추어보면 매우 특이한 것이었다.[12)

그런데 오늘 우리 사회에 신라의 삼국통일을 부정적으로 바라보는 기류가 있는 것 또한 사실이다. 그것은 고구려나 백제가 중심이 되어 통일이 되었다면 만주 대륙이나 일본열도가 지금 우리 영토가 되어 있을 것이라는 막연한 희망에 기초한 가정 때문이다. 또한 이민족 국가인 당나라를 끌어들여 통일전쟁을 수행한 데 대한 비판도 있다. 그러나 이것은 매우 부적절하며 위험하기까지 한 태도라고 할 수 있다. 역사 해석에서 '당대성'[13)이라고 하는 절체절명의 현실적인 요소를 무시한 처사이기 때문이다. 삼국 통일 당시의 상황을 고려하지 않고 오늘의 눈으로 관념적으로 역사 해석을할 수는 없다는 것이다. 오히려 그 세력이 가장 미미했던 신라가 어떻게 주변의 두 강대국을 꺾고 통일의 주역이 될 수 있었는지 그 이유를 더듬어 살펴 오늘의 교훈으로 삼는 것이 합리적이고 생산적인 자세일 것이다. 지금 우리 학계에서 이와 같이 합리적인 논지를 펴고 있는 학자가 여럿 있다. 아마도 다수가 아닐까 싶기도 하다.[14)

---

12) 오늘 이 땅에서 국민도덕 문제에 큰 관심을 가지고 활동의 초점을 맞추고 있는 데가 다양한 종교 계통이다. 그런데 여기도 범부의 입장에 비추어 보았을 때 성찰을 하고 넘어가야 할 대목이 있다. 종교 활동에서 제시하는 해답의 대부분 또는 거의 전부가 외국으로부터 오고 있다는 것이다. 그들은 하나같이 도덕의 기준을 인도, 중국, 팔레스타인, 아니면 미영독불 등 서양의 여러 나라에서 구하고 있는 것이다. 이것과 관련한 자료는 각종 종교 채널이 날마다 쏟아내고 있는 언설들에서 쉽게 확인할 수 있다.

13) 이덕일, 『교양 한국사 1: 단군조선에서 후삼국까지』(휴머니스트, 2007), 276쪽.

14) 李基白, 『韓國史新論』, 新修版(一潮閣, 1991), 98~102쪽; 이동철, 「삼국통일과 한국통일: 문화적 과제와 전략」, 김용옥 엮음, 『삼국통일과 한국통일』(통나무, 1994), 247~338쪽; 김기협, 『밖에서 본 한국史』(돌베개, 2009), 107~114쪽; 구대열, 『삼국통일의 정치학』(까치, 2010), 327~451쪽.

신라문명의 비교우위와 삼국통일의 저력을 불교사적인 입장에서 관찰한 사례가 있다. 그것은 도올 김용옥의 밝은 눈을 통해서였다. 그의 말을 직접 들어보기로 하자.

> 여기서 이제 우리는 조선三國에의 불교유입의 패턴을 보다 명료하게 파악할 수 있게 되었다. 불교의 고구려 유입에는 그 대륙성이, 백제의 유입에는 그 국제성이, 신라 유입에는 그 토착성이 두드러진 패턴을 형성한다. 결국 보편사의 기류속에서 승자가 될 수 있었던 것은 대륙성의 장대함도 아니요, 국제성의 섬세함도 아니었다. 그것은 토착성의 하나됨이었던 것이다! 여기에 바로 신라문명의 정치적·예술적 위대성이 있는 것이다. 신라문명의 후진성과 토착성이야말로 삼국통일의 위업을 달성할 수 있는 근본소이였던 것이다. (난 뿌리가 백제래서 체질적으로 전라도를 친근하게 느끼는 사람이다. 내가 이런 말한다고 경상도신라사람 정권체제에 아부한다고 왜곡하지 말지어다. 역사의 판단엔 오로지 양심만 있을 뿐이다. 春秋筆法!)[15]

신라는 삼국이 패권을 다투는 과정에서(그때는 민족의식이 없었고 서로 적국일 뿐이었다) 가장 늦게 발전한 나라였다. 백제는 4세기 중엽에 이미 전성기에 이르렀다. 백제의 근초고왕이 고구려의 고국원왕을 전사시킬 정도였다. 고구려는 5세기에 접어들면서 국력이 날로 팽창해갔다. 광개토대

---

15) 김용옥, 『나는 불교를 이렇게 본다』(통나무, 1989), 168쪽. 김용옥이 또 다른 지면에 발표한 신채호·함석헌 주도의 '고구려통일마땅론'에 대한 비판은 유명하다. "신채호나 함석헌 선생의 인상론적 마땅론, 즉 전혀 역사의 실상에 대한 치밀한 고증과 역사를 역사에 즉해서 해석하는 방법의 결여, 그리고 중국사를 포함한 한국사의 마당이 이루어지고 있는 주변 역사에 대한 포괄적 조감과 발달된 고고학적 성과에 의하여 새롭게 해석되는 고대사의 실상에 대한 이해의 부족에서 오는 매우 엉성한 이론, 그러한 이론의 허구성은 고구려가 망했으면 망하게 된 원인에 대한 치밀한 반성이 일차적으로 선행되지 못한 데에 있다." 라오서, 『루어투어 시앙쯔』, 윗대목, 최영애 옮김, 김용옥 풀음 (통나무, 1986), 132쪽을 참고하라.

왕은 대대적인 영토 확장사업을 펴 나갔다. 숙신을 복속시켜 요하 동쪽의 만주 땅을 차지했으며, 남쪽으로는 백제를 공격하여 한강 이북을 점령했다. 고구려, 백제보다 뒤늦게 발전한 신라는 6세기 진흥왕 때 크게 발전했다. 지증왕, 법흥왕의 뒤를 이은 진흥왕은 추풍령, 조령을 넘어 한강 하류와 원산만 북쪽까지 이르는 국경선을 구축했다. 이때 진흥왕은 국경지역을 시찰하고 비석을 세웠는데, 순수비 4개와 단양적성비가 그것이었다.16)

내가 합리적인 시각을 가지고 우리 민족사를 바라보는 학자들의 견해를 확인하기 위해 서가에서 이런 저런 문헌을 뽑아 살피는 과정에서 이런 해석이 있는 것을 보았다. 신라의 지배층은 우리 역사에서 아주 드물게 나타나는 노블레스 오블리주 정신을 지녔고, 그것이 신라 통일의 원동력으로 작용했다는 것이었다. 달리 말해서 신라 사회의 상층부에 요즘 표현으로 공적 정신(public mind)이 관철되고 있었다는 것이다. 신분이 높을수록 사회적인 책임을 더 많이 지려고 했으며 이기적으로 몸을 사리는 일을 삼갔다는 이야기였다. 내가 찾아본 제한된 범위의 자료에서 이 흐름을 가장 명시적으로 지적하고 주장한 학자가 앞에서 인용한 이덕일이었다.17)

국사학자 이만열은 신라 사회의 상층부에 확립되어 있던 공적 정신을 우리 민족의 중요한 자산으로 파악했다. 다음은 그의 논지를 따르면서 설명을 부연한 것이다.

---

16) 이만열, 『우리 역사 5천년을 어떻게 볼 것인가』(바다출판사, 2000), 168쪽.

17) 이덕일, 앞의 책, 293~299쪽. 이덕일의 경우가 그러하지만 나 역시 노블레스 오블리주나 공적 정신과 같은 개념을 우리 시대의 상식적인 차원, 말하자면 매일 신문과 방송에서 확인하는 수준에서 사용했다. 한편 이것과 관련하여 공(公)과 사(私)란 무엇이며 이 둘을 매개하는 공공(公共)이란 또한 무엇인가에 대해 동아시아의 전통이라고 하는 큰 구도에서 전문적으로 설명하려는 시도가 있는 것을 나중에 알게 되었다. 나의 이번 원고는 이 새로운 시도를 전혀 모르는 상태에서 작성되었다. 내가 사후에 알게 된 이 새로운 시도의 내용은 『월간 공공철학』, 1-4호(2011. 1. 1~2011. 4. 1)에 자세하게 소개되어 있었다. 이 운동의 중심인물은 일본을 거점으로 삼고 세계무대에서 활동을 펼치고 있는 공공철학공동연구소장 김태창 박사라는 사실도 같은 지면을 통해 알게 되었다.

진흥왕은 넓어진 국토를 관리하고 앞으로의 삼국 통일에 대비하여 화랑도(花郎徒)라는 교육 무사단체를 만들고 후원하였다. 그 후 진평왕 때 화랑도를 위해 당대의 고승이었던 원광법사가 제시했던 세속오계는 지금도 유명하다. 알려져 있기로는 이 세속오계는 신라 사회에 본래부터 전해오던 도의정신을 시대에 맞추어 재구성한 것이라고 했다. 그 내용은 이런 것이었다. 충성으로 임금을 섬기고(事君以忠), 효도로 부모를 섬기며(事親以孝), 신의로 친구를 사귀고(交友以信), 싸움터에서 물러서지 말며(臨戰無退), 살아 있는 생물을 가려서 죽여라(殺生有擇)고 하는 것이었다. 당시뿐 아니라 지금 보아도 매우 높은 정신의 천명이었다.

화랑도를 통해 수많은 인재가 배출되었다. 신라가 뒷날 삼국을 통일할 수 있었던 것은 화랑도를 통해 철저히 교육받은 젊은이들이 통일대업을 위해 기꺼이 헌신하였기 때문이었다. 신라가 국제적으로 중국의 당 세력을 끌어들였기 때문이라고 주장하는 것은 당시 신라의 신장된 역량과 내부 결속력을 과소평가한 까닭이었다. 다 아는 대로 신라는 마침내 당 세력마저도 물리치지 않았던가.

국사학자 이만열은 통일전쟁에 임했던 화랑 출신 젊은이들의 활약상을 다음과 같이 그리고 있다.

> 나당 연합군을 형성한 후, 신라의 백제 공격이 시작되었다. 김유신이 거느린 신라의 5만 군대가 탄현(숫재)을 넘어 오늘날의 논산 지방에 이르렀다. 백제 장군 계백과 5,000여 명의 결사대가 이곳을 지키고 있었다. 수로는 10배에 가까운 병력을 가진 신라가 백제군을 치열하게 공격했으나 네 번이나 실패하였다. 신라군의 사기는 떨어지고, 병사들은 더이상 공격할 의욕이 나지 않았다. 이 전투의 실패는 곧 나당연합군의 연합작전계획에 차질을 가져왔다. 신라군은 당군과 약속한 기일 내에 백제 수도 부여성까지 이르지 못하고 이틀이나 늦게 도착한 것이다.

신라가 이렇게 좌절하고 있을 때, 부사령관 김흠춘은 아들 반굴을 홀로 적진에 내보내 먼저 희생시켰다. 뒤이어 부사령관인 김품일의 아들 관창도 열여섯의 나이였지만 적진에 뛰어들어 장렬히 전사한다. 이를 본 신라의 장병들은 의연한 죽음에 감격하여 자신의 목숨을 돌보지 않고 싸움에 나섬으로써 결국 계백 장군의 방어선을 무너뜨릴 수 있었다.

두 부사령관과 그의 두 아들은 모두 화랑 출신이었다. 두 아들의 희생은 지도자인 두 부사령관 자신의 희생이었다. 이렇게 통일 전쟁에 임했던 화랑 출신의 지도자들은 일반 백성에 앞서 자신이 먼저 실천하고 희생하는 행동으로 백성을 지도한 것이다.[18]

이만열은 같은 글에서 또 다른 화랑 이야기를 전하고 있다.

김유신 장군의 가정교육 또한 감동적이다. 전장에서 후퇴하여 목숨을 건진 아들 원술 장군이 경주의 집으로 돌아왔을 때, 김유신 장군 부부는 화랑의 계율을 어긴 아들을 나무라고 그 뒤 평생 동안 아들을 보지 않았다. 비록 부모에게는 외면당했으나, 김원술은 675년 의정부 근처의 매초성 전투에서 당의 이근행 장군이 이끄는 20만 대군을 격파할 때 가장 큰 공을 세웠다. 이러한 지도자들 밑에서 신라의 젊은이들은 조국을 위해 즐거이 희생을 감수했다.[19]

생전의 범부 역시 오늘날 역사 해석을 합리적으로 수행하는 학자들과 다를 바 없는 신라사 이해를 견지하고 있었다. 그 점에서 그는 지금 학자들의 선구자였다고 보는 것이 오히려 적절할 것이다. 그는 우리 민족을 바로 세울 수 있는 사상을 신라사에서 보고 있었다. 현대에 되살렸을 때 자산이

18) 이만열, 앞의 책, 168~170쪽.
19) 위의 책, 170쪽.

되고 힘이 되는 전통의 유산이 신라정신에 있다고 확신하기에 이르렀던 것이다. 두말할 것도 없이 그가 가장 중요하게 보았던 요소 역시 신라 사회 상층부의 노블레스 오블리주 정신이었다.

이것은 아마도 범부를 생전에 깊이 알았던 경우, 또는 그의 사후에 연구를 통해 그의 사상에 대한 깊은 이해에 도달한 사람들이라면 쉽게 승복할 수 있는 대목이 될 것이다. 그것은 다름이 아니라 그와 같은 범부의 확신의 배경에는 일찍이 그가 쌓았던 동서철학의 비교연구, 광범위한 독서, 독특한 학문방법인 즉관법(卽觀法), 오증자료론(五證資料論), 거기에 더하여 그의 천부적인 종합적인 사고 능력이 바탕에 깔려 작용하고 있었다는 사실이다.

3. 범부의 풍류정신 천명

범부의 이와 같은 신라사 이해에서 범부 특유의 풍류정신 천명과 해석이 뒤따르게 된 것이었고 그것은 오히려 자연스러운 일이었다. 그는 삼국통일이라고 하는 엄청난 사건의 배경에는 반드시 위대한 '민족적 인생관'이 깔려있을 것으로 보았다. 그것이 통일 위업의 동력으로 작용했던 것으로 파악했던 것이다.

한편 범부는 그 동력의 핵심을 풍류정신이라고 지목하고 그 정신의 구현태를 화랑 또는 화랑도(花郎徒)라고 제시했으면서도 그것의 내용이 어떠한 것이라고 그 어디에서도 충분히 자세하게 밝히지는 않았다.[20] 물론 설명이 아주 없지는 않았지만, 오히려 애매한 태도를 보이면서 앞으로의 연구 과제로 남겨두기도 했다. 이것과 관련하여 그는 다음과 같이 말했다.

[20] 정다운은 앞의 책에서 '멋·和·妙의 관점에서 범부의 풍류사상을 분석했다. 이 저작은 지금 단계에서 매우 선구적인 작업이다.

花郎은 우리 民族生活의 歷史上에 가장 重要한 地位를 차지하게 된
一大事件이다. 그러므로 花郎은 언제나 마땅히 國史上의 學理的 究
明이 要求되는 一大의 課題로서 우리 學徒에게 있어서는 모름지기 努
力研鑽의 一大宿債라 할 수 밖에 없는 것이다.[21]

범부의 다른 글에 이런 대목이 있다.

천만 가지 일과 천만 가지 이치가 둘이 아닌 줄 꼭 알란 말이야. '얼'의
앉을 자리만 닦아지면 아무 것이나 다 이룰 수 있는 법이야… 사람은
누구나 제빛깔(自己本色)이 있는 법이어서 그것을 잃은 사람은 아무
것도 이룰 수 없는 것이고…[22]

이때 범부의 '얼' '제빛깔'과 같은 표현은 물론 개인을 두고 사용했던 것
이지만 민족을 두고도 같은 생각을 가지고 있었을 것이다. 그는 민족의 얼,
민족정신의 제 빛깔 같은 것을 마음에 담고 있었을 것이다. 그는 그와 같은
요소가 빠졌을 때 민족은 힘을 잃고 마는 것이라고 보았다. 범부의 그와
같은 사유는 곧 도덕의 원칙을 세우는 일과 맥을 같이 하는 것이었다.

한편 범부는 풍류정신의 내용에 대해서 여전히 애매한 태도를 취하면서도
그 중요성에 대해서만은 거듭 강조했다. 범부의 말을 직접 들어보기로 하자.

그런데 靜肅히 우리의 歷史를 回顧하건대 何代 何人의 精神과 行動
이 果然 今日 우리의 歷史的 力量으로서 살릴 수 있는 것인가? 보라
上下千古의 脈絡을 짚어서 이것을 더듬어 오다가 '여기다' 하고 큰 숨
을 내어 쉴 자리는 역시 新羅統一 旺時의 花郎을 두고는 다시 없을
것이다.[23]

---

[21] 金凡父, 앞의 책, 「序」.
[22] 위의 책, 123~124쪽.

그리고 범부는 이어서 말한다.

> 花郎을 正解하려면 먼저 花郎이 崇奉한 風流道의 精神을 理解해야
> 한다.24)

범부의 설명에 따르면 풍류도(風流道)는 정신을 가리키는 것이고 화랑
또는 화랑도(花郎徒)는 구현태를 말하는 것이었다. 범부는 또한 풍류정신
의 전후 관계를 다음과 같이 개방적으로 설명하기도 했다.

범부는 풍류정신의 연원은 고조선시대의 신도설교(神道設敎)에 있었으
며 지역적으로도 고구려·백제 땅에 두루 같은 정신이 숭상되고 있었던 것
이라고 했다. 그러던 것이 "신라에 와서는 마침내 이 정신이 더욱 발전하고
세련되고 조직화되어서 風流道를 형성하여 신라 일대의 찬란한 문화를 釀
出하고 傑特한 인재를 배양하고 또 삼국통일의 기운을 촉진했던 것"25)이라
고 보았다. 범부는 다른 글에서 같은 사정을 다음과 같이 밝혀두기도 했다.

> 花郎의 運動은 원래 新羅에서 爲主한 것이지만 그 精神과 風格만은
> 當時로는 百濟 高句麗에도 아주 없었던 것은 아니오, 또 後代로는 高
> 麗 漢陽을 通過해서 今日에 이르기까지 그 血脈은 依然히 躍動하고
> 있는 것이다.26)

이 대목에서 나는 중요한 중간 정리를 하면서 거기에 따르는 의문을 제
기하게 된다. 왜 범부는 풍류정신과 그것의 구현태로서 화랑에 대해 그처

---

23) 위의 책, 「序」.
24) 위의 책, 「序」.
25) 김범부, 『풍류정신』(정음사, 1986), 90쪽.
26) 金凡父, 『花郎外史』(以文出版社, 1981), 「序」.

럼 확신을 가졌으면서도 설명에 인색했으며 미흡한 점을 남겼을까? 이 점에 대해 나는 이런 생각을 하게 된다. 아마도 그것은 충분한 설명을 하기에 가용한 자료가 턱없이 부족했다는 뜻이 있지 않았을까. 다음으로 당시 국내의 학문적 축적이란 것이 또한 충분한 설명을 위해 의존하기에는 턱없이 빈약했다는 의미도 들어 있지 않았을까.

또 한편 나는 이런 의견도 내어보게 된다. 범부 자신은 확신에 이르렀을 것이다. 그만의 독특한 자료 활용법과 사유 방법을 통해 깊은 데를 보았을 것이다. 그러나 자세한 설명을 제시하는 데 기술이 모자랐거나 성의가 부족했던 것이 아니었을까. 청중 또는 독자에게 충분히 친절하지 못했던 점 또한 있지 않았을까. 그러나 이것은 어디까지나 추론일 뿐이지 더이상 알기는 어렵다.

4. 범부의 『花郞外史』 구상

여전히 궁금하기만 하다. 왜 범부는 자신이 그토록 확신을 가지고 중요성을 부여한 풍류정신에 대해 충분히 설명하지 않고 여운만 잔뜩 남겨두었던 것일까? 이 의문을 마음에 담고 범부의 『花郞外史』 한 권을 손에 들고 주의 깊게 검토해보면 그 속에 질문에 대한 해답이 어느 정도 드러나 있음을 알게 된다. 과연 설명을 위한 자료 문제가 장애물로 작용했던 것이다.

반복하여 강조하지만 새로운 국민 도덕의 창출을 과제로 삼았던 범부는 그 해결의 단서를 풍류정신에서 찾았다. 한국사의 흐름을 상고시대로부터 더듬어 내려오다가 '여기다'하고 멈춘 데가 신라 성시의 풍류정신이었다. 그와 같은 확신에 이르기까지 분명 범부 나름의 학문방법론이 동원되었을 것이다. 범부는 진작부터 학문방법론에 관심이 많았던 터였다. 자신이 개발한 방법론을 자신의 과제에 먼저 적용하였으리란 점을 충분히 유추하여 이해할 수 있다. 내가 이해하기로 범부는 작업의 그 다음 단계에서 난관에 부닥치지 않았던가 싶다. 그것은 바로 설명을 위한 근거 자료의 문제였다.

풍류정신의 내용을 구명하기 위해 범부 역시『삼국사기』신라본기 제4 진흥왕 37년 기사에 인용된 고운 최치원의 난랑비서문을 활용했다. 그것은 당대의 석학이었던 최고운이 난랑이라는 화랑의 비에 새긴 글이었다. 내용은 다음과 같은 것이었다.

> 나라에 현묘한 도가 있으니 이름하여 '풍류'(風流)라고 한다. 이 가르침을 창설한 근원은 '선사'(仙史)에 자세히 갖추어 있으니, 실로 세 가지 가르침을 포함해 뭇 중생들을 교화하는 것이다. 말하자면 집에 들어와 부모에 효도하고 나가서는 나라에 충성하는 것과 같은 것은 노(魯) 사구(司寇)의 가르침이요, 아무런 작위적 일이 없는 가운데서도 말로 표현할 수 없는 진리를 실천하는 것은 주(周) 주사(柱史)의 근본 뜻이며, 모든 악행을 짓지 않고 모든 선행을 받들어 행동하는 것은 축건(竺乾) 태자의 교화인 것이다.[27]

그런데 상식적으로 생각했을 때 풍류정신의 정체를 제대로 구명하고 설명하기 위해서는 고운 최치원의 난랑비서문의 범위를 뛰어넘어 더 많은 양의 객관적 자료가 필요했을 것이다. 그러나 그 당시 구할 수 있었던 자료는 한계가 있었고 산만하기만 했다. 이 자료 문제를 타개하기 위한 범부의 고심의 일단이『花郎外史』3판(以文出版社, 1981)에 부록으로 첨부되어 있는 「國民倫理特講」에 비교적 자세하게 나타나 있다. 이 54쪽 분량의 특강은 『花郎外史』본문의 사상적 배경을 이해하는 데 도움을 주기 위해 붙여진 것이라고 했으며 유래는 확실하지 않지만 아마도 1950년대 초반에 어떤 단

---

27) 김부식,『삼국사기 I』, 이강래 옮김(한길사, 1998), 129쪽.

체 회원들에게 행한 연속강의의 속기록을 정리한 것일 것이라고 했다.[28] 범부는 이 글에서 풍류정신과 관련하여 자료 문제가 심각하게 상존한다는 점을 솔직하게 토로하고 그와 같은 상황에서 적용함 직한 대처 방안을 제시하기도 했다. 범부의 제안에 귀를 기울이다 보면 그가 발휘한 기지야말로 과연 절묘하다는 감탄이 절로 나온다. 과연 범부다운 발상이라고 말하지 않을 수 없다.

> 花郎精神, 花郎道 즉 風流道란 것을 우리가 研究하기에 대단히 곤란한 것은 文獻의 問題가 중대한 그만한 比例로 文獻이 모자란다는 것입니다. 史記의 記錄 가운데 『花郎世記』라는 書가 있었다는데 그 『花郎世記』는 一名 仙史 즉, 神仙의 史라고 하며 그것은 누가 지었느냐 하면 史記에 金大問이라는 이가 지었다는데, 그 『花郎世記』가 언제부터 없어졌는지 그것조차 모른다는 말입니다. 아마 적어도 몇 百年前부터 그것이 없어진 것 같아요. 그런데 『花郎世記』쯤 있었더라면 이 風流道 즉, 花郎精神을 研究하는 데 대단히 좋은 資料가 될 터인데 그것조차 없고 지금 우리가 구차한 斷片을 좇아가지고 研究해 볼 수밖에 없는데 그러나 절망할 문제는 아니라고 생각해요. 왜냐하면 史蹟을 研究하는 法이 文獻에만 依據하는 것은 아니기 때문입니다. 文獻 이외에 무엇이 있느냐 하면 物證이라는 것이 있어서, 古蹟에도 우리가 資料를 구할 수가 있는 것이고 또 하나는 그 이외에 말하자면 口證이라는 것이 있는데, 그것은 무엇이냐 하면 口碑傳說과 같은 것입니다. 또 하나는 事證이라는 것을 들 수 있는데 그런 것은 遺習이라든지 遺風·遺俗·風俗 또는 習俗, 이런 것들 가운데서 찾아볼 수 있는 것입니다. 文獻 이외에도 이만한 것이 있기 때문에 우리는 絶望하지 않고 研究해 볼 수 있는 것인데, 이 風流道 問題에 대해서는 이 四證 以外에 말하자면 文證이나 物證, 口證이나 事證 以外에 또 한 가지 좋은 資料가 있어요. 그 資料는 우리들 自身들이 가지고 있는 血脈 즉 말하

---

28) 李鍾厚, 「三刊序」, 金凡父, 『花郎外史』(以文出版社, 1981), 7쪽.

자면 살아 있는 피라고 말하겠는데, 이것은 이 네 가지 證外에 우리의
心情, 우리의 精神 속에서 찾아 볼 수가 있는 것입니다. 그런데 여기
하나 다시 問題가 되는 것은 과연 그 피라는 것이 무엇인가? 즉 花郎
이 가지고 있던 精神 그것이 피로서 傳해져 있다는 데 대해서는 다소
疑惑이 생길려면 생길 수 있는 것입니다. 그러나 다른 말씀이 아니라
花郎이 所有했던 精神이 피 속에 들어가서 그 피가 지금까지 그냥 흘
러 내려온다는 그런 意味가 아니고 누구든지 歷史上에 적혀있는 花郎
이라는 名目으로 傳해 있는 분만이 花郎의 피를 가졌던 것이 아니라,
말하자면 이 民族이 全體로 花郎의 피를 가졌던 것이라고 말해야 할
것입니다. 그래서 그 時代 花郎들은 그 피, 그 精神을 대표하는 사람
으로서 모든 다른 사람들이 다 가지지 않고 花郎만 그 피와 그 精神을
가졌던 것이 아니라 그 말입니다. 그러므로 가령 系譜的으로 소급해
들어가면, 직접 歷史上에 적혀 있는 花郎의 子孫들도 많이 있는 것입
니다. 그러나 그 이외에 直接으로 花郎 子孫들이 아니라 할지라도 이
것이 花郎과 同一한 血脈系統이라는 것에 있어서는 조금도 의심할 여
지가 없을 것입니다.[29]

범부는 산만하고 열악한 자료 문제를 단박에 해결하기 위해 특단의 조
치를 강구하고 있었다. 그는 단일 계통의 자료에 의존하기를 거부하고 복
수의 가용한 자료원을 찾기로 했다. 그는 문증 자료의 부족을 채우기 위해
물증을 활용했고, 거기에 더하여 구증과 사증까지 동원했다. 특기할 것은
범부는 이상의 사증(四證) 이외에 혈맥이라고 하는 자료원까지 구사했다.
범부는 체질적으로 자연스럽게 오증자료(五證資料)를 능수능란하게 활용
할 수 있었던 것이 아니었던가 싶다. 그의 탁월하고 확실하고 단정적인 결
론은 그와 같은 다층적인 자료 활용법에 의해 뒷받침되고 있었던 것이다.
　가령 일이 이렇게 진행되지 않았을까. 문증 자료에서 벽에 부딪친 범부

29) 金凡父, 『花郎外史』(以文出版社, 1981), 227~228쪽.

는 몸을 움직여 화랑 고적지를 살피고 구비전설과 풍속을 해석하는 데서 풍류정신의 잔영을 찾으려고 하지 않았을까. 그리고 오늘 살아서 움직이는 신라인의 후예들에게 말을 걸고 소통하면서 그들의 언어와 표정과 몸짓을 관찰하는 데서 영감을 얻으려고 하지 않았을까. 아마도 뛰어난 관찰자였던 범부는 그것이 충분히 가능했을 것이며 그와 같은 방법을 즐겨 활용했을 것이다.

범부는 이에서 그치지 않았다. 그는 자료 문제에서 한 번 더 도약을 시도했다. 자료 문제를 보다 확실하게 일거에 해소하기 위해 범부가 적용한 방법이 하나 더 있었던 것이다. 그것은 매우 이례적이었고 상식을 뛰어넘는 것이었다. 고대의 역사적 사실을 현대로 끌어와 생생하게 전달하기 위해 허구의 통로를 거치게 했던 것이다. 범부 자신의 표현에 따르면 설화 형식을 빌린 것이었다. 앞에서 지적한대로 범부의 계씨가 되는 동리는 이것을 전기소설의 기법이라고 불렀다.

이제 범부가 구사했던 허구의 방법을 『花郞外史』 실물을 통해 살펴보기로 하자. 이 책은 실제 역사서에 나타나는 여러 명의 화랑 전기(화랑정신의 구현자라고 간주되는 선구자 몇 사람이 포함되어 있었다)를 기초로 하여 꾸며진 이야기였다. 각 편의 이야기는 그 끝 부분에 『삼국사기』, 『삼국유사』, 『동국통감』, 『동경잡기』와 같은 출전에 실려 있는 원문을 실었다. 하지만 이들 출전이 제공하는 원문이라고 해야 그야말로 단편적인 것이었다. 그것은 이른 시기의 사서들이 나타내는 양태였을 것이다.

범부가 이 책에서 채택한 화랑과 그 정신의 선구자는 다음 인물들이었다. 사다함(斯多含), 김유신(金庾信), 비녕자(丕寧子), 취도형제(驟徒兄弟), 김흠운(金歆運), 소나부자(素那父子), 해론부자(奚論父子), 필부(匹夫), 물계자(勿稽子), 백결선생(百結先生)이 그들이었다.

여기서는 범부가 특별한 애착을 가지고 책의 맨 앞에 배치한 화랑 사다함과 책의 맨 끝에 배치한 화랑 정신의 선구자 백결선생을 중심으로 논의를 좀 더 진전시켜보기로 하자. 우선 범부가 저본으로 활용한 사다함 편의 원문을 보면 다음과 같다. 범부는 한자 원문을 인용했지만 여기서는 번역 문을 사용하기로 한다.

사다함(斯多含)의 집안은 진골이었으며, 내밀왕(奈密王) 7세손으로 아 버지는 구리지(仇梨知) 급찬이다. 본래 문벌이 높은 귀족의 후예로 풍 모가 맑고 빼어났으며, 뜻과 기세가 방정하여 당시 사람들이 화랑으로 받들기를 요청하매 부득이해 화랑이 되었다. 그의 무리가 무려 1천여 명이었는데 그들 모두의 환심을 얻었다.

진흥왕이 이찬 이사부(異斯夫)에게 명령하여 가라(加羅)['가야(加耶)로 도 쓴다]국을 습격하게 했는데, 이때 사다함은 나이 15~16세로 종군하 기를 청하였다. 왕은 나이가 어리다 하여 허락하지 않았으나 그의 요청 이 간절하고 뜻이 굳으므로 마침내 귀당비장(貴幢裨將)을 삼으니 그의 무리 가운데 따르는 이들 또한 많았다. 사다함은 가락국의 국경에 이르 자 원수에게 청해 휘하의 군사를 거느리고 먼저 전단량(旃檀梁)[전단량 은 성문의 이름인데 가라어로 '문(門)'을 '량(梁)'이라고 한다]에 들어갔 다. 그 나라 사람들은 뜻밖에 군사가 갑자기 들이닥치니 놀라고 허둥대 막지를 못하였다. 대군이 이 틈을 타 마침내 그 나라를 멸망시켰다.

군사를 되돌려오자 왕은 사다함의 공로를 포상해 가라 사람 3백 명을 내어주었으나, 받는 즉시 모두 풀어주어 한 사람도 남기지 않았다. 또 밭을 내려주니 굳이 사양하다가, 왕이 강권하자 알천(閼川)의 불모지 를 내려줄 것을 청했을 뿐이었다. 사다함은 처음에 무관랑(武官郎)과 생사를 함께할 벗이 되기로 약속했는데, 무관랑이 병으로 죽자 통곡하 여 슬퍼함이 심하더니 7일 만에 그 또한 죽고 말았으니, 이때 나이 열 일곱이었다.[30]

30) 김부식, 『삼국사기 II』, 이강래 옮김(한길사, 1998), 801~802쪽.

이것이 범부가 소설 작업을 위해 저본으로 삼았던 사료의 원문이었다. 범부는 같은 『삼국사기』의 다른 곳에 나타나는 사다함 기사도 아울러 활용한 흔적이 보인다. 그것을 인용하면 다음과 같다.

> 9월에 가야가 배반하므로 왕이 이사부에게 명해 토벌하게 하고, 사다함(斯多含)을 그 부장으로 삼았다. 사다함이 기병 5천 명을 거느리고 선두에서 치달려 전단문(栴檀門)에 들어가 흰 깃발을 세우니, 온 성중 사람들이 두려워 어찌할 바를 몰랐다. 이사부가 군사를 이끌고 도착하니 일시에 모두 항복하였다. 전공을 논함에 사다함이 으뜸이었다. 왕이 좋은 밭과 사로잡은 포로 200명을 그에게 상으로 주었다. 사다함은 세 번이나 사양하여 왕이 억지로 권해서야 받았다가, 포로들은 방면해 양인으로 만들어주고, 밭은 나누어 전쟁에 참여한 병사들에게 주니, 나라 사람들이 아름답게 여겼다.[31]

두 인용문은 전체적으로 보아 같은 내용이지만 세부에서 약간의 차이를 보인다. 이 둘을 합해서 1쪽 분량에 담긴 사서(史書)의 정보를 활용하여 범부는 7쪽 분량의 허구의 세계를 창조했다. 범부의 사다함 소설은 범부 자신의 표현대로 과연 "活光景을 描出"하고 있다. 진지한 독자라면 깊은 감동에 젖지 않을 수 없도록 해놓았다.

범부는 여기서 사다함이 사적인 안일을 버리고 공적인 대의의 마당으로 나아간 점을 높이 샀다. 어린 나이에도 불구하고 국난을 당해 자원하여 전장에 나아가 싸운 것이 그것이었다. 그리고 포로를 받아서 노예로 삼지 않고 전부 해방시켜 선량한 백성으로 살게 한 것 역시 높은 정신이었다. 패전했으면 그만이지 또 학대할 이유가 없다고 판단했던 것이다. 또한 하사받은 밭은 전쟁에 참여한 병사들에게 나누어주고 말았으니 이 역시 특별한

정신이 아니고는 있을 수 없는 일이었다.

범부는 이와 같은 사다함의 정신 속에 유불선이 포함되어 있었고 거기에 더하여 그 저변에 우리 민족 고유의 요소가 약동하고 있었던 것이라고 보았다. 그 고유의 요소 때문에 풍류도가 되었던 것이라고 했다. 범부는 이 고유의 요소를 '멋'이라고 했으며 그것이 민족정신 발전을 위한 모태이며 기초라고 했다. 오늘날의 의미와는 다르게 매우 건전한 의미에서 '멋'이란 것을 그는 풍류정신의 핵심 요소로 보았던 것이다.[32]

범부가 저본으로 사용한 백결선생 편의 사료 원문은 다음과 같다.

> 백결선생(百結先生)은 어떠한 이인지 내력을 알 수 없다. 그는 낭산(狼山) 아래에 살았는데 집안이 매우 가난하여 옷을 백 군데나 기워 마치 메추라기를 매단 것 같았으므로, 당시 사람들이 동쪽 마을의 백결선생이라고 불렀다. 그는 일찍이 영계기(榮啓期)의 사람됨을 흠모하여, 거문고를 가지고 다니면서 무릇 기쁘거나 성나거나 슬프거나 즐겁거나 불만스러운 일이거나 모두 거문고로 그 뜻을 표현하였다.
>
> 한 해가 저물 무렵 이웃 마을에서 곡식을 찧었는데, 그의 아내가 그 방아 소리를 듣고 말하였다. "남들은 다들 곡식이 있어 방아 찧는데 우리만 홀로 찧을 곡식이 없구나! 무엇으로 한 해를 마쳐 설을 쇨 것인가?"
>
> 백결선생이 하늘을 우러러 탄식하며 말하였다. "대저 죽고 사는 데는 운명이 있고 부귀는 하늘에 달린지라, 그것이 오는 것을 막을 수 없으며 그것이 가는 것도 좇을 수 없거늘, 당신은 어찌하여 마음 상해 하시는가? 내가 당신을 위해 방아 소리를 지어 위로하리다."

32) 金凡父, 「國民倫理特講」, 『花郞外史』(以文出版社, 1981), 224~225쪽.

이윽고 거문고를 두드려 방아 찧는 소리를 지어냈으니, 세상에 그 곡이 전해져서 이름을 대악(碓樂)이라 하였다.[33]

이 반쪽 분량의 저본을 바탕으로 범부는 37쪽 분량의 허구를 만들어냈다. 예의 "活光景"이 여기서도 묘출되었다. 작품 속에서 백결선생은 악성으로 추앙되었으며, 음악뿐 아니라 모든 예술, 학문, 검술, 정치, 군사 등 어느 분야에서나 정통하지 않은 것이 없었다. 그런데도 막상 궁정의 악사장으로 추천받았을 때는 이를 극구 사양했다. 경세적 수완이 출중하여 어느 때 나라의 최고 문관직인 상대등에 천거되었을 때도 대답은 역시 '안 될 소리!'였다. 그는 나라에 도움이 되는 일을 '하려고' 했지 스스로를 위해 무엇이 '되려고' 하지 않았다. 작품에 표현된 그의 전형적인 일상은 다음과 같은 것이었다.

그리고 자기 취미, 아니 취미라기보다도 생활은 첫째 음악을 좋아하였지만, 그러나 날씨나 좋고 할 때는 문을 닫고 앉아서 거문고를 타는 일은 그리 없었다. 가끔 그는 큼직한 망태를 메고 산으로 들로 다니면서 꽃씨를 따 모아 가지고, 꽃 없는 들판이나 산으로 돌아다니면서 뿌리곤 하였다. 선생은 이 일을 무엇보다도 오히려 음악 이상으로 재미스럽게 생각하였다. 혹시 누가 멋모르고 그것이 무슨 취미냐고 물으면 그는 '이것이 治國 平天下야'라고 대답하는 것이었다. 이것은 선생에게 있어서는 꼭 농담만은 아니었다. 그러기에 수백리 길을 멀다 생각하지 않고 꽃씨를 뿌리러 다닐 때가 많았다. 그리고 백결선생이 망태를 메고 지나간 곳마다 온갖 꽃이 다 피어나는 것이었다. 그리고 나무나 꽃 없는 산, 그중에도 벌겋게 벗겨진 산을 볼 때는 어떤 바쁜 일을 제쳐두고라도 근처 사람을 불러 가지고 그 산을 다 집고는 길을 떠나는 것이었다. 그리곤 사람을 벗겨두면 나랏님이 걱정하는 것처럼 산을 벗겨두면

33) 김부식, 『삼국사기 II』, 이강래 옮김(한길사, 1998), 858쪽.

산신님이 화를 낸다고 말했다.[34]

생전에 범부의 화랑 이야기를 특히 좋아했던 그의 계씨 동리는 『花郞外史』의 발문(跋文)에서 다음과 같은 언급을 남겼다.

> 『花郞外史』는 花郞에 대한 外史란 뜻이겠지만, 이것을 歷史나 史話로 보기보다는 花郞에 대한 傳記小說로 나는 보고자 한다. 그만큼 史實이나 素材를 그냥 整理하는 데 그치지 않고, 더 나아가서, 人物(花郞)의 心境과 思想을 活寫하는 文學的 表現에 특징이 있기 때문이다. 지금 나는 이렇게 밖에 설명할 수 없지만, 이 책을 읽는 이는 이 말이 무슨 뜻인가를 대충 짐작할 수 있으리라고 믿는다. 이 책에 수록되어 있는 몇 사람의 花郞 이야기를 읽는 이는 누구나 다 무언지 형언하기 어려운 어떤 감격을 받을 것이다. 그런데 그 감격의 내용과 성질에 관한 것이다. 우리는 영화를 보나 小說을 읽으나 여하간 어떤 성질의 감동 내지 감격(정도의 차이는 다르겠지만)을 받는다고 볼 수 있겠지만, 이 花郞 이야기에서 받는 감격의 '내용과 성질'은 특이한 것이다. 斯多含, 金庾信, 勿稽子, 百結先生… 이렇게 읽어내려 가노라면 그들(花郞) 사이에 무언가 共通된 핏줄 같은 것이 鑛脈처럼 번쩍번쩍하며 흘러내리고 있음이 보인다. 그리고 그것이 어느덧 자기 자신 속에도 흐르고 있음이 느껴진다. 이러한 감동은 일반적인 예술 작품이나 史談 따위로는 경험할 수 없는 특이한 것이다. 그리고 이 점을 가리켜 나는 '人物(花郞)의 心境과 思想을 活寫하는 文學的 表現'이라고 말한 것이다.[35]

동리의 범부 이해를 보면 과연 그 형에 그 아우였다고 말하지 않을 수 없다. 관심 있는 사람들은 특히 동리의 말을 신뢰하고 더이상의 구차한 설

---

[34] 金凡父, 「백결선생」, 『花郞外史』(以文出版社, 1981), 146쪽.
[35] 金東里, 「跋文」, 金凡父, 『花郞外史』(以文出版社, 1981), 180~181쪽.

명을 거칠 필요 없이 범부의 필치로 바로 가서 대면하는 것이 도움이 될 것이라고 생각한다. 거기에 풍류정신의 진수가 녹아서 면면히 흐르고 있는 것을 보게 될 것이다.

5. 맺으며: 범부는 이른 시기의 노블레스 오블리주 주창자였다

위에서 사례로 활용한 사다함과 백결선생뿐 아니었다. 범부가 『花郎外史』에서 채택한 화랑 또는 그 정신의 선구자들은 하나같이 오늘 대한민국의 신문과 방송이 매일처럼 언급하면서 그 중요성을 강조하고 있는 공적 정신(public mind)의 소유자들이었다. 범부 당대뿐 아니라 지금과 미래의 우리 사회가 가장 필요로 하는 정신의 덕목 역시 이와 같은 공적 정신일 것이라는 데 생각이 미치면 범부의 미래를 내다본 안목이 새삼 돋보인다.

범부의 책에 실린 사다함과 백결선생 이외의 다른 여러 인물이 다 신분적으로 화랑이었거나 풍류정신의 구현자들이었다. 그래서 김유신, 비녕자, 취도형제, 김흠운, 소나부자, 해론부자, 필부, 물계자가 다 사회적으로 상당한 신분이었으면서도 개인의 안일을 뛰어넘어 나라 일을 먼저 도모하는, 지금으로 말하면 공적 정신의 소유자들이었다. 그들은 그것을 통해 인간정신의 구현과 사회통합에 크게 기여하고 있었던 것이다. 범부의 표현대로라면 그들이야말로 우리민족 전통에 걸맞는 '멋'을 아는 사람들이었다.

물론 지금 사람들에게 신라 사람들처럼 되라거나 하라고 하는 것은 무리가 있을 것이다. 그때는 그때 나름의 인생관이 있었을 것이고 시대정신이 작용하고 있었을 것이다. 그렇기 때문에 범부는 '국민도덕의 원칙'이란 표현을 사용했던 것이라고 여겨진다. 공적 정신의 원칙은 어디까지나 엄하고 중하게 세우되 시대에 맞추어 적절하게 변용하여 적용할 필요가 있다는 것을 범부는 이해했고, 그래서 현대적인 해석의 여지를 충분히 남겨두었다는 말이 될 것이다.

그렇다면 범부가 천명한 풍류정신의 핵심이란 후대의 동학에서 말하는 각자위심(各自爲心)[36]을 버리고 동귀일체(同歸一體)[37]로 모인 세계라는 것이었을까. 범부는 동학을 조선의 얼굴을 한 풍류정신이라고 갈파하지 않았는가. 그래서 새로운 국민 도덕의 창출에서 경계의 대상이 되는 인간상이란 다른 사람의 입장이나 처지를 생각하지 않고 자신의 사사로운 이해관계만을 따지는 고리고 비린 마음이었다는 뜻이었을까. 아울러 새로운 국민도덕의 기초가 되는 인간의 심성이란 세상의 모든 사람들이 자신 속에 모시고 있는 하늘의 마음을 회복하여, 그 하늘의 마음으로 모두 돌아가 아름다운 사회를 이룬다는 것이었을까.[38]

여기서 문득 정리되는 생각이 있다. 그것은 다름이 아니라 범부야말로 우리 사회에서 이른 시기의 노블레스 오블리주 주창자였다는 것이다. 그는 그것을 즉석에서 '안출'해내거나 외국에서 수입하여 제안하지 않고 우리 민족의 역사적 경험 가운데서 발굴하여 '천명'하려고 했다. 그것이 국민도덕 세우기의 정석이라는 것이었다. 그래서 그가 모색 끝에 찾아낸 것이 풍류정신이었다. 풍류정신이야말로 시대에 맞추어 재해석했을 때 우리 사회에 큰 의미를 가질 수 있을 것이라고 보았다. 그리고 그 자신 삶에서 풍류정신의 투철한 실천가이기도 했다. 범부의 이와 같은 자세와 노력은 근년에 들어와 사회정의 문제와 관련하여 우리 사회가 한 단계 높은 정신을 구하기 훨씬 이전의 일이었다는 것을 기억할 필요가 있을 것이다.[39]

---

[36] 동학의 「布德文」에 나오는 표현.

[37] 동학의 「교훈가」에 나오는 표현.

[38] 尹錫山 註解, 『東經大全』(동학사, 1998), 尹錫山 註解, 『龍潭遺詞』(동학사, 1999)의 해석을 참고했다.

그런데 이 시점에서 안타까운 것은 오늘 우리 사회의 도덕적 해이 현상이 범부가 특히 주목했던 해방 정국과 6·25전쟁 전후의 시기와 별반 달라진 것이 없다는 것이다. 인간의 이기심은 극을 향해 치달고 있으며 더욱 교묘해졌다는 것이 일반적인 관찰이다. 가까운 예로서 가장 중요한 병역과 납세의 의무가 사회 상층부로 올라갈수록 제대로 지켜지지 않고 있다는 것을 지적할 수 있다. 사회 상층부의 비리와 부정부패는 더욱 활개를 치고 있다. 사태가 매우 심각한 지경에 이르렀다고 보아야 할 것이다. 이것은 큰 병폐가 아닐 수 없다. 젊어서 입대 영장이 나왔을 때 이목구비, 어깨, 팔, 다리, 위, 대장, 허파, 콩팥에 이상이 생겼다는 수상쩍은 이유로 면제를 받았던 사람들이 지금 나이가 들어서는 건강을 과시하면서 버젓이 높은 자리에 앉아 국민 대중을 지도하려고 하고 있다. 하필 영장이 나왔을 때 행방불명이 되었던 사람도 지금은 세상 바깥으로 나와 나라의 지도자가 되어 큰 소리를 친다.

이것은 차마 말하기 어려운 대목이다. 그러나 용기를 내어 솔직하게 말

---

39) 이 대목에서 지난 일을 잠시 회상하게 된다. 나는 과문한 탓에 김태창 박사의 존재를 모른 채 이 원고의 초기 형태를 완성했다. 당시로서는 미완성이라고 할 수 밖에 없는 그 원고를 들고 발표를 위해 2011년 4월 22일 경주 동리목월문학관에 도착했을 때 같은 심포지움에서 기조 강연을 하러 일본에서 온 김태창 박사를 처음으로 만나게 되었다. 그는 강연에서 최제우와 김범부를 신라의 원효(元曉)와 관련지어서, 깊은 의미에서 '공공(公共)하는 인간'으로 위치 부여를 했다. 이 발언과 관련하여 김태창·야규 마코토, 「공공(公共)하는 철학'으로서의 한 사상: 元曉·水雲·凡父를 생각한다」, 『한국사상의 원류: 동학과 동방학』(동리목월문학 심포지움, 동리목월문학관, 2011.4.22), 15~47쪽을 참고해주기 바란다. 그날 늦게 집에 돌아와서 문헌을 통해 김태창 박사는 또 다른 기회에도 관련된 발언을 남겼다는 사실을 알게 되었다. 그는 "공공인(公共人)은 곧 풍류인으로, 신라의 풍류는 도덕성을 바탕으로 하면서 자연성, 자발성, 예술성이 강조되었다."라고 갈파했다. 이 발언은 조성환, 「경북 국제세미나 참관기」, 『월간 공공철학』, 3호(2011.3.1), 15쪽에 실려 있었다. 나는 김태창 박사의 이와 같은 주장을 접했을 때 묘한 감동을 받았다. 그것은 나의 소박하고 상식적인 범부 해석이 아주 과녁을 벗어난 것은 아니었다는 것을 확인해주는 것이었다. 그로부터 어떤 무언의 추인 같은 것을 받은 느낌이었다. 그때 소중한 가르침을 준 김태창 박사에게 감사한다.

해보기로 하자. 알 만한 사람들은 다 아는 것처럼 지금 이 나라의 국군을 향해 잘 한다 못한다고 훈시를 하고 때로 격려도 하고 호통도 치는 높은 자리에 있는 사람 치고 정작 그 자신이 병역 의무를 제대로 완수한 경우는 거의 없다고 해도 과언이 아닐 것이다. 대부분이 수상쩍은 면제자들인 것이다. 그렇지 않은 경우가 오히려 고독한 예외자가 되어 있는 지경이다. 이유 여하를 막론하고 이것은 곤란하지 않은가 말이다. 해도 너무 한 것이 아닌가 하는 것이다. 이들이 앞장서서 인간성을 말하고 국민 통합을 강조하고 있으니 어찌 제대로 먹혀들기나 하겠는가.

언론은 매일처럼 사회 상층부에서 저질러지고 있는 대형의 세금포탈이나 부정부패 사건을 보도하기에 바쁘다. 이런 일이 아무런 부끄러움도 없이 다반사로 저질러지고 있는 세상인 것이다. 이것 역시 사회 통합과는 거리가 멀다고 할 것이다. 정말 심각한 문제가 아닌가. 우리 사회에 사상과 도덕의 힘이 떨쳐 일어나기를 간절히 바라게 된다. 그래서 인간의 사특한 마음을 꺾어주기를 바란다.

물론 이렇게 말하는 것은 한 사람도 빠짐없이 다 군대를 갔다 와야 한다거나 조세 저항이 있어서는 안 된다고 하는 뜻이 아니다. 사정이 있으면 누구나 인정하는 정당한 통로를 따라 얼마든지 예외의 경우를 만들어갈 수 있는 것이다. 이의를 제기하고 예외를 만들어가는 것이 오히려 정당하고 마땅하기도 할 것이다. 그것에 대해 누가 무엇이라고 하겠는가. 다만 이기심에 기초를 두고 수상한 방법을 동원하여 의도적으로 병역을 기피하고 세금포탈과 오만 다른 잘못을 저지르는 행태를 지적하는 것뿐이다. 나라의 기강이 이래서야 되겠는가 하는 것이다. 윗물이 맑아야 아랫물이 맑다고 하는 오랜 격언도 있지 아니한가.

1990년대에 김지하 시인이 어느 잡지사와 가졌던 인터뷰를 인용하면서 글을 끝맺으려고 한다. 오래 전에 접했던 내용인데 지금 다시 보면서 시인의 통찰력에 새삼 감탄을 금치 못한다.

김범부라는 사람을 잘 봐야 해요. 이 사람은 때를 잘못 만나서 그렇지, 참 천재였다고. 풍류도를 어떻게 해서든 현대화시켜 보려고 애를 썼던 사람이라. 건국 초기에 국민윤리 같은 걸 보면 어떻게 해서든 화랑도, 풍류도에서 국민윤리의 기본을 파악하려고 애를 썼던 사람이에요. 동학에 대해서도 깊은 이해를 가졌던 사람이라고. 고대 풍류도의 부활이라든가, 샤머니즘에 대한 재평가, 신선도에 대한 재평가 등 아주 중요한 사람이에요.[40]

40) 이문재,「인간성에 대한 새로운 인식이 시급하다: '율려문화운동' 펼치는 시인 김지하」, 『문학동네』(1998년 겨울).

2장

내가 보는
범부와 박정희(朴正熙)의 사승(師承) 관계
박정희 집권 초기의 정치 기획과 관련하여

1. 시작하며

김범부(1897~1966, 이 글에서는 널리 알려져 있는 대로 범부라고 부른다)와 관련하여 글을 발전시키다 보면 어쩔 수 없이 개인적인 경험을 활용하게 된다. 최근 몇 년 동안에 발표한 글에서 몇 차례 밝힌 적이 있지만 나는 범부의 외손이다. 범부의 장녀인 옥영(1916~2007)이 나의 어머니이다. 나는 이런 위치에서 어려서부터 범부를 보아왔고 범부 생전의 언행과 생활 전반에 대한 관찰이 있었다. 1966년에 범부가 이 세상과 작별을 고했을 때 나는 29세였고 서울에서 조그만 직장인이었다. 이전의 글에서와 마찬가지로 이 글에서도 이와 같은 범부와 나의 개인적인 관계에서 발생한 정보를 무리하지 않는 범위에서 활용하려고 한다. 특히 범부와 박정희(朴正熙, 1917~1979)의 관계를 밝히려고 하는 이 글에서는 자료의 한계가 있기 때문에 그것을 극복하는 데 나의 개인적 체험이 일정 부분에서 도움이 될 것 같기도 하다.[1]

제목에 사승(師承) 관계라는 표현을 사용했다. 그것은 범부의 생애 전체에 흐르는 이미지에서 따온 것이다. 범부는 집에 있을 때나 밖에 나가 있을 때를 가릴 것 없이 찾아오는 사람이 많았다. 어디서나 자리를 정하고 앉으면 방문객이 몰려들었다. 그에게 길을 묻고 지혜를 구하기 위해서였다. 빈부귀천, 남녀노소 할 것 없이 그와 대화를 나누고 나면 속이 후련하고 살맛이 난다고 했다. 의욕이 생기고 길이 보인다고 했다. 그런 면에서 범부는 여느 다른 학자와는 달랐다. 그는 글의 학자였을 뿐 아니라 '말씀'의 학자였다. 이 글에서 나는 그와 같은 범부의 삶 가운데 박정희를 배치하면서 두 사람의 관계를 지금까지 알려져 온 것보다 좀 더 자세하게 조명해보려고 한다.

범부에게 길을 물었던 사람 가운데 무명도 허다했지만 당대의 유명 인사도 많았다. 가령 다음과 같은 당대의 고명한 인사들이 범부와 가까이 지냈고 그의 말에 귀를 기울였다. 승려 김법린, 승려 최범술, 시인 조지훈, 시인 서정주, 시인 박목월, 시인 구상, 소설가 김동리, 소설가 오영수, 평론가 조연현, 문필가 김달진, 문필가 김익진, 수필가 김소운, 한양대 교수 한태수, 건국대 총장 유석창, 건국대 교수 이대위, 건국대 교수 김정실, 건국대 교수 신소송, 동양의약대 학장 이종규, 서울대 교수 김상기, 서울대 교수 황산덕, 동국대 교수 이종익, 영남대 교수 이종후, 또 다른 영남대 교수 이완재, 고려대 교수 이항녕, 고려대 교수 왕학수, 국립국악원장 성경린, 국악인 이창배, 실업인 김성곤, 실업인 지영진, 실업인 김한수·택수 형제, 언론인 송지영, 한국일보 주필 오종식, 경향신문 주필 이관구, 대한일보 주필 김영진, 서예가 오제봉, 서예가 변창헌, 역학연구가 백광하, 한의원장 김동주 등이 바로 그들이다. 그들은 오랜 세월에 걸쳐 범부와 사승 관계를 맺고 있었으며 평생을 두고 서로 좋아하면서 늘 또는 가끔씩 어울렸다. 다

---

1) 나의 책 『金凡父를 찾아서』(선인, 2010)에 독립적으로 발전된 여러 편의 글이 실려 있다. 글 하나 하나를 만들 때 나는 일부러 범부와 나의 개인적인 관계를 밝혔다.

양한 학문, 종교, 예술, 언론, 실업 등과 관련하여 의문을 가진 사람들이 범부의 방문을 밤낮으로 두드렸던 것이다.[2]

범부와 박정희의 만남은 성격은 다르지만 또한 같은 흐름에 속해 있었다고 여겨진다. 박정희는 국정의 자문을 구하기 위해 범부를 찾았던 것이다. 지금 생각하면 두 사람의 만남은 범부 생애에서 일어난 특별한 사건이었고, 그것은 1961년 이전에는 상상할 수 없는 일이었다. 나중에 좀 더 자세하게 설명하겠지만 그것은 범부 생애의 마지막 단계였으며 박정희 군인 정치의 초기 단계에서 권력자 박정희의 의도적인 방문에 의해 성사된 만남이었던 것이다.

지금 우리 사회에서 흔히 범부는 박정희의 스승 또는 5·16군사혁명의 이데올로그로 알려져 있다. 그것은 여론에서 그렇게 굳어져 있는 면이 있는데, 자세히 검토해 보았을 때 사실과 전혀 어긋나는 일 같지는 않아 보인다. 깊이 들여다볼수록 두 사람은 한동안 서로 친했고 영향 관계는 매우 깊었던 것으로 보인다. 그런데 당장 의문이 생긴다. 평생 다른 길을 걸었고 다른 삶을 살았던 범부와 박정희라고 하는 두 사람의 만남이 도대체 어떻게 처음부터 가능했을까? 그리고 그들 사이의 협력의 내용과 형태는 어떤 것이었을까? 그들의 관계는 얼마나 오래 지속되었을까? 이런 것이 금방 떠오르는 질문들이다. 나는 이 글에서 나 자신과 다른 사람들의 의문을 해결하고 질문에 답하기 위해 가능하면 사실에 기초하여 두 사람의 만남의 자초지종과 협력의 내용을 밝히고 아울러 그 의미를 되새겨보려고 한다.

두 사람의 접촉은 박정희가 동지들과 더불어 군사혁명을 일으킨 1961년부터 범부가 향년 70세로 세상을 떠난 1966년까지, 말하자면 박정희 정치의 초기 6년 동안에 이루어졌다. 그러니 그것은 박정희의 국가재건최고회

---

[2] 물론 여기 제시한 명단은 망라적일 수 없다. 지금 살아 있는 사람들의 기억을 종합하여 내가 만들어본 것뿐이다. 이 명단 작성과 관련한 설명을 보려면 다음 자료를 참고하기 바란다. 김정근, 위의 책, 69~80쪽.

의 의장 시기와 그가 군복을 벗고 민간인으로서 제3공화국의 대통령이 되어 청와대의 주인으로 있던 시기에 걸쳐 일어난 일이었다. 그들의 접촉은 주로 두 사람 사이의 개인적 만남을 통해서였다. 그것이 큰 특징이었다. 마치 개인 레슨과 같은 형식이었다고 보면 정확할 것이다. 한편 같은 기간에 범부는 아주 가끔 박정희의 혁명사업과 관련하여 공식 직함을 가지고 활동하기도 했다. 가령 범부는 혁명 초기에 재건국민운동 중앙위원이 된 적이 있었고 박정희가 회장으로 있던 오월동지회의 부회장으로 활동한 적도 있었다. 오월동지회 부회장직은 상근직책이었다고 알려져 있다.

범부—박정희 두 사람 사이의 접촉과 관계를 지금의 시점에서 밝히는 데는 장애 요소가 있다. 위에서 지적했듯이 범부와 박정희의 접촉은 대부분 사적인 형태로 일어났다. 두 사람의 이름이 공식적인 조직도에 동시에 나타나면서 공적인 관계에 놓인 적이 있었지만 그 기간은 비교적 짧았다. 접촉의 성격이 그러했으므로 실증적인 자료 문제가 개입되어 있다. 두 사람의 관계를 증언하는 구체적인 자료가 아주 없지는 않지만 그 양이 매우 제한되어 있는 것이 사실이다. 그리고 두 당사자가 모두 이미 오래 전에 유명을 달리했으며 그들의 생전에 서로 교분을 가지고 있던 군과 민의 여러 인사들도 지금은 거의 다 고인이 되었다. 그도 그럴 것이 1917년생인 박정희가 지금 살아 있다면 우리 나이로 금년(나는 이 원고를 2020년에 다듬고 있다)에 104세가 된다. 따라서 박정희보다 5년 아래 장군이나 영관급 장교들도 지금은 거의 다 고인이 되었으며 살아 있다고 해야 100세에 가까운 노인이 되어 있을 것이다. 범부는 1897년생으로 박정희보다 정확하게 20세 위였다. 따라서 그를 생전에 개인적으로 알았던 사람을 찾아 박정희와의 관계를 물어보기란 역시 지난한 일이 되어 있는 것이다.

나는 이 글의 서두에서 밝힌 혈연관계 덕분에 중고등학교 때 외할아버지인 범부 슬하에서 학교를 다녔고 그의 심부름을 도맡아했다. 세월이 한참 흐른 뒤에 범부가 오월동지회 부회장직을 수행하고 있을 때 나는 군복무를 하고 있었고 한 번은 휴가 나온 길에 군복을 입은 채 범부를 찾아뵈러 중구 필동 어디인가 있던 오월동지회 사무실을 찾아간 적도 있었다. 그 자리에서 범부는 나에게 그날 바깥에서 있었던 일을 이야기해주었다. 또 한 번은 창성동 외가에 갔다가 청와대를 방문하고 돌아오면서 대문을 들어서던 범부와 마주친 적도 있었다. 그때 범부는 박정희의 용모와 태도에 대해 말했던 기억이 있다. 위에서도 말했지만 나는 이와 같은 개인적 기억을 논의의 전면 또는 배경에 배치하면서 이야기의 흐름을 엮는 자료로 활용할 것이다. 이 일을 위해서는 어두운 창고 속을 기어서 들어가 시야가 트이기를 기다렸다가 물건을 찾는 묘한 탐색 기술도 발휘해야 할 것 같다.

그 수가 많지는 않지만 나의 기억을 돕는 사람들이 있다. 그들은 범부의 막내딸이며 나의 막내 이모가 되는 김을영과 그 남편인 진교훈이다. 그들은 범부 생전에 결혼하여 범부 마지막 날까지 가까이 지냈다. 그들은 지금 서울에 살고 있으며 범부연구회의 사업에도 많은 관심을 가지고 있다. 이 두 사람의 오래된 기억을 되살려 구증자료를 챙기는 일도 게을리하지 않을 것이다.[3]

개인적 체험과 주변 사람들의 기억을 활용하는 일 이외에 당연히 기록자료를 가능한 범위에서 두루 살펴볼 것이다. 신문과 방송 자료, 잡지에 실린 글 등이 도움이 될 것이다. 범부와 박정희의 이름이 동시에 실린 언론기사도 가끔은 눈에 들어온다.

이 글에서 내용을 제시하는 방법은 기본적으로 학술적인데 거기에 언론의 탐사보도와 같은 기술을 가미하려고 한다. 가능하면 확실한 증거를 중심으로 기술해갈 것이다. 부차적으로 범부 생전의 언행과 삶의 모습에 대

---

[3] 김을영, 진교훈과는 평소에 늘 전화하고 일이 있으면 만나는 사이이다. 이번 글을 발전시키는 동안은 전화하는 일이 더욱 자주 있었다. 이 글에서 범부의 거동과 집안 분위기를 전하는 부분은 이 두 사람의 증언에 많이 의존하고 있다. 두 사람의 성의와 인내에 감사한다.

한 직접적인 관찰에 기대면서 어떤 대목에서는 이건 이렇고 저건 저러니 사실은 어떠했을 것이라고 하는 식으로 나의 해석을 부연하는 경우도 있을 것이다. 특히 삶에서 숨겨져 있는 부분이 많았던 범부의 경우에 이와 같은 해석의 기법이 때마침 유용하게 적용될 수 있을 것으로 기대해본다.[4]

시간의 제약이 있기 때문에 아마도 이번 글은 초벌구이를 면하지 못하게 될 것 같다. 앞으로 시간을 내어 재벌, 삼벌을 구워낼 것이다.

2. 두 사람이 서로 다른 길을 걷다

사람이 평생을 살다 보면 자석이나 전류의 주변처럼 자기장(磁氣場)과 같은 현상이 생긴다고 생각한다. 거기서 타인을 끄는 힘이 나오는 것이라고 보는 것이다. 범부나 박정희와 같은 풍운아들의 경우는 자기장의 폭이 넓고 남을 끄는 힘이 특히 강했을 것이라고 추론해볼 수 있다.

사람을 끄는 힘은 같은 종류의 인간에게뿐 아니라 다른 종류의 인간에게도 미치는 것이라고 생각한다. 사람들이 자신과는 전혀 다른 유형의 사람과 친구가 되는 것도 같은 이치일 것이다. 범부와 박정희는 서로 다르면서도 서로에게 끌린 경우였을 것이다. 거기다 그들 사이에는 일을 위한 필요성이라고 하는 요소가 개입되어 있었다.

범부와 박정희는 일찍이 서로 다른 길을 걸었다. 개인적으로 서로 알지도 못했다. 아마 서로의 이름을 듣지도 못한 채 각기 자신의 일에 매달려

----

[4] 나는 2000년 이래 나 자신과 몸담고 있는 학문의 요구에 따라 정신분석학 공부를 조금씩 해왔다. 그 공부의 결과를 책의 기능과 결합시켜 동료 연구자들과 함께 만들어낸 것이 '체험형 독서치료'라고 하는 학문 영역이다. 국내에서 널리 활용되고 있으며 독특하고 품질이 우수한 것으로 평가받고 있다. 이 글에서 나는 이와 같은 공부의 힘을 범부 해석 작업에 부분적으로 적용해보려고 한다. 물론 그것은 겉으로 드러나지 않는 은밀한 방법으로 이루어질 것이다.

살았을 것이다. 그런데 1961년의 어느 시점에 두 사람은 만나게 되었고 이내 서로 신뢰하면서 인간적으로 좋아하게 되었고 일을 위해 협조하게 되었다. 이 장에서 나는 그들이 만나자마자 서로 맞장구를 치게 되는 공간으로서 서로 다른 두 인격의 자기장 현상을 더듬어 살펴보려고 한다.

이 작업을 함에서 한 가지 밝혀둘 것은 나는 결코 거룩하거나 성스러운 인간상을 찾고 있지 않다는 것이다. 그와 같은 인간상을 인위적으로 만들어내는 일이 있어서도 안 될 것이다. 이 문제와 관련하여 나의 입장은 기본적으로 이런 것이다. 범부나 박정희 할 것 없이 적나라한 인간상을 들여다보았을 때 크고 작은 허물이 있었을 것이라는 것이다. 이른 시기에 그들에게는 인간적인 미숙함이 있었고 청춘의 방황과 실수가 있었을 것이라는 것이다. 이를테면 그들은 공칠과삼(功七過三)의 인물 정도가 되지 않았을까. 하기는 인간상을 적나라하게 다 드러냈을 때 허물이 아주 없는 경우가 어디 있겠는가.

그러나 이 글에서 나는 굳이 그들의 인간적인 허물을 들추어내는 일은 하지 않을 것이다. 그것은 이 글의 목적에 부합하지 않기 때문이다. 나는 그들의 인간적인 약점을 충분히 가정하면서도 그들의 과(過)보다 공(功)을 집중하여 보려고 한다. 공의 부분 때문에 두 사람의 접점이 형성되지 않았겠는가. 이 글의 목적을 살리기 위해 포커스를 그렇게 맞출 수밖에 없다는 점을 이 자리에서 말해두고 싶다.

1) 사상가 범부

범부의 연보를 검토하면 떠오르는 이미지가 있다. 그는 기본적으로 풍류도인(風流道人)이었다. 한 몸에 유불선을 다 갖추었으면서도 거기서 한 걸음 더 나가 있는 것이 범부였다. 어쩌면 동학인이라고 보는 것이 사실에 더 가까울 것이다. 거기서 그의 가치관, 생활신조, 인격이 흘러나왔던 것이다. 그는 청렴하고 강직했으며 사적인 일보다 공적인 일에 관심이 많았다. 그는 사람의 성장과 나라의 발전을 생각하면 힘이 솟아나는 사람이었다. 그것을 논어, 금강경, 동경대전과 같은 높은 정신과 언설을 통해 실천에 옮겼다. 그는 원리를 말할 줄 알았고 인간과 사회의 요소요소 마다 흐르는 맥을 짚는 일에 능했다.

범부는 생각하는 사람이었다. 말하자면 생각하는 것이 그의 직업이었다고 할 수 있다. 또는 말을 바꾸어 직업적으로 생각하는 사람이었다고 할 수 있을까. 아마도 일생의 대부분을 생각하는 일에 바친 사람으로서 범부는 우리 역사에서 보기 드문 인물이었을 것이다. 그는 철학사에 나오는 고대 그리스의 탈레스나 후대의 디오게네스처럼 늘 생각에 잠겨 있었다. 아마도 실제로는 수운 최제우 식으로 수도와 명상을 일삼았을 것이다. 방 안에서도 그랬고 길을 걸으면서도 그는 생각에 빠져 있었다. 뒤돌아보면 그것이 그의 유장한 사상의 모태가 되었던 것이 아닌가 싶다.[5]

하기는 범부의 이력을 보면 우리가 보통 말하는 직업을 수행한 적이 아주 없지는 않았다. 민의원(국회의원), 계림대학장, 동방사상연구소장, 오월동지회 부회장과 같은 직책이었다. 그러나 그것은 그의 70 평생을 두고 볼 때 아주 잠깐씩이었다. 아마도 모두 합해서 10년 전후의 기간이 될 것이다.

범부에게 이 10년 전후의 기간은 얽매이는 구속의 시간인 대신에 정해진 세비 또는 급여가 있었다. 그 나머지 일생은 요새 표현으로 하자면 프리랜서였다. 범부는 주로 생각하는 일을 업으로 삼으면서 가끔 프리랜서로서 대학생을 위한 강의, 지식인과 일반인을 상대로 한 강의를 했고, 원고를 만들어 신문과 잡지에 기고했으며 책 한 권을 통째로 제자에게 구술하기도

---

[5] 이와 같이 정리하는 것은 범부 생전의 모습에 대한 나의 개인적 관찰과 근래 내가 범부 연보를 사람들이 접근하기에 편리하도록 재구성하고 재정리하면서 얻게 된 새로운 발견에 근거를 두고 있다. 자세한 범부연보를 보려면 다음 자료를 참고하기 바란다. 김정근, 앞의 책, 37~48쪽.

했다.[6] 특이한 일은 범부는 대학교수를 대상으로 하는 강좌를 따로 운영했다는 것이다. 이 형태는 상당히 오래 지속되었고 당시 내로라하는 인사들이 참여하여 장안의 화제가 되기도 했다. 대학교수 대상의 강좌는 범부가 가장 선호하는 형태였던 것 같다.[7]

범부는 일생 동안 천재 소리를 들으며 살았다. 그는 비상한 능력을 발휘하여 일생 동안 학문을 했다. 그러나 그는 학계의 아웃사이더였다. 당대의 풍습에 따라 한때 정치에도 관여했다. 그러나 그는 정계의 비주류였다. 민의원 때도 그는 무소속이었다. 자유당도 아니었고 민주당도 아니었고 그어느 다른 정당도 아니었던 것이다. 고독한 아웃사이더, 그것이 범부였다. 그런 위치에서 범부는 인간혁명과 사회변혁을 꿈꾸었다.

범부는 외국의 학문과 사조에 어둡지 않으면서도 관심의 중심은 어디까지나 우리 민족의 역사적 경험과 당대의 국내 사정에 두었다. 당대 국내 문제 해결을 위한 해답을 민족사의 광맥에서 찾으려고 했으며 수입학문에 무턱대고 의존하려는 자세를 배격했다. 신라학을 개척하고 풍류정신을 구명하려 했으며 동학에 천착한 것이 다 같은 맥락에서 나온 것이었다. 실로 그의 사상 작업의 종착역이 수운 최제우 사상의 해석에 있었다는 것은 의미심장한 대목이 아닐 수 없다.[8]

---

[6] 金凡父, 『花郎外史』(초판 해군본부정훈감실, 1954; 재판 범부선생유고간행회, 1967; 삼판 이문출판사, 1981)를 말한다. 이 책의 내용은 원래 일제치하에서 구상된 것으로서 1948년 겨울에 범부가 제자인 조진흠에게 구술하여 원고를 만들어두었던 것이다. 좀체 출판의 기회가 주어지지 않았는데 원고가 완성된 지 6년 만에 책의 형태로 햇빛을 보게 되었다.

[7] 범부가 이끈 대학교수 대상의 특별강좌는 범부가 소장으로 있던 동방사상연구소가 들어있던 건국대학교 낙원동 캠퍼스에서 1958년부터 3년간 지속되었고 이후 같은 강좌는 1962년에 장소를 옮겨 돈암동 소재 동양의약대학에서 계속되었다. 강좌의 내용은 음양론, 역학과 오행사상을 포함하여 범부의 동방사상의 대의를 더듬는 것이었다. 참여자는 오종식, 이대위, 이종익, 이종규, 황산덕, 이항녕, 이종후, 신소송 등 20여 명이었다. 구성원의 대부분이 대학교수이기는 했지만 전부는 아니었고 이창배와 같은 국악인도 끼어 있었다. 김정근, 앞의 책, 39~40쪽을 참고하라.

범부는 외유내강이었다. 평소에 부드럽고 활달한 태도를 취했지만 결코 불의와 타협하거나 곡학아세하는 법이 없었다. 그랬기 때문에 생활은 청빈 그 자체였다. 이와 같은 그의 인격과 관련하여 재미있는 이야기도 여러 편 전해지고 있다.

6·25전쟁 당시 그는 민의원 신분이었다. 피난지 부산에서 그는 의회에 출석하고 의원들의 모임에도 참석했다. 이때 그는 한복 상하의에 두루마기 차림이었고 흰 고무신을 신었다. 때로 지팡이를 들기도 했는데 그것은 몸이 불편해서가 아니었고 일종의 스타일이었다. 그는 젊어서부터 지팡이를 좋아했다.

그 당시 의회에서는 의원들의 생계를 보조하기 위해 양곡을 지급했다. 그런데 배급된 쌀은 질이 그다지 좋지 않았다. 석유 냄새가 풀풀 나는 이른바 '안남미'라는 것이었다. 다른 의원들 집에서는 그것을 내다 팔아버리고 어떻게 해서라도 질 좋은 쌀을 구해 밥을 지어 먹었다. 그런데 유독 범부가에서는 그 '안남미'로 밥을 지어 먹었으며 선량이라고 하여 전쟁에 고통받고 있는 거리의 시민과 다른 생활을 영위하지 않았다.[9]

범부의 여러 자식 가운데 아무도 외국 유학을 간 사람이 없었다. 전쟁 중에 그런 일을 하면 안 된다는 것이 범부의 방침이었고 전쟁이 끝났을 때 그의 자식들은 나이가 많아져서 시기를 놓치고 말았던 것이다. 하지만 전쟁 중이었는데도 자유당과 민주당 소속 의원들의 다수는 자식들을 외국으

---

8) 영남대 철학과의 최재목은 범부의 최제우 사상에 대한 해석을 재해석하는 긴 논문을 발표했다. 범부의 해석과 최재목의 재해석이 종래의 동학 연구와는 일정 정도에서 차이를 보이는 내용이기 때문에 학계의 반응이 뒤따를 것으로 보인다. 다음 자료를 참고하기 바란다. 최재목, 「凡父 金鼎卨의 '崔濟愚論'에 보이는 東學 이해의 특징」, 『동학학보』, 21집(2011. 4), 243~288쪽; 김범부, 「최제우론」, 『풍류정신』(영남대출판부, 2009), 111~146쪽.

9) 범부가의 근검한 생활상이 언론에 보도된 적도 있다. 「凡父선생 부인 金沃粉여사 별세」, 『한국일보』, 1994. 1. 13.

로 내보내 교육을 받게 했다. 그들이 후일 귀국하여 출세가도를 달렸음은 당연지사였다. 그것이 엄연한 현실이었고 당대의 풍습과도 같은 것이었고 또한 세상이 다 알고도 허용하는 일이었다.

얼른 보았을 때 범부는 무능한 사람으로 비쳤을 수 있다. 생활력이 없다는 평을 들었던 것 또한 사실이었다. 그것은 어쩔 수 없이 우리 사회의 수준을 말하는 것이었다. 범부와 같은 인물에게 생활 능력을 요구했으니 무엇을 더 말할 것이며 보태고 뺄 것이 있겠는가.

범부의 일생을 종합적으로 관찰하면 요새 표현으로 하자면 노블레스 오블리주 정신의 실천가였다는 것이다. 그와 같은 태도는 그의 본령인 풍류 정신에 기반을 두었던 것이다. 그래서 위에서도 지적했지만 범부는 공적(公的) 정신이 유달리 발달한 인간이었다. 지나치리만큼 사(私)를 희생하였으며 공(公)을 높이 받들었다. 나라 일을 앞에 세웠으며 자신을 포함하여 가족의 일을 뒤에다 두었다. 그것이 범부의 인격의 틀에서 나온 순서였을 것이라고 이해되지만 한 편으로 일제 강점기와 해방정국이라고 하는 시대 상황과도 관련이 있는 태도였을 것이다. 물론 그것은 범부와 같은 소수파 지식인의 행태였고 다수파의 그것은 아니었을 것이다. 동아시아 전통에 기반을 두고 공공철학(公共哲學)을 개척하고 있는 김태창의 말을 빌리면 범부야말로 공공하는 인간이었다.[10]

범부가 높은 학식을 갖추었으며 부패하지 않았고 공공하는 인간이었다는 요소가 후일 군인 박정희가 국정의 자문을 구하게 되는 단초가 되었다는 것은 우연이면서도 결코 우연일 수만은 없는 역사의 귀결이라고 해야 할 것이다.

10) 김태창, 「'공공(公共)하는 철학'으로서의 '한사상': 원효·최제우·김범부를 생각한다」, 『아태연구』(위덕대학교), 10집(2011), 17~39쪽.

2) 군인 박정희

처음에 어떻게 군인 박정희가 사상가 범부를 찾아 나서게 되었을까 하는 의문을 품고 박정희의 기록을 유심히 읽어 가면 마음에 잡히는 대목이 있다. 여기서도 뚜렷한 인간상이 떠오르는 것이다. 그것은 그의 가치관, 생활신조, 인격과 관련이 있어 보인다. 박정희 역시 공적인 일에 관심이 많은 인물이었다.

박정희는 별난 군인이었다. 그 역시 공공하는 인간이었고 노블레스 오블리주 정신의 소유자였다. 그에게 공(公)은 높이 세우는 대상이었으며 사(私)는 삼가고 낮추는 대상이었다. 그것이 그의 성품이었고 가치였으며 훗날 국가권력의 담당자가 되었을 때 수소문하여 범부를 찾아 나서게 되고 만나서는 그 자리에서 서로 호감을 가지게 된 조건이 되었던 것으로 보인다.

박정희의 전기물[11]을 검토하면 그의 가난과 관련한 일화가 자주 등장한다. 전쟁 중에 갓 결혼한 젊은 아내와 신접살림을 차렸지만 셋방에서 출발했으며 자주 먹을 양식이 떨어지기도 했다. 장군이 된 한참 뒤에까지도 그는 자신의 집이 없었고 가족은 여전히 양식 걱정을 하는 형편이

---

[11] 박정희에 대한 평가는 그의 사후 오랜 세월이 지난 지금까지 관점에 따라 엇갈린다. 박정희 자체에 대한 평가보다 박정희와 범부의 만남과 영향 관계를 규명하려고 하는 이 글에서는 군인 박정희에 대한 사실적인 기록이 필요하다. 박정희란 도대체 어떤 군인이었기에 사상가 범부를 찾아내어 혁명 사업에 협조를 구하게 되었는가를 알기 위해서다. 그와 같은 견지에서 시중에 나와 있는 자료를 검토하면 훌륭한 것이 몇 종류 있다. 정밀한 현장 취재와 광범위한 인터뷰 자료까지 활용하여 전문 저널리스트의 입장에서 박정희의 생애를 그리고 있는 대하물로서 조갑제의 책이 있다. 조갑제, 『朴正熙: 한 근대화 혁명가의 비장한 생애』(조갑제닷컴, 2008) 전 13권이 바로 그것이다. 분량이 방대하다. 책이 담고 있는 자료적 가치를 충분히 인정할 수 있다. 다음으로 자료적 가치를 지닌 책으로 정재경의 것이 있다. 정재경, 『위인 박정희』(집문당, 1992); 정재경, 『朴正熙實記』(집문당, 1994). 조갑제와 정재경의 책들은 박정희에게 동정적인 시각에서 또는 박정희 편에 서서 써졌지만 자료 면에서 튼튼한 뒷받침이 있어서 소개하는 데 무리가 있다는 느낌을 주지 않는다. 마지막으로 전인권, 『박정희 평전』(이학사, 2006)은 지은이의 서울대 박사학위 논문을 발전시킨 책으로 분석적인 연구물이다.

었다. 그 정도가 너무 심해 군의 동료들과 부하들이 걱정하는 적도 자주 있었다.

그때가 6·25전쟁 중이었거나 그 직후의 일이므로 시기적으로 우리 사회 전체가 워낙 궁핍한 시대이기도 했거니와 특히 박정희는 군내에서 강직하고 청렴하기로 소문이 자자할 정도였으므로 살림의 가난은 당연한 것이었다. 그는 결코 쩨쩨하고 고린내 나는 인간은 아니었지만 시대와 타협하지 않았으므로 생활의 가난은 숙명과도 같은 것이었다.

박정희는 또 다른 면에서 보통 군인은 아니었다. 그는 생각하고 고민하는 인간이었다. 그것은 결코 생계를 걱정하고 가족의 생활을 향상시켜보려는 개인적 욕구 차원이 아니었다. 역사와 사회의 지평을 내다보는 고뇌였다. 그는 과거 우리 역사의 주역들의 행태에 대해서 매우 부정적이었다. 그는 특히 조선조 양반 세력, 광복 후의 한민당, 자유당, 민주당 세력을 같은 부류의 봉건적 정치세력으로 보았다. 그는 뒷날 자신의 정치철학을 밝힌 저서인 『국가와 혁명과 나』에서 다음과 같이 주장하기도 했다.

> 이렇게 볼 때 민주당이란 간판만 다를 뿐 그 내용은 자유당과 조금도 다를 바 없다는 결론 밖에 더 나올 수 없지 않은가. 4·19 학생 혁명은 표면상의 자유당 정권을 타도하였지만 5·16 혁명은 민주당 정권이란 가면을 쓰고 망동하려는 내면상의 자유당 정권을 뒤엎은 것이다.[12]

여든 야든 간에 박정희의 눈에는 다 사(私)가 앞서고 공(公)이 죽은 군상들이었다. 군대의 상층부를 구성하는 엘리트 장교들의 생리와 행태도 민간의 그것을 빼닮았다고 보는 것이 박정희의 관점이었다. 두루 사리사욕에 눈이 멀었고 나라의 물자를 사리를 위해 해먹는 데는 이골이 나있다

---

12) 박정희, 『국가와 혁명과 나』, 『한국 국민에게 고함』(동서문화사, 2006), 513쪽에서 재인용.

고 보았던 것이다.

박정희는 혁명을 꿈꾸면서 그나마 군이 중요한 역할을 할 수 있다고 생각했다. 조선시대와 광복 이후 한국을 지배해온 양반－문민 정치세력보다 그 와중에서도 부패하지 않고 살아남은 군의 한 축이 더 실용적이고 애국적이며 선진적이라고 보았다.

박정희는 한때 미얀마식 군사 쿠데타를 연구하고 심취한 적이 있었다. 미얀마식 군사 쿠데타란 군부가 정권을 잡은 다음에 일정 기간 통치하다가 민간 정부에 정권을 넘겨주는데 민간 정부가 군의 의향대로 움직이지 않을 때는 다시 쿠데타를 일으켜서 정권을 잡는 방식이었다.[13]

박정희는 터키의 케말 파샤에 의한 근대화 혁명에도 관심을 가졌으며 그 뒤 터키 군부의 국정 개입에 대해서도 연구했다. 터키 군부는 헌법에 의해 정부가 케말리즘을 위반한다고 판단하면 정권을 갈아치울 수 있도록 권한이 부여되어 있었다. 박정희는 또한 이집트의 나세르에 의한 군사혁명에도 관심을 가지고 연구했다.[14]

아마도 한국군 내에서 이런 군인은 박정희 말고는 찾기가 쉽지 않았을 것이다. 이런 생각을 속에 담고 있었으니 군내에서 그의 입지는 약할 수밖에 없었다. 친하게 지내는 상관이 별로 없었고 오히려 그들로부터 경원시되었고 가끔은 역설적으로 경외의 대상이 되기도 했다. 박정희는 당시의 상관들이 도저히 달갑게 볼 수 없는 인물이었다. 그러나 상관들이 보기에 실로 좋아하기는 어려웠지만 그렇다고 깡그리 무시하기는 힘든 존재였던 것도 사실이다. 그는 당시의 풍습대로 사리를 위해 군의 물자를 해먹는 일이 없었으며 상관들과 어울려 골프를 치면서 사교하는 적도 없었다. 그는 그야말로 청렴을 밥으로 삼는 외톨이 군인이었던 것이다.

13) 조갑제, 앞의 책, 3권, 232쪽.
14) 위의 책, 184쪽; 233~234쪽.

박정희는 군의 방침에 따라 미국유학을 다녀온 적도 있었다. 그래서 미국과 미군의 사정에 정통한 면도 있었다. 하지만 결코 미군과 친하지 않았다. 미군 장성들과 어울려 골프채를 휘두르면서 출세를 도모하는 일도 없었다. 적절하게 대처하고 적응하면서 후일을 기약하고 있었던 것이다.

그는 준장 계급장을 달고 다른 장교 일행과 함께 6개월간 포트 실 소재 미육군 포병학교 유학을 했다. 1954년 1월부터 시작된 박정희의 미국 생활은 겉으로는 단조로웠다. 유학반은 한국군 통역 장교를 데리고 갔고 우리말로 번역된 교재를 사용했다. 포술학, 전술학, 자동차학, 실습 따위 과목을 공부했다. 그는 그 기간에 군사학 공부도 열심히 했지만 그보다는 미국, 미국인, 미국 사회, 미국 군대에 대한 공부를 더 많이 했다. 당시 한국과 미국의 격차는 지금은 상상도 할 수 없으리만큼 실로 큰 것이었으므로 박정희가 경험한 문화충격은 엄청난 것이었다. 그것은 낙후되고 가난한 나라의 군인으로서 겪는 슬픔이기도 했다.[15]

박정희와 함께 미국 유학을 다녀온 한 장교는 그때의 경험을 뒷날 다음과 같이 술회하기도 했다.

> 미국인 가정에 초대되어 그들과 며칠씩 함께 생활하는 프로그램이 있었습니다. 부모가 아이들의 말을 경청하는 자세, 남편이 아내를 대하는 태도에 무척 놀랐습니다. 늦은 밤에 인적도 없는데 빨간 신호등에 멈춰서는 자동차, 스쿨버스가 지나가면 속도를 줄이는 차들을 보고 '아하, 사람 사는 데란 이런 곳이구나' 하는 생각이 들었습니다. 그러면서도 동기생들끼리 모이면 '이러다가는 친미파가 되어버리는 게 아닌가' 하는 경계심을 털어놓기도 했습니다.[16]

---

15) 위의 책, 33~37쪽.
16) 위의 책, 35쪽.

그것은 유학생 장교들에게 마치 천국과 지옥이 교차하는 경험이었을 것이다. 그것은 아마도 박정희의 가슴 속에 '나라를 뜯어 고쳐야지!'하는 개혁의지로 승화되어 갔을 것이다.

그러나 미국에서 돌아온 박정희는 부대 운영에서 "내가 미국에 가서 보니까 이러이러하던데…"라면서 미국식을 기준으로 지시하는 일이 없었다. 그의 문법은 언제나 동양적 가치관과 방법론에 기초하고 있었고 미국식은 교과서가 아니고 참고서였다.[17]

박정희는 집권한 뒤 "미국식 민주주의를 사회 발전 단계가 다른 한국에 무조건 이식하려는 것은 착각이다. 토양이 다른 한국 땅에 미국 밀감나무를 옮겨다 심으면 탱자가 열린다."라고 말한 적이 있다.[18] 실로 의미심장한 발언이 아닐 수 없다.

훗날 범부가 박정희를 자주 그리고 여러 번 만나는 처지가 되었을 때 이와 같은 박정희의 생각과 사람됨은 분명 그의 마음에 들었을 것이다. 공공하는 인간으로서 그리고 신라학의 창시자로서 이 땅에 사람다운 사람이 나타나기를 기다리던 범부는 박정희의 태도에서 감명을 받았고 기대를 걸게 되었을 것이다. 그 기간이 짧았지만 그들 사이에 서로 깊이 좋아하고 서로 돕는 관계가 성립된 것은 결코 우연이 아니었던 것이다.

3. 두 사람이 같은 길에서 만나다

이제 범위를 좁혀 1960년대로 들어가 필요한 부분을 집중적으로 조명해 보기로 하자. 그럼 두 사람의 만남이 이루어지기 전야의 사정은 어떠했는

17) 위의 책, 38쪽.
18) 위의 책, 40쪽.

가? 그들은 각기 어떤 상태에 처해 있었기에 만나서 단 몇 시간의 대화 끝에 동지이자 후원자를 만났다고 하는 확신에 이르게 되었을까? 그리고 운명적인 그날의 만남이 이루어진 이후의 사태는 과연 어떻게 전개되었는가? 이런 것이 질문으로 떠오른다.

1) 1960년의 범부

1960년이면 범부가 64세 되는 해이다. 그때 그는 몇 년 전부터 건국대학교와 관련을 가지고 있었다. 건국대학은 그의 오랜 친구인 유석창이 이사장 또는 총장직에 있는 곳이었다. 건국대에서는 정치대학 학생들을 위해 강좌를 진행했으며[19] 동시에 같은 대학교의 낙원동 캠퍼스에 위치해 있던 동방사상연구소 소장 일을 감당하고 있었다. 그 당시 동방사상연구소에는 특별히 기획된 범부의 강좌가 진행되고 있었다. 그것은 범부의 역학과 오행사상을 포함한 동방학 강좌였다. 참가자는 대학생이나 일반인이 아니었고 주로 대학교수, 언론인과 같은 사회 저명인사들이었다. 범부는 이 강좌에 특별한 매력을 느끼고 있었다. 왜냐하면 참가자들이 경청하는 귀를 가지고 있었기 때문이다. 범부는 말귀를 알아듣는 상대를 좋아했다.[20]

[19] 그때 건국대 학생으로서 범부의 강의를 들었던 증인이 지금 경주 지역에 살고 있다. 지금 경주시 건천읍 송선리 1267-1 소재 오덕선원의 선원장인 정허 스님이 바로 그 사람이다. 정허 스님은 그때의 경험을 다음과 같이 술회하고 있다. "4·19가 일어나기 앞서 1960년 3월 범부 선생님은 소납에게 '국민윤리' 강의를 들으라고 했습니다. 강의실과 강의시간이 정해져 강의를 받게 되었는데 청강생은 소납과 정치과 4학년생 3명과 다른 곳에서 온 3명, 모두 7명이었습니다. 강의 시간이 되면 두루마기 차림으로 날아오는 듯 바쁘게 오셨고, 강의를 하기에 앞서 항상 약 10분 정도 삼매에 드셨는데, 삼매에 드는 동안 얼굴색은 神性이 감돌 듯하셨고, 눈을 뜰 때는 깊은 잠에서 깨어난 듯하여 신기하여 유심히 바라보곤 했습니다." 正虛, 「논평: 凡父 김정설의 '국민윤리론'에 대하여: '국민윤리특강'을 중심으로」, 『동학 창시자 崔濟愚와 한국의 천재 金凡父』(동리목월문학 심포지엄, 동리목월문학관, 2010. 3. 26), 239쪽.

두말할 것도 없이 그때도 범부의 신라학 연구는 상시적인 과제로서 어제나 오늘이나 꼭 같은 강도로 진행되고 있었다. 그것은 1960년대가 되었다고 해서 달라질 리가 없는 것이었다. 그의 머릿속에는 마치 대하와도 같고 장강과도 같은 신라사상의 물줄기가 항상 흐르고 있었다. 그중에서도 특히 풍류정신과 화랑 연구는 그의 필생의 사업이었다. 그것은 그의 신념에 기초한 활동이었다. 그는 이미 1948년에 『花郞外史』한 권을 구술하여 원고를 준비한 바가 있었고 그것은 1954년에 책이 되어 시중에 나와 있었다.

『花郞外史』의 구상은 사실은 그보다 훨씬 이전이 되는 일제식민지 시기에 된 것이었다. 범부의 화랑 이야기는 일제 때부터 가족과 주변 사람들에게 유명한 것이었다. 범부의 막내아우인 소설가 김동리(1913~1995)는 자신의 어둡고 우울한 소년기에 범부의 화랑 이야기를 들으며 용기를 얻고 인생에 대해 득력(得力)하게 되었다고 술회한 적이 있다. 동리의 소년기라면 그것은 일제 식민지시기에 해당하는 것이었다. 암울한 식민지시기를 거치면서 범부는 술자리나 좌담 중에 둘러앉은 사람들에게 자신이 밝혀낸 화랑담을 자주 들려주면서 해방의 날을 기약하고 있었던 것이다.[21]

범부에게 신라학과 풍류정신은 마치 학문의 원리나 기반 또는 준거 틀과 같은 것이었다. 그것은 우리 민족의 장구한 역사적 실험을 거쳐서 나온 가장 좋은 결과라고 보았던 것이다. 그는 그 결과를 원리로 삼으면서 대한민국 건국정치의 이론을 지속적으로 발전시키고 있었다. 범부가 제창한 신생국민을 위한 국민윤리와 국민운동이 다 같은 연관에서 파생해 나온 것이었다. 그는 나라가 해방되었다고 하여 저절로 국민이 태어나는 것은

---

20) 참가자의 면면에 대해서는 각주 7을 참고하라.
21) 김동리, 「跋文」, 김범부, 『花郞外史』(以文社, 1981), 180쪽.

아니라고 보았다. 식민지에서 벗어난 백성이 자주성을 갖춘 독립국의 국민이 되려면 훈련의 과정을 거쳐야 한다고 보았던 것이다. 그 입장이 1950년대 초반 이래 지금껏 전해지고 있는 범부의 유명한 강의 속기록인「國民倫理特講」[22]의 모태가 되었던 것이다. 기실 '국민윤리'라고 하는 용어 자체가 범부 자신의 발명품이며 그것은 이미 학계에 알려져 있는 사실이다.[23] 그리고 그의 사후에 책으로 묶여 나왔으며 1962년 1월에서 7월 사이에 범부가 직접 원고를 집필한 것으로 알려져 있는『정치철학특강』[24] 역시 그 구상은 훨씬 이전부터 있어오던 것이었다. 아마도 그가 남긴 언설로 보아「國民倫理特講」과『정치철학특강』역시 지금까지 알려져 온 것보다 훨씬 이전 시기가 되는 일제 식민지시기 또는 해방정국의 소용돌이 속에서 구상되었을 것으로 보인다. 그 내용을 음미해보았을 때 범부의 저작들은 세상에 얼굴을 나타내기 이전에 긴 시간을 두고 배태되고 숙성되는 과정을 거쳤을 것으로 여겨진다. 숙성되고 다듬어지는 중간 과정에서 기회가 닿을 때마다 사상의 편린들이 조금씩 세상 앞에 선을 보였을 것으로 짐작이 간다.

　여기서 주목할 것은 범부 사상 전반이 당시만 해도 우리 사회에서 과소평가되고 있었다는 사실이다. 그것은 그 한참 뒤까지도 마찬가지였다.[25]

---

22) 범부의「國民倫理特講」은 1950년대 초반 이래 강의 속기록의 형태로 전해져오다가 나중에 다음의 자료에 차례로 소개되었다.『現代와 宗敎』(현대종교문제연구소), 창간호 (1977. 11), 56~99쪽;『윤리연구』(한국윤리학회), 7권(1978), 195~249쪽. 같은 내용이 金凡父,『花郎外史』(以文社, 1981)의 부록으로도 첨부되었다.
23) 황경식,「서양 윤리학의 수용과 그 영향」, 이화여자대학교 한국문화연구원 엮음,『철학연구 50년』(혜안, 2003), 505~506쪽.
24) 金凡父,『정치철학특강』(이문사, 1986). 이 책은 범부 서거 20주기 때 나온 것이며 당시 광화문 근처 출판문화회관에서 열린 기념식에서는『凡父遺稿』가 손님들에게 배포되었다. 두 책은 제목을 달리 했을 뿐 내용은 같은 것이었다. 범부는 해방 직후 부산의 一五俱樂部 시절에 강의 때「建國政治의 方略」이란 제목의 원고를 사용했던 것으로 알려져 있다. 그 원고가 발전하여 후일의 책의 내용이 되었을 것으로 생각된다.

과소평가되기는 그의 풍류사상, 국민윤리사상, 국민운동사상이 다 그랬다. 생각하면 그의 저작들에 담긴 사상을 그때 우리 사회가 진지하게 평가하는 기회가 있었는지 정말 의심스럽다. 범부 자신도 생전에 그와 같은 느낌을 분명 가지고 있었을 것이다. 그것은 일종의 상실감과도 같은 것이었을 것이다. 그래서 범부의 입장에서는 자신의 사상이 어느 때고 우리나라의 현실 속에서 적용되고 실천되기를 간절히 바라고 있었을 것이다.

가령 『정치철학특강』 한 권을 손에 들고 내용을 일별하면 실로 의미심장하다는 것을 알 수 있다. 신생국가 만들기를 위한 신선한 제안이 그 속에 다 들어 있다는 것이 드러난다. 그리고 그것은 당시의 시대 상황에 매우 적합했으며 곧바로 적용될 필요가 있는 것이었다. 참고로 이 책의 차례를 소개하면 다음과 같다.

『정치철학특강』의 차례

간행사

제1부 국민운동의 준비과제
　제1장 서론
　제2장 국민운동의 제전례

---

25) 좀 더 정확히 말한다면 범부 사상이 우리 사회에서 제대로 평가받기 시작한 것은 범부 사후 41년이 되는 2007년부터라고 생각한다. 그해 영남대 철학과의 최재목과 그를 중심으로 모여든 연구자들이 본격적이고 엄밀한 연구논문을 발표하기 시작했다. 참고로 그들이 처음 발표한 논문을 소개하면 다음과 같다. 최재목·이태우·정다운, 「凡父 金鼎卨 연구를 위한 예비적 고찰」, 『日本文化硏究』(동아시아일본학회), 24(2007. 10), 241~266쪽. 이 논문을 시작으로 잘 써진 연구논문들이 계속해서 쏟아져 나왔다. 지금 그들은 범부연구회(회장 최재목)를 중심으로 활동하고 있으며 우리나라에서 범부연구를 명실상부하게 이끌고 있다. 이미 그들은 최재목 지도하에 두 편의 박사논문을 생산하였다. 소개하면 다음과 같다. 정다운, 「凡父 金鼎卨의 風流思想에 대한 硏究: 멋·和·妙를 중심으로」, 박사학위논문, 영남대학교 대학원, 2010; 우기정, 「韓國에서의 國民倫理論 成立에 대한 硏究: 凡父 金鼎卨의 〈國民倫理論〉을 중심으로」, 박사학위논문, 영남대학교 대학원, 2010.

　　　제3장 한국의 현실과 국민운동의 과제

　　　제4장 도의건설과 도의파괴

　　　제5장 한국의 국가관

　　　제6장 한국의 민주주의

　　　제7장 건국경제정책과 생산교육

　　제2부 공산주의 비판

　　　제1장 변증법적 역사관에 대해서

　　　제2장 동방의 사실에서 실증되는 계급투쟁사관의 오단

　　　제3장 세계사관의 윤곽에 대하여

　　　제4장 중국역사와 변증법적 사관과의 저오

　　　제5장 폭력혁명의 운명

　　　제6장 소련공산당의 이념과 정책

　　　제7장 잉여가치설과 공산제의 귀결적 단서

　　　제8장 신앙심리와 인간생활사의 문제

　　　제9장 유물론의 비극적 파탄

　　　제10장 경제중심사관과 인간생활조건

　　　제11장 생활조건의 섭일과 한국근세사상의 실증

　　부록: 오행설에 대하여

　당시 범부선생유고간행회 회장으로 있던 영남대 이종후 교수는 간행사에서 이 책을 평가하여 "우리 사회의 각계 지도층인사들이 꼭 가짐직한 건전한 양식의 주요 요소가 될 수 있을 것이다. 그런 의미에서 본서는 지도층국민의 필독의 사상독본 구실을 할 수 있을 것으로 기대되는 바이다."[26]라고 했다. 그리고 같은 지면에서 저자인 범부에 대해서는 다음과 같이 소개했다.

[26] 이종후, 「간행사」, 김범부, 『정치철학특강』(이문사, 1986).

> 선생은 단순히 동방의 전통적인 사상과 학문(유가, 불가, 도가 등)의 전수자 내지 해석자만도 아니요, 더구나 서방의 사상과 학문의 해설자 내지 전달자도 아니었다. 선생은 실로 동서고금의 사상사를 관통하여 스스로의 독자적인 융통투철한 사상적 · 학문적 경계를 개척한 창조적인 학자 · 사상가로서 현대란 세계사적 시대가 안고 있는 중대하고도 어려운 문제들을 철학적인 차원에서 근본적으로 해결할 수 있는 사상체계를 그 가슴과 머릿속에 진작부터 형성해가지고 있었던 것이다.[27]

범부에게 국민윤리와 국민운동은 짝을 이루는 개념이었다. 새로 태어난 국민 가운데 공적 마음(public mind)이 형성되는 기제로서 두 가지 측면을 보되 강조점을 달리 두었던 것이다. 범부는 이 두 개념의 원리를 신라학-풍류사상-동학에서 구하고 있었던 것이다.

이 글을 준비하면서 이 사람 저 사람과 의견을 교환하고 자료를 섭렵해가는 과정에서 국민윤리, 국민운동과 관련하여 이전에 잘 몰랐던 사실도 알게 되었다. 1960년을 전후하여 건국대학교와 동방사상연구소 주변에서는 범부를 중심으로 이미 새마을운동, 국민윤리 실천운동에 대한 논의가 진행되고 있었다는 것이다. 이때 범부의 의논 상대로서 안호상, 유석창, 이대위, 김일주, 김두헌, 김기석 등의 이름이 등장한다.[28] 1960년 당시 건국대학교 정치대학 2학년 학생으로서 범부의 '국민윤리' 강의를 직접 들었으며 동방사상연구소에도 자주 드나들었던 경주 오덕선원의 정허 스님은 범부의 가르침을 다음과 같이 회상하고 있다.

> 앞으로 우리 민족이 해야 할 통일사업, 세계문화에 기여해야 할 일이 무력이나 경제력에 있는 것이 아니라 윤리의 건전성, 도덕의 건전성,

---

27) 위의 글.
28) 正虛, 앞의 글, 240~241쪽.

세계평화를 위해 우리민족의 고유한 전통문화인 화랑, 풍류도를 바탕
으로 철학과 사상을 준비하는 것이라고 말씀하셨고, 우리민족이 21세
기 동북아시아 주인으로서 역사가 전개될 것이라는 요지의 강의를 하
셨다고 생각됩니다.[29]

5·16군사혁명의 전야가 되는 1960년은 범부에게 특별히 바쁜 한 해였
다. 상시적으로 있는 활동 이외에 여러 편의 문제성 있는 원고를 집필하게
된다. 범부는 『한국일보』1960년 1월 1일자부터 10회에 걸쳐 겨울여행기
「雲水千里」를 발표한다.[30] 이 여행기는 신문사에서 제공하는 차를 타고
문화부 기자들과 함께 움직이면서 범부가 지정하는 10개 장소를 순방하면
서 낭만성과 즉흥성을 발휘하여 생산한 것이었다. 신기한 것은 대부분의
방문지가 화랑 또는 신라와 관련을 가지고 있었다는 것이다. 가령 '아리내
(關川)行' '昌林寺址' '北川椿事' '龍潭을 바라보고서' '降仙臺' '五陵巡參' '壯
義寺 옛터를 찾으니'와 같은 것이 포함되어 있었다. 이것만으로도 범부의
역사적 안목과 만년의 관심사를 대강 추측해볼 수 있을 것이다.

1960년 4월에는 학술잡지 『韓國思想』에 훗날 많은 인용의 출처가 된
「風流精神과 新羅文化」를 발표한다.[31] 뒤이어 같은 해 5월에는 동학 창도
100주년을 맞이하여 국제문화연구소가 특집으로 꾸며낸 잡지 『世界』에 범
부의 독창적인 동학 해석을 보여준 「崔濟愚論」을 발표한다.[32]

위에서 보듯이 범부의 글쓰기는 매우 전략적이었다. 양이 많지 않지만
핵심을 찌르는 글쓰기를 했던 것이다. 그것은 범부 자신의 능력이기도

29) 正虛, 위의 글, 240쪽.
30) 金凡父, 「雲水千里」, 『한국일보』, 1960. 1. 1-8, 10-11.
31) 金凡父, 「風流精神과 新羅文化」, 『韓國思想』, 3(1960. 4). 같은 글이 후일 한국사상연구
   회 편, 『韓國思想叢書 I: 古代人의 文化와 思想』(태광문화사, 1975), 225~235쪽에 소개
   되었다.
32) 金凡父, 「崔濟愚論」, 『世界』(국제문화연구소), 2(1960. 5), 227~240쪽.

했지만 그의 주변에 형성되어 있는 어떤 구조에서 나오는 것이었다. 그 것은 그의 동방학 강좌의 멤버들 가운데 유력 언론인들이 끼어 있었다는 사실과 관련이 있었다. 한국일보, 경향신문, 동아일보와 같은 언론 매체에 범부와 무시로 함께 어울리던 오종식, 이항녕, 황산덕과 같은 인사들이 주필 또는 논설위원과 같은 직함을 가지고 활동하고 있었다. 그들은 언론계를 두루 알고 있었기 때문에 필요할 때 범부의 글을 받아가 싣고는 했던 것이다.

1960년 한 해 동안 범부의 활동을 개관하면 그의 머릿속은 신라학으로 채워져 있었으며 그중에서도 동학이 큰 부분을 차지했던 것으로 보인다. 아울러 주변의 여러 인사들과 어울리면서 국민윤리와 국민운동에 대한 논의도 진행시키고 있었다.

2) 1961년 박정희의 방문과 그 이후

드디어 1961년의 새해가 밝았다. 범부는 이제 65세가 되었다. 낮에는 주로 낙원동의 동방사상연구소에 나가 있었다. 건국대학교 학생들에게 정치철학 강의를 하고 따로 성인 지식인 그룹을 위해 동방사상 강좌를 이끌었다. 참가자는 예의 이종후, 이종익, 황산덕과 그 부인, 이항녕 등 수십 명이었다. 이 강좌가 범부에게 큰 낙이었고 보람이었다. 그리고 가끔 외부의 초청 강연에 응하기도 했다. 그해 4월 15일에는 중앙공보관에서 열린 한국정경협회 토요강좌에 나가 「花郞과 風流道」에 대해 강의했다.[33] 범부는 그해도 그 전과 다를 것이 없는 일상을 영위하면서도 한편 마음은 그다지 가볍지 않았다. 자신은 전에 잠시 정치에 손을 대본 적이 있었지만 이미 오래 전에 그 공간을 떠나 있었다. 하지만 정치 현실에 대해 관심이 없을

33) 『경향신문』, 1961. 4. 14.

수 없었다. 정치는 역시 영향력이 컸기 때문이다. 해가 바뀌었는데도 그 전 해의 4·19혁명이 제시한 과제가 제대로 이행되지 않고 있는 것이 범부에게 못내 아쉽고 개탄스러웠다. 당시 일반 시민의 심리도 같은 것이었다. 무슨 좋은 수가 생기지 않고는 안 되는 상황이었다.

자유당이 물러간 자리에 민주당이 들어섰지만 정치 행태는 비슷했다. 민주당 정치인이라고 하여 조금도 나을 것이 없었다. 그들은 못지않게 부패했고 진흙탕 권력 싸움에 능했고 일에는 무능했다. 사리사욕을 챙기는 데 그 누구보다 밝은 그들은 공적 정신의 수준이 형편없었다. 범부는 그들의 생리를 누구보다 잘 알고 있었다. 범부는 자유당과 민주당에 개인적으로 친구들을 두고 있었지만 집단으로 그들이 갖는 생리는 좋아하지 않았다. 가끔 그들을 가리켜 '도둑놈들이다' '순 모리배들이다'라고도 했다. 그들은 티격태격 싸움박질을 거듭한 끝에 민주당 구파는 청와대를 맡았고 신파는 총리실을 장악했다. 얼마 후 불만을 품은 구파는 민주당에서 갈려나가 신민당이라고 하는 새 간판을 달았다. 민생이 도탄에 빠져 허우적거리고 있는데도 정치는 속수무책이었다. 정치가 지리멸렬한 것에 더해 범부의 마음을 더욱 불편하게 하는 것은 좌파 세력의 발흥이었다. 범부는 특히 공산주의를 경계했다. 공산주의에 관한 한 범부는 단호했다. 이와 같은 범부의 입장에서 보면 4·19 이후의 사태는 우려를 가중시키는 것이었다.[34]

그와 같은 상황에서 5·16군사혁명이 터졌다. 군사혁명의 중심은 박정희였다. 청와대의 윤보선 대통령 – 반도호텔의 장면 국무총리 – 삼각지의 장도영 육군참모총장 체제는 의외로 허약했다. 그들의 방어는 허술하기 짝이 없었다. 그들은 한강 다리를 건넌 박정희의 탱크 선발대, 공수부대, 포병부대 앞에서 삽시간에 무너졌다. 너무도 쉽게 육군본부, 중앙방송국, 중앙청이 혁명군의 손으로 넘어갔다.[35]

34) 金凡父, 「共産主義 批判」, 『청치철학특강』(이문사, 1986), 137~375쪽.

혁명군은 혁명공약을 발표하고 군사혁명위원회(5월 19일 이후에는 국가 재건최고회의로 개칭)를 구성했다. 아울러 계엄령을 선포했다. 혁명군이 미리 준비했다 발표한 혁명공약 6개항은 시의적절한 내용을 담고 있었다. 후일의 범부－박정희 관계를 미루어보면 범부는 혁명공약의 내용을 검토 하고 긍정적으로 평가했던 것 같다. 공산주의와의 결연한 대결, 우방과의 유대, 부패 척결, 민생고 해결 등 범부의 우려를 덜어주는 내용이 여러 조 항에 걸쳐 다루어지고 있었다.

(1) 혁명공약[36]

1. 반공을 국시의 제1의로 삼고 지금까지 형식적이고 구호에만 그친 반공체제를 재정비 강화한다.
2. 유엔헌장을 준수하고 국제협약을 충실히 이행할 것이며 미국을 위 시한 자유우방과의 유대를 더욱 공고히 한다.
3. 이 나라 사회의 모든 부패와 구악을 일소하고 퇴폐한 국민도의와 민족정기를 다시 바로잡기 위하여 청신한 기풍을 진작시킨다.
4. 절망과 기아선상에서 허덕이는 민생고를 시급히 해결하고 국가자립 경제 재건에 총력을 경주한다.
5. 민족적 숙원인 국토통일을 위하여 공산주의와 대결할 수 있는 실력 의 배양에 전력을 집중한다.
6. 이와 같은 우리의 과업이 성취되면 참신하고도 양심적인 정치인들 에게 언제든지 정권을 이양하고 우리들 본연의 임무에 복귀할 준비 를 갖춘다. (군인) 이와 같은 우리의 과업을 조속히 성취하고 새로 운 민주공화국의 굳건한 토대를 이룩하기 위하여 우리의 몸과 마음 을 바쳐 최선의 노력을 경주한다. (민간인)

---

35) 5·16군사혁명 전후의 군(軍) 내외 사정은 다음의 자료가 자세히 전하고 있다. 조갑제, 『漢江의 새벽: 朴正熙 소장은 왜 일어났는가?』(조갑제닷컴, 2011).
36) 정재경, 『朴正熙實記』(집문당, 1994), 35쪽.

서울시민은 처음에 겉으로는 어리둥절했지만 마음 깊은 곳에서는 찬성이었다. 언론도 마찬가지였다. 계엄령 탓도 있었지만 반대하는 목소리가 없었다. '조심해서 할 것이며 잘 해보거라'하는 논조였다. 청와대의 윤보선마저 '올 것이 왔다'라고 했다. 후일 박정희의 최대 적수가 되는 함석헌과 장준하도 처음부터 헌정 질서의 문란이니 전력이 의심스럽다느니 그런 소리를 하지 않았다. 역시 잘 해달라는 식이었다.[37)

예상 밖으로 쉽게 혁명에 성공한 박정희는 한편 상기되면서 다른 한편 걱정이 태산 같았다. 혁명 과업을 어떻게 수행할 것인가? 그것이 문제였다. 이미 미얀마, 터키, 이집트의 군사혁명을 연구한 박정희였지만 자신이 이끄는 군사혁명을 어떻게 한국형 국민혁명으로 성공시킬 것인가 하는 것이 당면한 과제였다. 그는 급박한 혁명 사업을 지도하는 한편 마음속으로 깊은 시름에 빠졌다. 그에게 스승이 필요했다.

(2) 첫 만남

범부와 박정희의 첫 만남을 기록으로 확인하기는 어렵다. 그와 같은 기록이 과연 있기나 한 것일까도 의심스럽다. 한편 믿음이 가는 구두 증언은 전해지고 있는데 그것을 소개하면 다음과 같다.

나 자신이 직접 들어서 알게 된 이야기로부터 출발하기로 한다. 한 번은 경주 동리목월문학관에서 열리는 심포지엄에 참석하고 있었다. 그날이 2009년 4월 24일이었다. 행사의 주제는 「김범부 선생과 경주문학」이었다. 나는 그때 원고 한 편을 만들어 들고 토론에 참여할 참이었다. 그런데 바로

---

37) 당시의 분위기를 보려면 다음 자료를 참고하라. 「社說: 軍事革命委에 바라는 것」, 『경향신문』, 1961. 5. 17; 「우리 世代의 發言: 새해엔 이런 政治를」, 『조선일보』, 1962. 1. 1; 咸錫憲, 「民族改造論」, 『최고회의보』(국가재건최고회의), 1(1961. 8), 136~142쪽; 張俊河, 「券頭言: 五・一六革命과 民族의 進路」, 『思想界』(1961. 6), 34~35쪽.

내 앞 순서에서 토론에 나선 동아대 명예교수 정영도가 귀가 번쩍 열리는 발언을 하는 것이었다. 바로 범부와 박정희의 첫 대면에 대한 증언이었다.

정영도의 발언 내용은 이런 것이었다. 한 번은 정영도 자신이 민한한의원 원장 김동주, 영남대 교수 이종후, 경북대 교수 하기락과 술자리를 함께 했는데 그 자리에서 김동주가 이런 말을 전했다는 것이다. 김동주 자신의 목격담이었다. 5·16 직후 계엄령 상황이던 어느 비가 추적추적 오는 날 부관을 대동한 박정희가 군복 차림으로 범부를 찾아왔다는 것이다. 그래서 범부는 그를 안으로 맞이하였고, 둘이서 상당히 긴 시간 동안 이야기를 나 눈 후 박정희는 돌아갔다는 것이다. 그래서 마침 그날 범부를 뵈러 와있던 김동주가 범부에게 무슨 이야기를 그렇게 오래 나누었는가를 물었더니, 화랑정신, 국민윤리, 국민운동, 새마을운동 등에 관해 의견 교환을 했다고 하더라는 것이다.[38] 대화의 내용은 범부를 아는 사람이면 누구나 짐작할 수 있듯이 그것은 박정희에게 하는 말이었을 뿐 아니라 여느 다른 사람에게도 하는 범부 평소의 지론이기도 했다.

참고로 말해두면 김동주는 수십 년 동안 범부의 측근이었다. 범부가 민의원을 지내던 때는 그의 비서로서 매일 동행했다. 그 뒤에도 범부의 곁을 떠난 적이 없었다. 동국대 교수 재직 시에는 수업시간표를 조정하여 미리 범부 서재에 들려 범부의 동방사상 강의 출강 때 꼭 동행하곤 했다. 늦게 경희대 한의학과를 졸업하고 한의사가 되어 부산 온천장에서 민한한의원 원장으로 만년을 보냈다. 나 자신도 나이는 열 살 정도 위여서 어렵긴 했지만 전부터 잘 알던 사이였으므로 지나는 길에 가끔 들러 인사를 하고 그가 특별히 지어주는 보약을 갖다 먹기도 했다.

김동주의 증언은 신빙성이 있어 보인다. 하기락, 이종후, 정영도와 같은

---

[38] 같은 동리목월문학 심포지엄에 참석했던 영남대 우기정은 나중에 자신의 저서에서 그 때 들었던 정영도의 증언을 자세히 전하고 있다. 우기정, 『범부 김정설의 국민윤리론』 (예문서원, 2010), 123~124쪽.

평소에 서로 잘 알고 지냈으며 속이 깊은 사람들 앞에서 없었던 일을 꾸며서 말했을 리가 만무한 것이다. 그래서 특별히 믿지 못할 이유가 없어 보인다. 김동주는 참 말을 했을 것이라고 생각한다. 김동주는 누구보다 범부의 측근이었고 따라서 근접 관찰이 가능했던 사람이다. 그래서 정확한 정보를 전했을 것이다. 왜곡할 이유가 없었을 것이라고 생각한다. 나는 일단은 범부와 박정희의 첫 만남은 김동주의 증언대로 이루어졌을 것이라고 믿는다.

그로부터 한 2년쯤 후에 한 번은 내가 대구독서포럼의 멤버들과 자리를 함께하고 있었다. 나의 책『金凡父의 삶을 찾아서』를 텍스트로 삼아 이야기를 나누는 자리였다. 그날이 2011년 7월 25일이었고 장소는 동대구역 근처에 위치한 대구테크노파크 2층 대회의실이었다. 그 자리에서 그 모임의 회장인 경북의대 교수 조동택과 잠시 대화를 나누게 되었는데 그로부터 중요한 정보를 얻게 되었다. 그는 나에게 범부와 박정희의 첫 만남이 어떻게 이루어졌는지 아는가를 물었다. 나는 모르는 일이며 그렇지 않아도 궁금하게 여기던 참이라고 대답했다. 그는 박정희가 범부를 찾게 된 데는 고려대 교육철학 교수 왕학수가 개입되었던 것이라고 말했다. 자신과 왕학수는 평소에 서로 잘 아는 사이였는데 그 왕학수로부터 직접 들은 이야기라고 했다. 혁명 직후 박정희의 긴박한 사정을 알게 된 왕학수가 박정희에게 귀띔을 했다는 것이다. 그는 그렇다면 '빨리 범부 선생을 찾아가라'고 권했고 박정희는 친구의 권유에 따라 서둘러 범부의 대문을 두드리게 되었던 것이라고 했다.[39]

왕학수는 범부의 제자 가운데 한 사람이었고 평소에 자주 범부의 서재를 찾던 사람이었다. 한편 왕학수는 박정희와는 대구사범 동기였다. 나중에 한 사람은 조지(上智)대학에 유학하여 대학교수가 되고 다른 사람은 군

---

[39] 이 이야기를 전한 조동택은 영양 주실 사람으로 의과대학 교수이면서도 취미와 교제가 광범위하고 인문사회과학적인 소양이 깊은 지식인이었다. 귀중한 정보를 전해준 그에게 이 자리를 빌려 감사한다.

인의 길을 걷게 되었지만 친분 관계는 계속 유지되었다. 둘은 절친했고 혁명 후에도 바로 만나 상의하는 사이였다.[40] 왕학수가 범부와 박정희를 잇는 다리가 된 사정은 그와 같았다.

다음으로 5·16 직후의 사정에 대해 위에서 소개한 정허 스님의 증언도 있다. 1961년 당시 건국대 학생으로서 범부의 강의를 들었고 동방사상연구소에도 자주 가서 범부의 일을 거들곤 했던 오덕선원의 정허 스님은 지금도 그 당시 일을 생생하게 기억한다. 정허 스님의 증언에 따르면 동방사상연구소에도 군사혁명의 핵심에 있는 군인들이 범부를 찾아와 자문을 구했다고 한다. 그들은 박정희의 명을 받은 군인들이었을 것이다. 그리고 정허 스님은 "재건국민운동, 새마을운동, 국민교육헌장 같은 것이 민족의 미래를 걱정하고 새 시대의 앞일에 이 민족을 내세우고자 했던 범부 선생님의 고뇌에 찬 사상과 철학이 멀든 가깝든 관여했다."[41]라고 기록하고 있다.

이 글을 발전시키는 동안 노력은 많이 했지만 범부와 박정희의 첫 만남 또는 초기의 접촉과 관련해서 더이상의 자료를 구하기는 어려웠다. 지금으로서는 이 정도로 만족하면서 앞으로 새로운 자료가 더 나타나기를 기다리기로 한다.

(3) 그 후

범부와 박정희는 첫 만남 이후 금방 친해졌다. 서로 믿고 좋아하는 사이가 되었다. 박정희는 범부 앞에서 학생과 같은 공손한 태도를 취했고 '선생님'이라고 불렀다. 위의 김동주는 두 사람 사이를 특이한 관점에서 보기도 했다. 범부는 신라 때의 백결 선생이 김유신 장군을 보살피듯이 그렇게 박

---

[40] 조갑제, 앞의 책, 1권, 83, 164, 229쪽.
[41] 正虛, 앞의 글, 241쪽.

정희를 도왔다고 했다. 김동주는 한 글에서 "하여튼 두 분의 사이가 보통이 아니었고 그래서 박정희는 사랑방을 따로 마련해놓고는 범부 선생님을 만난 걸로 안다."고 적고 있다.[42] 범부의 막내사위인 진교훈의 증언은 좀 더 구체적이다. 그에 따르면 박정희는 그때 명동의 한 호텔에 방과 사무실을 마련하여 범부를 모셨다고 한다.[43]

처음은 바로 그 명동의 사무실이 범부와 박정희를 위시한 군 간부들의 회동 장소였다. 그들은 서로 얼마나 좋았을 것인가. 범부의 입에서는 그들이 바라던 콘텐츠가 거침없이 쏟아져 나왔을 것이다. 범부로서는 특별히 준비할 것도 없는 평소의 지론을 개진하는 것이었지만 군인들에게는 의외의 큰 선물이었을 것이다. 그때 교감이 이루어진 내용은 남북통일, 삼국통일, 신라, 화랑, 국민운동, 국민윤리, 새마을운동과 같은 굵직한 주제들이었을 것이다. 총론부터 먼저 나오고 차츰 각론이 나왔을 것이다. 아마도 군인들은 범부의 방대하고 준비된 지식과 정연한 논리 앞에 눈이 휘둥그레졌을 것이다. 너무도 황홀하여 정신을 놓치는 때도 한두 번이 아니었을 것이다.

다음은 범부의 막내딸이며 나의 이모가 되는 을영(乙英)의 증언이다. 어느 시기부터 범부는 최고회의 의장실과 청와대를 자주 들렀다. 박정희가 차를 보내면 그것을 타고 갔다. 차는 탑이 있는 지프차였다. 범부를 태우러 지프차를 보낸 것은 그때 우리나라의 경제사정을 반영하는 장면이었을 것이다. 그때는 장관들도 지프차를 탔다.

범부는 박정희를 만나러 갈 때 한복 차림을 했다. 겉에는 흰색 또는 옥색 두루마기를 입었다. 그리고 예의 지팡이를 들었다. 범부가 박정희의 집무실에 들어서면 박정희는 일어나 인사를 하고 범부를 자신이 평소에 앉는 가운데 자리에 모셨다고 한다. 그리고 자신은 낮은 자리에 앉았다는 것이

42) 金銅柱, 「내가 모신 凡父 선생」, 『茶心』, 창간호(1993 봄), 75~76쪽.
43) 진교훈과의 통화, 2012. 3. 7, 오전 8:30~10:00.

다. 이 부분에서 미심쩍은 생각이 들어 내가 정말 그랬느냐고 다그치며 묻자 을영은 분명히 범부가 자신에게 그렇게 말했다고 했다. 을영은 기억력이 좋은 사람이므로 나로서는 그렇게 믿을 수밖에 없고 전후 관계로 보아 그럴 수 있었으리라는 생각도 든다.

내가 을영에게 범부가 박정희에게 무슨 말을 주로 해주었느냐고 묻자 을영은 서슴없이 말했다. 화랑정신, 국민윤리, 국민운동, 새마을운동을 당부한 것은 김동주의 증언과 일치했다. 을영의 입에서 새로운 사실도 나왔다. 범부는 박정희에게 우리나라는 땅이 넓지 못하므로 바다를 개척해야 장래가 있다고 말했다고 한다. 추측이지만 평소 범부의 스타일로 보아 이 대목에서 범부는 자신의 역사 지식을 동원하여 장보고 이야기를 했을 수도 있을 것이다.[44] 을영은 자신의 기억을 더듬어 또 하나 새로운 사실을 밝혔다. 범부는 박정희에게 화랑정신을 혁명의 동력으로 활용할 것을 당부하고 그 연장선에서 경주라는 도시를 한촌으로 두지 말고 사상과 역사가 살아 숨 쉬는 당당한 공간으로 복원하여 남북통일 운동의 밑거름으로 활용하면 좋을 것이라고 했다는 것이다. 범부와 경주의 관계로 보아 역시 범부가 했음직한 발언이다.

역시 을영의 증언이다. 범부는 박정희를 만나고 돌아와서는 박정희를 일컬어 "그 사람이 의외로 인약(仁弱)한 사람이다"라고 했다는 것이다. 장군이며 혁명아인 박정희를 두고 '어질고 약한' 인간으로 관찰했다는 것은 범부의 눈이 아니면 감히 간파할 수 없는 부분이었을 것이다. 그리고 그렇게 보는 데는 박정희를 아끼는 부형의 마음이 움직이고 있었을 것이다. 박정희는 범부에게 물질로 인사를 전하기도 했는데 일 년에 두 번씩 설과 추

---

44) 범부는 군사혁명 직후에 한 언론사가 주최한 좌담회에 출연하여 우리 국토의 조건에 대해 언급한 적이 있다. 같은 관심이 박정희에게 전달되었던 것으로 보인다. 「우리 民族의 長短: '自我批判'을 爲한 縱橫談」, 『조선일보』, 1961. 8. 27, 최재목 · 정다운 엮음, 『凡父 金鼎卨 단편선』(선인, 2009), 68쪽에서 재인용.

석 때 범부 서재로 약간의 돈이 든 봉투를 보냈던 것이다. 을영의 기억에 1960년대의 돈으로 20만 원씩이 왔다고 한다.[45]

범부는 일을 통해 박정희를 도우려고 했다. 박정희의 초기 국정운영의 기본 틀을 마련해주고 싶었을 것이다. 박정희도 그것을 원했다. 범부의 나이와 체질이라는 요소가 개입되어 있었으므로 일의 관계는 두 사람 사이에 적절한 타협을 거쳐 그 한도 안에서 이루어졌다. 지금 자료를 들추어보면 범부가 수시로 박정희를 만나서 구두로 자문에 응한 것 말고 혁명 직후에 범부가 작성한 글이 한 편 남아 있다. 「邦人의 國家觀과 花郎精神」이라는 의미심장한 문장이다. 주로 혁명주체세력을 독자로 상정하면서 사심 없이 혁명과업에 임할 것을 당부하는 취지를 담고 있다. 매체는 당시 국가재건 최고회의가 발행한 『최고회의보』였다.[46] 매체가 매체였던 만큼 이 글이 박정희에게 미친 영향이 컸을 것이다. 그래서 이 지면에서 조금 지루할 수 있지만 글의 내용을 자세하게 소개해보려고 한다.

범부는 이 글에서 5·16군사혁명의 주체세력을 높이 평가한다. 그들에게 거는 기대 또한 컸다는 것이 나타난다. 범부는 주체세력을 가까운 시대 순으로 4·19혁명, 6·25전쟁, 항일투쟁 시기의 의사(義士)들과 동급에 올려놓고 당부의 말을 전하고 있다. 사례를 우리 역사에서 끌어오면서 충고를 던진다는 점도 특징이다. 글의 앞부분에 다음과 같은 언급이 나온다.

> 이를테면 五·一六 軍事革命은 정녕코 九死의 冒險을 通過해서야
> 今日이란 今日이 있을 터인데 그 革命同志 내의 國家觀을 챙겨보기로
> 하고 또 四·一九 學徒義擧는 거의 죽음을 競爭하다시피 그 청춘의

45) 을영의 증언은 대부분 2012년 2월 3일(금)과 2월 9일(목)의 긴 전화 통화에서 수집된 것이다.
46) 金凡父, 「邦人의 國家觀과 花郎精神」, 『최고회의보』(국가재건최고회의), 2(1961. 10), 132~135쪽.

身命들을 던졌으니 이 靑年同志 내의 國家觀은 어떠한 것이었던가.
또 六·二五 赤爲에 挺身奮戰한 生死有無名의 累萬建兒들, 그중에도
開城戰區의 十勇士같은 英雄들의 國家觀은 어떠한 것이었던가. 그리
고 光復以前 四十年 倭亂에 生死를 超越한 海內涉外의 抗日諸義士
그네의 國家觀은 어떠한 것이었던가. 以上의 義士들이 그 熱求하는
바가 果然 그 무엇이었던가? 富貴든가? 決코 아니다. 功名이든가? 그
도 꼭 아니다. 그러면 小我를 던져서 大我라 할 수 있는 民族의 利益
을 위해서든가? 그야 富貴功名보담은 좀 近理할 터이지만 그 心曲을
두고 살펴본다면 그렇게 利害打算의 觀念으로서만 尺度할 바도 아니
다. 그렇다면 그것이 도대체 무엇일까. 적어도 사람을 죽게까지 하는
데는 반드시 生名보다 貴重한 그 무엇이 있을 터인데…[47]

혁명군에 대한 범부의 요구와 기준은 사뭇 높다. 그러나 범부는 이럴 때
모세를 닮아라, 워싱턴은 이랬다, 넬슨이 있었지 않느냐는 식으로 서양에
서 사례를 구하지 않는다. 남의 벽돌을 쌓아서는 집이 올라가지 않는다는
것을 범부는 알았다. 못 생겨도 내 벽돌을 쌓아야 내 집이 올라간다는 이법
을 알고 있었다.

글의 중간 부분에서 범부는 자신이 뽑은 모범 사례를 제시한다. 그는 사
례로서 밀양 폭탄사건의 주역 우봉(牛峯) 곽좌기(郭左驥), 한반도 지도 제
작의 선구자 고산자(古山子) 김정호(金正鎬), 동래 수병으로서 동해바다 섬
들을 개척한 안용복(安龍福), 병기와 농기구 제작에 필요한 쇠를 구한 구충
당(求忠堂) 이의립(李義立)을 들면서 그들의 국가관을 밝혀 보이려고 한다.
범부는 자신의 표현대로 이들 인인의사(仁人義士)들의 심정과 행동과 생활
을 관찰해서 추출할 수 있는 한 개의 국가관의 유형이 무엇인가를 알리려
고 한다. 의사들에게 서로 상통하는 하나의 맥을 짚는다면 그게 무엇인가

47) 위의 글, 132쪽.

를 한 번 알아맞히라는 식으로 다그치기도 한다. 짧은 글에서 범부의 접근은 끈질기고 철저하다. 범부가 예거한 의인(義人)들의 심층 심리에 숨겨진 동기란 과연 무엇이었을까?

범부는 같은 글의 마지막 부분에서 이 질문에 대한 자신의 답을 제시한다. 그리고 혁명군에게 그 답을 수용할 것을 은근하고 간접적인 화법으로 요구한다. 범부가 제시한 답은 역시 근본적이고 본질적이다. 과연 당대의 사람들에게 수용될 수 있으며 적합한 것인가를 의심하게 될 정도로 인간 정신의 극치와 같은 것을 설명해 보인다. 나라 만들기를 제대로 하려면 그만큼 철저해야 한다는 뜻이었을 것이다.

범부는 여기서 자신의 발명품인 지정론(至情論)을 제시한다.[48] 이것과 관련하여 잠시 범부의 말을 옮겨보기로 하자.

> 그것은 一言으로 蔽之曰 '至情'이란 것이다. 그대의 心中에는 分明히 富貴 따위의 要素는 發見할 수 없고 아마 功名까지도 占據할 餘違이 없을 터이다. 그저 나라를 위하고 同胞를 위해서 身命을 돌아볼 틈도 없이 奮鬪하고 精進했을 뿐이다. 그러니 그 心境을 愼密히 살펴본다면 그건 大小間의 利害打算보다도 그저… '無條件의 血衷', 말하자면 이것을 '至情'이라 하겠는데 至情이란 父母가 子息을 사랑하는 子息이 父母를 愛敬하는 心情을 指稱하는 바이어니와… 그런데 이러한 心情들은 이것을 國家觀으로서 規定하자면 역시 倫理的 或은 '人倫的 國家觀'으로 해야 할 것이다.[49]

그리고 범부는 우리 민족의 혈맥에 흐르는 인륜으로서의 지정은 거슬러 올라가면 그 기원이 화랑정신에 있는 것이라고 결론짓는다. 역시 범부에게

---

[48] 지정론은 1950년대 초에 행해진 범부의 강의 속기록에 이미 나와 있다. 자세한 내용은 金凡父, 「國民倫理特講」, 『花郎外史』(以文社, 1981), 235~236쪽을 참고하라.

[49] 金凡父, 「邦人의 國家觀과 花郎精神」, 『최고회의보』, 2(1961. 10), 135쪽.

가장 좋은 답은 우리 민족사의 자생적 실험에서 나오는 것이며 수입 사상에서 빌려올 수 있는 것이 아닌 것이다.[50]

　이제 한국 사회는 1961년의 거친 파도를 타고 넘어 1962년을 맞이했다. 혁명 2년차가 되는 해였다. 범부와 박정희는 가끔씩 만나 의견을 교환하면서 전 해에 비해 상대적으로 안정된 분위기에서 각자 다른 위치에서 일상을 소화하고 있었다. 범부는 그해 전반부에 나중에 『정치철학특강』으로 꾸며져 나올 책의 원고를 집필했다. 그 내용의 큰 줄기는 이미 오래 전부터 머릿속에 구상되어오던 것이었으므로 200자 원고지 1,700매에 이르는 방대한 원고가 착수 몇 개월 만에 완성되었다.[51] 원고의 전반부가 「國民運動의 準備課題」, 후반부가 「共産主義 批判」으로 구성되어 있는 것으로 보면 이 원고는 박정희와 그의 혁명정부에 주는 지침으로 준비되었던 것으로 보인다. 당시 박정희 정치에서 내치 면에서 가장 중요한 국면이 국민통합을 위한 국민운동이었으며 외치 면에서 가장 시급한 국면이 공산주의 문제였다는 점을 기억할 필요가 있을 것이다. 그리고 범부는 이 중차대한 국면들에 대한 자문을 구두로만 하고 있을 수는 없었을 것이다. 글을 통해 보다 확실한 자문을 제공하고 싶었을 것이다. 글의 내용을 자세히 검토하면 당시의 긴박했던 국내 상황을 의식하면서 써내려간 흔적이 역력하며 여러 대목에서 '5 · 16혁명' '혁명동지들' '혁명정부'를 언급하고 있기도 하다.[52]

　범부의 막내딸인 을영의 증언에 따르면 박정희와 그의 참모들은 범부의 원고가 생산되고 있다는 사실을 알고 있었을 뿐 아니라 예의 주시하고 있었던 것 같다. 범부가 한동안 부산에 내려가 있으면서 준비한 원고

---

50) 위의 글.
51) 李鍾厚, 「刊行辭」, 金凡父, 『정치철학특강』(以文社, 1986). 이 책과 동시 출간된 것이 『凡父遺稿』이며 내용은 동일한 것이었다.
52) 金凡父, 『정치철학특강』(以文社, 1986), 54, 59, 108쪽을 포함하여 이 책의 여러 곳에 산재한 표현이다.

뭉치를 들고 서울로 돌아와 청운동 산1번지의 자택에 머물기 시작한 직후에 박정희가 참모 한 사람을 보냈다. 그 사람은 여태껏 아무도 읽지 않은 그 원고를 종일 걸려 다 읽고 요약본을 만들어 돌아갔다. 박정희는 곧바로 그 요약본을 받아보았을 것이다. 이것을 미루어보면 그 당시 박정희에게 범부의 말 한 마디 글 한 줄이 그렇게도 소중한 것이었다는 것을 이해하게 된다.[53]

그런데 불행하게도 원고는 여러 가지 사정으로 금방 책이 되어 나오지 못했다. 범부는 사정도 사정이었지만 그런 일에는 등한했고 수완도 모자랐다. 결국 범부는 생전에 책이 나오는 것을 보지 못했다. 책이 되기까지 시간이 너무 오래 걸려 범부 사후 13년을 더 산 박정희도 책을 보지 못한 채 저세상 사람이 되고 말았다.

1962년 8월에 나온 『최고회의보』에 보면 박정희의 글이 한 편 실려 있다. 박정희는 글에서 국가 통치자로서 전에 없이 자신감 넘치는 포부를 밝히고 있다. 당시의 분위기를 전한다는 뜻에서 글의 한 부분을 옮겨보기로 한다.

> 나라의 必然的인 崩壞를 막기 위해 國民의 自衛權 發動을 代身하여 蹶起했던 組織된 國軍의 擧事는 民族 歷史上 初有의 참된 意味의 혁명 '五·一六'을 成功케 하였다. 國民의 絕對的인 呼應과 聲援을 뒷받침으로 하여 成功한 五·一六革命은 公正한 社會正義의 確立, 人間革命을 通한 國民道義의 振作, 民族正氣의 培養을 土臺로 하여 自由와 平等의 民主主義 터전을 鞏固히 하고 國民經濟의 急速한 向上을 期約하면서 國家再建에 總進軍하고 있다. 그리고 來年에는 自由롭고 公正한 選擧에 依한 强力한 新政府를 樹立하게 되어 있다.[54]

53) 을영과의 통화, 2012. 3. 21.

54) 朴正熙, 「八·一五 解放과 우리 民族」, 『최고회의보』, 11(1962. 8), 8쪽.

참고로 말하면 박정희는 글쓰기를 좋아하는 군인이었다. 그래서 지금도 일기, 논설문을 포함하여 그의 글이 많이 남아 있다. 그는 공무에서도 자신의 이름을 걸고 나가는 글은 보통 직접 쓰는 일이 많았으며 보좌진에서 준비하여 올리는 경우에도 일일이 꼼꼼하게 읽고 고쳤다고 한다.[55] 그것으로 미루어보면 이 글 역시 박정희 자신의 글 솜씨일 가능성이 높다. 이 글은 범부의 제안에 대한 화답의 의미도 담고 있었을 것이다. 범부가 이 글을 읽었다면 크게 안심하고 고무되었을 것이다. 하필 글을 읽지 않았다고 하더라도 두 사람 사이의 관계로 보아 글이 전하는 분위기를 범부는 이미 파악하고 있었을 것이다.

(4) 오월동지회

이제 한국 사회는 1963년을 맞이했다. 그해 1월 1일자로 박정희가 이끄는 군정은 민간인 정치활동 재개를 허용했다. 이로써 그해 말로 예정된 대통령 선거(10. 15)와 국회의원 총선거(11. 26)를 향해 여러 정치 세력은 끼리끼리 모여 대진표를 짜고 서로 견제하면서 각축전을 벌이기 시작했다.[56]

이에 범부의 옛날 친구와 지인들도 박정희의 반대편에 서서 정당을 하나씩 만들어 바쁜 걸음을 걷고 있었다. 윤보선과 김병로는 민정당, 허정은 신정당, 안호상은 민우당, 박순천은 민주당, 변영태는 정민회, 소선규는 자유민주당, 그런 식이었다. 거의 다 범부와는 개인적으로 서로 잘 알고 친하게 지내는 사이였다. 허정과는 서로 존경하는 사이였고 범부의 장남 지홍

55) 조갑제, 『漢江의 새벽: 朴正熙 소장은 왜 일어났는가?』(조갑제닷컴, 2011), 522쪽.
56) 아래에서 설명하는 여야 여러 정치세력의 동향은 주로 다음 한 가지 자료에서 나온 것이다. 신문의 전면을 덮고 있는 이 특집 기사는 많은 연구와 취재 발품이 들어간 흔적이 보이며 1963년 중반기의 시점에서 우리나라의 정치 지형도를 잘 드러내고 있다. 「政黨의 看板 아래 도사린 派閥系譜」, 『동아일보』, 1963. 7. 22, 3면.

(趾弘)은 한때 허정이 보건사회부 장관일 때 비서실장을 지냈고 그 뒤에 같은 기관의 일반 부서로 내려가 서기관으로서 과장을 지낸 적도 있었다. 범부의 차남 두홍(斗弘)의 결혼 때는 허정이 주례를 서기도 했다. 박순천은 범부와는 2대 민의원을 같이 지냈고 개인적으로 친한 사이였다. 범부는 박순천의 남편 변희용과도 절친했다. 범부의 오랜 친구 전진한은 민정당에 참여해 일익을 담당하고 있었다. 다른 사람들과도 두루 막역한 사이였다.

그런데도 범부는 유독 박정희 편에 섰다. 박정희와 군부에 큰 기대를 걸었던 것 같다. 이 시기에도 범부는 박정희를 개인적으로 자문하는 일에 성실하게 임했다. 한편 그의 친구들과는 달리 실물 정치에는 관심이 없었고 아주 초연한 입장이었다. 정치에 자신의 몸을 던질 생각은 아예 없었다. 범부는 학문 외에는 특별히 하고 싶은 것이 없었다. 바라는 것도 없었고 무엇이 되고 싶은 것도 없었다. 그것이 범부였다. 오로지 우리 사회의 스승 역할이 그의 몫이었다.

같은 해 중반이 되면 친여 그룹은 세 갈래로 전열을 가다듬는다. 국가재건최고회의, 민주공화당, 오월동지회가 그들이다. 최고회의는 박정희가 의장, 이주일이 부의장이었다. 그리고 최고위원 20명 정도가 포진했다. 1963년 중반이 되면 처음의 최고위원들은 많이 갈려나가고 나중 들어온 사람들이 진을 치고 있었다. 다음은 그해 2월에 결성된 민주공화당이다. 총재는 민간에서 올라온 법조 출신 정구영이었다. 이때 김종필은 여러 가지 사정으로 당을 떠나 있었다. 김동환이 사무총장이었고 군과 민간에서 올라온 20여 명이 당직을 맡고 있었다. 마지막으로 오월동지회(五月同志會)가 있다. 오월동지회 역시 최고회의나 민주공화당과 비슷한 방대한 조직을 갖추고 있었다. 회장은 박정희, 부회장은 군 측에서 이주일, 민간인 측에서 김범부가 맡았다. 군과 민간에서 올라온 25명의 지도위원이 있었다. 지도위원 가운데 군사혁명의 실세인 이석제, 박원빈, 김형욱, 김희덕, 김용순, 유양수, 강기천, 홍종철, 김재춘 등의 이름이 올라 있었고 민간인으로는 최덕신, 원용석, 조철재, 방성출, 김현숙, 이메리 등이 참여하고 있었다. 이 조직의 총무는 오치성, 중앙상위의장은 조시형이었다. 그 밖에 강상욱, 조창대를 비롯하여 여러 명의 군과 민간에서 올라온 인사들이 사무처의 요직을 담당하고 있었다. 최고회의와 오월동지회의 사령탑은 박정희 자신이 맡고 민주공화당은 정구영에게 맡겨져 있는 형국이었다.

오월동지회는 1963년 6월 13일 오전 시민회관에서 박정희가 참석한 가운데 창립총회를 열었다. 이때 사회를 맡은 범부가 서두에서 "무능하기로 자타가 공인하는 제가"라는 표현을 사용해 지나치게 겸손하다는 평을 들었다. 겸손한 자세치고 사회 솜씨는 볼만했다는 언론의 평도 있었다. 창립의 주역 가운데 한 사람인 박원빈의 해명이 더 걸작이었다는 평도 있었다. 박원빈은 다음과 같이 범부를 두둔했다는 것이다. "金先生의 司會가 서툴러서 罪悚합니다. 따지고 보면 이런 司會가 政治團體 아닌 우리 同志會를 特徵짓는 것입니다." 청중들로부터 많은 웃음과 박수가 터져 나왔을 것 같은 그림이 그려진다.[57]

오월동지회의 성격과 관련하여 몇 가지 발언이 보인다. 창립총회 자리에서 박정희는 오월동지회 회원들은 정치에 관여하지 말 것을 당부했다. 박정희는 다음과 같이 말했다.

> 본 동지회는 발기 취지 선언문에도 명백히 명시되어 있는 바와 같이 이것은 어디까지든지 비정치단체로서 회원동지 상호간의 친목을 돈독히 하고 소양을 넓히고 우리 서로가 상부상조하며 힘을 뭉쳐서 사회봉사를 하고 나아가서는 국가재건에 이바지할 수 있는 그러한 노력을 하겠다는 것이 본 동지회의 취지라고 본인은 알고 있습니다.[58]

---

57) 「서툰 司會가 되려 特徵?」, 『조선일보』, 1963. 6. 14, 1면.
58) 동아방송 '주간방송' 중 일부, 『동아방송DBS』, 1963. 6. 13. 우기정, 『범부 김정설의 국민윤리론』(예문서원, 2010), 109~110쪽에서 재인용.

창립총회 이전에 오월동지회가 태동 중에 있을 때 혁명 주체세력의 한 사람인 김형욱이 이 단체의 성격에 대해 언급한 신문기사가 보인다. 김형욱은 이 모임은 정치활동과는 직접 관련이 없는 친목단체라고 했다. 그는 이 모임의 목적이 "五·一六 革命에 참여했던 약 二百名이 集團的으로 革命이념을 具現시키자는 데 있는 것"이라고 말했다.[59]

오월동지회는 출범 한 달 뒤에 따로 지도위원회를 두었는데 부회장인 범부가 위원장, 중앙상위 의장인 조시형이 부위원장, 지도위원인 박원빈이 간사위원을 겸임했다.[60] 오월동지회의 일상 업무는 사실상 지도위원회를 중심으로 수행되었다. 범부는 한때 이 두 사람과 매일 만나다시피 했다. 그리고 특이하게 조시형이 위원장으로 있는 중앙상위 산하에 학술연구위원회가 편제되어 있었으며 위원장은 신동욱이었다.[61]

오월동지회는 출범 전과 출범 후에 월요교양강좌를 개최했는데 범부도 거기 나가서 강의를 했다. 언론에 잡힌 범부의 강의 제목은 「韓國國民革命의 課題와 展望」이었다.[62] 당시 범부의 관심사를 반영하는 주제였으며 박정희와 그의 참모들과도 소통하는 내용이었을 것이다.

이 지점에서 나 자신의 기억을 잠시 되살려보기로 한다. 범부가 오월동지회와 관련을 가지던 당시 나는 군에 입대하여 통역장교 생활을 하고 있었다. 1963년의 대부분 기간은 경기도 가평에 있는 1군단 사령부, 그해 연말부터는 강원도 원주 소재 야전군 사령부에서 근무했다. 그때 나는 외출 때나 휴가를 나왔을 때 범부를 찾아뵙곤 했다.

이 글을 준비하면서 개인적으로 유지하고 있는 기록을 꺼내 살펴보니 그때가 1963년 여름이었다. 나는 휴가 중에 범부를 뵈러 오월동지회를 방

59) 『조선일보』, 1963. 5. 3, 1면.
60) 『조선일보』, 1963. 7. 11, 1면.
61) 「政黨의 看板 아래 도사린 派閥系譜」, 『동아일보』, 1963. 7. 22, 3면.
62) 『동아일보』, 1963. 6. 13, 1면.

문한 적이 있었다. 오월동지회는 중구 필동 어디인가에 있었다. 군복을 입은 채 건물에 들어서서 곧바로 범부의 집무실로 갔더니 책상만 있고 사람이 없었다. 비서가 행사장에 나갔다고 했다. 곧 돌아올 시간이 되었다고도 했다. 그래서 홀에서 잠시 기다리기로 하고 건물 안도 구경하고 바깥도 내다보면서 서성거리고 있는데 홀을 가로질러 주로 영관급 장교들이 부산하게 이 방 저 방을 들락거리는 것이 보였다. 한참을 그렇게 하고 있는데 드디어 범부가 건물 안으로 들어섰다. 한복 차림이었고 여러 명의 영관급 장교들의 안내를 받고 있었다. 범부는 내가 인사를 했더니 반가운 얼굴을 하며 "야, 이 놈아! 으응 그래!"라고 했다. 내가 거기 나타난 것이 의외인 것 같았다. "으응, 그 사이에 얼굴이 많이 좋아졌구나!"라고도 했다. 학교 다닐 때 내 얼굴이 말라 있었는데 군대 밥이 몸에 맞았던 모양이다. 범부는 나더러 건강을 조심하고 군복무를 잘 마칠 것을 당부하기도 했다.

그날 범부는 외부에 나가 '두레' 이야기를 하고 돌아오는 길이라고 내게 말했다. 지금 내 기억이 가물가물한데 마포 어디인가를 가서 강의를 했다는 것 같았다. 1960년을 전후하여 건국대 유석창 총장과 다른 관련 교수들과 논의를 진행시켜온 농촌재건 문제의 연장선에서 이야기 했을 것이라는 추측을 해본다.[63] 내 생각인데 범부는 그때 이미 장교들과 더불어 새마을운동의 초기적인 프로그램을 실험적으로 진행시키고 있었던 것이 아닌가 싶다. 아마도 지도자 양성과 관련이 있었을 것이다. 사실 새마을운동은 박정희 자신도 그 초기적인 발상은 군정 기간에 전국을 누비며 다니는 과정에서 이미 내비친 바가 있다.[64] 범부와의 교감 가운데 그렇게 되었을 가능성이 있을 것이다.

[63] 1960년 전후의 동방사상연구소 주변 분위기에 대해서는 앞의 각주 19, 28, 29, 41을 참고하라.
[64] 조갑제, 『漢江의 새벽: 朴正熙 소장은 왜 일어났는가?』(조갑제닷컴, 2011), 523~524쪽.

또 한 가지 이 글을 발전시키는 동안에 내 손에 들어온 정보가 있다. 범부의 막내딸 을영에게서 나온 것인데 범부는 오월동지회와 관련을 가지는 동안 한강 백사장에서 청년들을 훈련시키는 프로그램을 진행했다고 한다. 을영은 "1기, 2기, 3기, 뭐 그런 식으로 청년들을 뽑아 모아 훈련시켰다."라고 했다.[65] 을영은 훈련의 구체적인 내용에 대해 아는 바는 없었다. 이것도 내 추측인데, 그것은 새마을운동의 초기적인 작업이 아니었던가 싶다. 아마도 내가 범부에게 들은 '두레' 이야기와 을영이 증언하는 청년 훈련 이야기는 같은 이야기일 수 있다고 생각한다. 두레, 향약, 자조, 협동, 자립, 이런 이야기가 그때 이미 범부의 레퍼토리가 되고 있었을 것이다. 의심할 것 없이 범부는 자신의 아이디어를 이미 박정희와 소통하고 있었을 것이라고 생각한다.

범부는 박정희를 만나고 돌아오면 주변에 있는 사람들에게 그날 있었던 일에 대해 이야기하는 적이 종종 있었다. 나도 군 복무를 할 때 외출이나 휴가를 나와 외가 사랑방에서 그런 자리에 몇 번 동석한 적이 있다. 한 번은 범부가 박정희의 생김과 사람됨에 대해 언급하는 것을 들었다. "어디 기운 데가 없이 반듯하게 생겼다." "사람이 꽉 찼다." "일을 해낼 사람이다." 그런 평을 하는 것을 들은 기억이 있다.[66]

(5) 충고

범부는 박정희가 선거를 통해 민선대통령이 된 뒤에도 만났다. 만날 때는 주로 박정희 쪽에서 연락이 왔고 이내 비서실에서 차를 가지고 와

---

[65] 을영과의 통화, 2012. 2. 3; 2012. 2. 9.
[66] 이런 언급을 할 때까지만 해도 범부는 박정희를 단단히 신뢰하고 있었던 것 같다. 그때 나는 아마도 가평의 1군단 사령부, 아니면 원주의 야전군 사령부에 근무하고 있었을 것이다.

서 범부를 태우고 갔다. 그러나 이와 같은 관계가 한없이 오래 지속되지는 않았다. 모든 인간관계에서처럼 범부─박정희의 관계에도 기복이 있었다. 범부는 박정희의 군정 2년 7개월 동안은 확실한 지지를 보냈고 성심성의껏 도우려고 했다. 제3공화국의 성립에도 일조를 했다. 박정희와 마찬가지로 범부 역시 구정치인에 대한 불신이 워낙 컸기 때문에 박정희와 그의 동지들이 군복을 벗고서라도 적어도 당분간은 집권을 계속하는 것이 도움이 될 것이라고 보았다. 그러나 천신만고 끝에 제3공화국이 출범하고 나서부터 범부─박정희의 관계에는 약간의 변화가 오기 시작했다.

1963년 10월 15일에 대통령 선거가 있었다. 군복을 벗은 박정희는 윤보선과 겨루어 15만여 표차로 당선되었다. 박정희는 윤보선과 싸울 때 "이번 선거는 가식된 자유민주주의와 민족주의를 바탕으로 한 자유민주주의와의 사상적 대결"[67])이라고 외쳤다. 11월 26일에는 국회의원 총선거가 있었다. 선거는 공화당 압승으로 끝났다. 12월 17일에 제3공화국이 발족하고 박정희는 제5대 대통령으로 취임했다. 제3공화국의 출범과 때를 같이 하여 이제까지 세 갈래로 정립되어 있던 여권의 세력 분포가 하나로 모아지기 시작했다. 국가재건최고회의는 소임을 끝내고 해산했다. 거기 포진했던 인사들은 청와대와 정부의 요직으로 이동해 갔다. 오월동지회도 조용히 기능을 멈추었다. 거기 포진했던 인사들도 역시 청와대와 정부에 흡수되었다. 이제 공화당만 건재했다.

---

67) 『開港100年年表・資料集』(동아일보사, 1976), 258쪽. 박정희의 이와 같은 발언은 그때로부터 반세기 이상이 지난 시점에서 러시아의 푸틴이 주장하는 '주권민주주의'와 유사한 것이었다. 그것은 해당 사회에 적합한 러시아식 민주주의를 제시하는 것이며 사회 발전 단계가 다른 서구의 그것과는 거리가 있는 것이었다. 이 점에서 박정희는 선구자였다고 할 수 있고 그것은 신생국 정치에서 교육과 훈련을 위한 중간 단계를 설정하고자 했던 범부 역시 동의하는 노선이었다. 동의라기보다 스승의 입장에서 친절하게 타이르는 노선이었을 것이다.

정확한 시기를 규정하기 어렵지만 범부는 제3공화국이 출범하고 나서 어느 때부터 군부 출신 사람들을 이전처럼 반드시 동정적인 눈으로 바라보지 않게 되었다. 그동안 지켜본 바에 따라 구정치인이나 군 출신이나 큰 차이가 없다는 결론을 내렸는지 모른다. 이제 더이상 군 출신들을 칭찬하는 일도 잦아들었다. 그렇다고 해서 대놓고 비난하는 일도 없었다. 그것이 범부였다. 범부는 그만한 일로 겉으로 드러나게 일희일비하지 않았다.

  범부는 다시 근심이 많아졌다. 자유당이나 민주당 때와 비슷한 입장이 되었다. 정치가 잘못되고 있고 정치가를 더이상 믿을 수 없다고 판단했던 것 같다. 박정희와는 여전히 개인적인 친분을 유지하고 있었지만 내용은 이전과 같지 않았다. 범부는 범부대로 박정희의 정치에 유감이 생기기 시작했고 박정희는 박정희대로 이제 더이상 범부에게 의존하지 않아도 되는 단계가 왔다.

  시름이 많은 가운데 범부는 장고에 들어갔다. 범부가 장고에 들어간 지 한 일 년쯤 지났을 때였다. 범부는 슬며시 글 한 편을 만들어 발표한다. 발표하는 방식은 조용했지만 내용은 격렬하고 신랄했다. 범부는 그 누구와 개인적으로 의가 상하는 일을 피하면서 잘못되고 있는 일에 대해서는 확실한 충고를 하는 성미였다.

  문제의 글은 박정희의 제3공화국이 한 살 반 정도 되었을 때 세상에 나왔다. 정경연구소가 펴내는『정경연구』1965년 6월호 지면이었다. 제목을「우리는 經世家를 待望한다」라고 달고 있었다. 6쪽 분량이었다. 제목으로 보면 한국의 정치 현장에 경세가가 없다는 뜻이었을 테고, 그것이 없기 때문에 아쉽다는 의미였을 것이다.

  범부는 논조를 가능하면 부드럽게 유지하려고 했고 직설적으로 하지 않고 일부러 에둘러 표현의 수위를 낮추기도 했다. 그러나 글의 내용을 자세히 검토하면 의미심장하고 작심하고 생산한 것임을 알게 된다. 제3공화국정부에 대한 강력한 충고로 읽힐 수 있다는 점에서 주목을 요하는 글이라는 생각이 든다.

범부는 글의 서두를 다음과 같이 시작한다.

> 今日의 韓國은 果然 말 그대로 空前의 難局에 處在한 形便이다. 이것이 말로는 決코 새삼스러운 말이 아닐 것이나 韓國人으로서 적어도 今日 韓國의 政治的 現實을 觀察하는 人士로서는 하루도 數次는 이런 말을 하게 될 것이고 또 痛切한 慨嘆을 禁하지 못할 것이다.[68]

이 글이 발표된 1965년 6월의 시점에서 범부는 한국의 정치현실에 대해 매우 비관적이다. '공전의 난국' 앞에서 '통절한 개탄'을 금하지 못한다고 하고 있다. 범부는 글에서 난국의 '유래'를 언급하고 있는데 구체적인 사실을 말하기보다 철학과 방법론의 빈곤을 지적한다. 그 가운데 가장 큰 문제로 거론하는 것이 왜 현실은 신생국이며 건국 초기인데 정치를 신생국 정치, 건국 정치를 하지 않느냐는 것이다. 범부는 이 문제와 관련하여 다음과 같이 말한다.

> 우리 韓國은 이제 이러한 特殊現實의 受難期임에도 不拘하고 旣成國家의 圓熟한 政治社會에 現行되고 있는 모든 制度와 傾向만으로서 言必稱 先進國家는 이러하다, (그러므로 – 필자) 後進國家는 이것을 追隨하기만 하면 先進國家와 같은 富强을 가져올 것이라고 高喊을 치는 것은 마침내 事大主義的 思考方式으로서 硬化된 觀念의 捕虜가 되고 있는 것을 反省하지 못한 所致라 할 것이다.[69]

범부는 곧이어 다음과 같이 주문하기도 한다.

68) 金凡父, 「우리는 經世家를 待望한다」, 『정경연구』(정경연구소), 1965년 6월호, 9쪽.
69) 위의 글, 10쪽.

우리 韓國의 今日은 무엇보다도… 建國理想의 方案이 없어서는 안 될 말씀이고 建國公報, 建國國防, 建國農政, 建國商工, 建國文敎, 建國外交, 建國內務, 建國法務, 建國財務, 建國交遞, 建國社會, 建國保健, 建國議會, 建國政黨, 國土統一, 建國防共 等等의 모든 懸案이 우선 應急과 彌縫으로서 塞責을 하고 있는 現狀이지만 이 모든 것이 다 根本的인 '建國政策'을 前提로 하는 때까지는 우리의 建國期間이 延長될 수밖에 없겠고 建國期間이 延長되는 때까지는 建國的 混亂에서 脫出하기는 어려울 것이다.[70]

범부는 선견지명이 있었고 그의 견해는 실로 탁월했다고 할 수 있다. 왜냐하면 이런 주장은 범부 당대에는 아무도 하지 않는 것이었고 우리 사회에 탈식민성 담론이 일상의 대화가 되고 서구추수주의가 경계의 대상이 된 것은 수많은 시행착오를 거치고 난 먼 훗날에 속한 일이었기 때문이다. 범부는 자신의 비장품(秘藏品)을 박정희와 군부에게 진작 전달했음에도 불구하고 군정을 끝내고 민정 수립 이후부터는 다른 길을 내달리는 데 대해 크게 실망했던 것이 아닌가 싶다.

범부는 이런 견해도 밝힌다. 한국의 현실은 신생국의 그것이기 때문에 특수성을 지닌다는 것이었다. 그러므로 기성의 답은 답이 되지 않으며 반드시 창의적인 처방이 요구된다고 했다. 그것이 바로 경세적 식견을 요구하는 국면이라고 했다. 그러므로 결국 경세적 식견이란 바로 건국정치를 할 줄 아는 기량으로 회귀하는 것이었다. 범부는 당시의 현실에서는 도무지 경세적 식견이 보이지 않으며 심지어 단 한 사람의 경세가가 눈에 들어오지 않는다고 한탄한다. 범부의 언사는 자못 신랄하다.

혹시 政治家는 곧 經世家인 줄로 錯認하는 수가 있기도 하지만 그건

70) 위의 글, 13쪽.

안 될 말씀이다. 그야 政治家로서 眞正한 政治家일 境遇라면 반드시 經世家인 것이 틀림없을 것이다. 그러나 아무런 原則도 方略도 가지지 않고 다만 政治的인 好奇心과 分外의 野望과 時勢를 射倖하는 奸計로써 國民을 愚弄하고 時局의 混亂을 增長하는데 오로지 抹殺의 技倆과 尖薄한 利口를 恣行하는 것은 오직 建國의 障碍物은 될지언정 政治家라 하기도 이미 창피하거늘 하물며 經世家로 擬論할 수 있을 것인가?[71]

범부는 분명 "一人의 經世家가 보이지 않는 것을 恨嘆한다"[72]고 했다. 그리고 최종적으로 다음과 같이 윽박지른다.

누구든지 自己의 意見이나 主張이 經世的인 方案이 되는 것인가 혹은 一種의 時潮나 그 傾向에 迎合하는 好奇心인가를 누구도 모르고 自己 혼자만이 알 수 있는… 自心으로서 冷靜하게 審判해볼 必要도 있을 것이다. 그러나 自心의 尊嚴까지를 無視하는 異類에게는 이 말이 通過되지 않을 것이지만 진실로 道義의 精神이 健存한 人士는 아마 느끼는 바 있을 진저.[73]

누구에게 보내는 경고장이었을까. 분명 군복을 벗고 민정에 참여하고 있는 정치인들이 겨냥되고 있었을 것이다. 범부는 힘없는 야당을 나무라고 싶지는 않았을 것이다. 한편 문장에서 "經世家"를 반복하면서 계속 단수 어법을 사용한다. "一人의 經世家"란 표현도 사용한다. "爲政者"란 표현도 나온다. 그렇다면 경고장의 대상은 바로 박정희였단 말인가. 지금 내 귀에는 범부가 박정희에게 '이 사람아, 내가 노상 말하지 않았나. 일을 그렇게 하

71) 위의 글, 12쪽.
72) 위의 글, 13쪽.
73) 위의 글, 14쪽.

는 법이 아니라네.'라고 말하는 목소리가 들리는 것 같다. 다른 연구자들은 이 부분을 어떻게 해석하는지 궁금하기도 하다.

이렇게 해놓고도 범부는 겉으로는 시침을 뗐다. 아무 일도 없었던 것처럼 태연했다. 필요한 사람이 있으면 참고로 삼으라는 식이었다. 그러나 아무도 아는 체 하는 사람이 없었고 세상은 끄떡하지 않았다. 정치와 민심은 탁류인 채 도도하게 흐르기만 했다. 그것이 당시 한국의 역사와 사회의 의미이며 수준이었을 것이다. 앞으로 한국인에게는 더 많은 좌절과 인내가 필요했다.

이 충고의 글은 결과적으로 범부가 지상에 남긴 마지막 문장이 되었다. 박정희가 범부의 글을 읽었는지, 과거 군정 때 주역이었으며 그 후 군복을 벗어던지고 민정에 참여하고 있는 새로운 얼굴의 정치인들이 범부의 충고를 눈치 챘는지 지금 확인할 길은 없다. 하지만 궁금하기는 하다.

그 뒤에도 박정희는 설과 추석이 다가오면 전과 다름없이 꼭 인사를 했다. 겹으로 된 봉투에 돈 20만 원씩을 넣어 친필로 '朴正熙 拜上'이라고 적어서 범부의 서재로 보냈다. 범부 생전에 그랬을 뿐 아니라 범부가 이미 이 세상을 떠나고 없는 데도 미망인 앞으로 봉투를 보냈다. 범부 사후 13년을 더 산 박정희는 자신이 살아 있는 동안은 잊지 않고 같은 일을 계속했다. 범부의 미망인은 생전에 박정희에게 고마운 마음을 표시하곤 했다.[74]

---

74) 나 자신도 박정희 친필의 봉투 하나를 얻어 보관해왔는데 이번에 원고를 만들면서 찾아 보려고 하니 얼른 눈에 보이지 않는다. 어느 때고 어느 보관함에서 나타날 것이다. 1960년대 중반의 기준으로 20만 원의 돈 가치가 어느 정도일까 하는 의문이 들 수 있다. 내가 그 시기에 군에서 제대를 하고 대학의 조교 일을 보면서 모시던 선생님들의 월급봉투를 대학본부에서 타다가 갖다드린 적이 있다. 그때 그 선생님들(대학의 교수님들)의 월급이 5만 원 정도였던 것으로 기억한다. 그러니 박정희의 '촌지(寸志)'는 액수가 상당했던 것이다.

(6) 범부의 죽음

범부는 충고를 날린 후부터 시름시름 앓기 시작했다. 그로부터 1년 반 후가 되는 1966년 12월 10일 범부는 향년 70세로 속절없이 이 세상을 하직했다. 서대문 소재 적십자병원에서였다. 아마 그 당시는 서울시내에 종합병원이 거기뿐이었을 것이다. 병명은 간암이었다. 호상을 맡은 오종식(당시 한국일보 주필)을 중심으로 며칠 후에 조계사에서 치러질 장례식 준비가 진행됐다. 서정주(시인, 범부의 제자)는 급히 조시를 쓰기 시작했다.

소식을 들은 박정희는 상가로 비서와 지관(地官)을 내려 보냈다. 그들과 범부의 장남 지홍(趾弘)이 수유리 뒷산을 두루 살핀 끝에 정한 터가 지금 범부가 누워있는 자리이다. 그날 온 산이 허옇게 눈으로 덮여 있는데 유독 눈이 없고 땅이 말라 있는 곳이 있어서 그 자리를 정했다고 했다.[75] 지금 범부는 수유리 독립유공자 묘역에 흙과 풀 아래에 고이 잠들어 있다. 그가 세상을 떠난 지도 2020년의 시점에서 54년째가 된다.

4. 맺으며: 그 만남의 의미와 남겨진 과제

범부는 박정희의 군정 2년 7개월과 민정 초기 수개월을 포함하여 약 3년 동안 지근거리에서 박정희를 자문했다. 둘 사이의 관계는 긴밀하고 돈독했다. 그 뒤 세상을 떠날 때까지 약 3년 동안은 다소 느슨한 위치의 자문역이었다고 볼 수 있을 것이다. 잘못하는 일이 있으면 비판도 서슴지 않았다. 위에서 지적한 것처럼 후반 3년 동안에 관계에 다소 기복이 있었던 것은 불가피했는지 모르지만 서로가 바라는 일은 아니었을 것이다.

---

75) 을영과의 통화, 2012. 2. 3; 2012. 2. 9.

아무튼 이 시점에서 1960년대에 일어난 한국사회의 변동에 관심을 가지는 사람이라면 그때의 주역이었던 박정희의 거침없고 당당한 태도 뒤에는 범부의 지지와 후원이 있었다는 사실을 기억할 필요가 있을 것이다. 이 점을 놓치면 박정희와 그의 시대를 해석하고 이해함에서 무언가 필수적인 요소를 간과하는 것이 될 것이라고 생각한다.

당시나 지금이나 사람들이 이러쿵저러쿵 해도 박정희는 워낙 자질이 뛰어난 군인이었다. 정치가로서의 능력도 탁월했다. 그러나 그 많은 일을 수행해내고 업적을 쌓은 것은 혼자 힘으로 된 것은 아니었을 것이다. 혁명의 동지들이 있었고 충실한 참모들이 뒤를 돌보았다는 점을 잊어서는 안 될 것이다. 그러나 역사에서는 박정희만이 우뚝 서 있다. 다른 사람들은 잘 보이지 않는다. 이것은 아마도 군인 정치의 특성이었으며 권위주의 시대의 영향 탓이기도 했을 것이다.

박정희 뒤에 동지들과 참모들이 서 있었던 것과 마찬가지로 박정희 정치의 막후에는 훈수로써 돕는 사람들이 있었다. 바로 박정희가 자문을 구한 사람들이었다. 자문역은 초기에는 그 수가 많지 않았다. 구정치인에 대한 박정희의 불신이 워낙 컸기 때문에 그들 가운데서 믿을만한 사람을 구할 생각을 하지 않았고 또한 군정에 선뜻 동정적으로 나서는 사람도 좀체 없었다. 모두가 쉬쉬하며 숨을 죽이고 지내던 때였다. 이런 상황에서 범부와 박정희의 조우가 성립되었다. 범부가 박정희의 요청을 받고 선뜻 돕겠다고 나선 것은 당시로서는 상당한 용기를 필요로 하는 결단이었다. 이해관계를 따질 줄 모르며 옳다고 생각하면 이 눈치 저 눈치 안 보는 범부였기에 가능한 행동이었을 것이다.

범부의 자문은 형식도 별났지만 내용 또한 특별했다. 범부는 박정희라고 하는 권력자를 만나서 아이디어를 주문 생산한 것이 아니었다. 없던 아이디어를 짜내서 제공한 것도 아니었고 주문자의 구미에 맞게 내용과 수위를 조절하는 기술을 발휘한 것도 아니었다. 범부는 박정희가 혁명을 일으키기 수십 년 전부터 신념을 가지고 준비해오던 것을 가감 없이 그대로 개진한 것뿐이었다. 그의 건국정치에 대한 구상은 뿌리가 깊은 것이었다.

화랑정신이 그랬다. 범부는 일제치하에서 화랑과 풍류정신 연구를 했고 주변의 사람들에게 신이 나서 이야기를 들려주곤 했다. 그것은 민족사상의 원류를 더듬는 작업이었으며 모든 한국학의 기초가 되는 원리를 수립하는 일이었다. 『花郎外史』도 그 구상은 일제 때 된 것이었으며 1948년에 원고가 구술되었다가 1954년에 책으로 꾸며져 나왔다. 이를테면 익을 대로 익은 술을 박정희에게 한 잔 주었던 것이다.

국민운동도 마찬가지였다. 해방을 내다보는 시점에서 미리 준비한 것이었거나 아니면 해방 직후의 소용돌이 속에서 나온 구상이었을 것이다. 그의 책 『정치철학특강』의 제1부를 구성하는 「國民運動의 準備課題」와 제2부를 구성하는 「共産主義 批判」만 해도 오랜 숙성의 과정을 거쳐서 나온 것이었다. 다만 원고가 생산되는 과정이 길었고 책이 되기까지 또다시 시간이 많이 걸렸다는 것뿐이다.

범부가 국민윤리에 관심을 가진 것도 유래가 깊다. 역시 해방을 내다보는 시점 아니면 해방 정국에서 구상되었을 것이다. 지금 전해지고 있는 「國民倫理特講」 속기록은 1950년대 초에 만들어진 것으로 알려져 있다. '국민윤리'라고 하는 용어 자체가 범부의 발명품이었다는 점을 기억할 필요가 있을 것이다.

새마을운동은 군사혁명 이전에 이미 범부가 관여하던 건국대학교와 동방사상연구소 주변에서 논의가 진행 중이던 농촌개발을 위한 기획이었다. 범부는 건국대 설립자 유석창과 관련 교수들을 상대로 논의를 진행했고 설립자 역시 워낙 농업 문제에 관심이 컸던 터였다. 그와 같은 설립자의 이상이 학교 프로그램에 이미 많이 반영되어 있었다. 건국대학교와 관련하여 1950년대 말과 1960년대 초의 자료를 좀 더 발굴할 수 있으면 새마을운동의 기원을 밝히는 데 도움이 될 것이다.

이처럼 범부는 박정희에게 농익은 술을 권했던 것이다. 이런 표현이 좀 어떨지 모르지만 박정희는 범부를 만남으로써 말하자면 노다지를 캔 것이며 횡재를 한 것이었다. 수십 년간 준비된 건국철학과 방법을 고스란히 물려받을 수 있었으니 큰 행운이 아닐 수 없었다. 박정희도 그것을 알았기 때문에 범부 앞에서는 행동거지를 조심했고 예를 깍듯이 갖추었던 것이다. 그래서 호칭을 '선생님'이라고 했던 것이다. 물론 이렇게 말하는 것은 범부의 콘텐츠가 박정희와 그의 시대에 모두 적합했으며 액면 그대로 채택되었다는 뜻은 아닐 것이다. 다만 그만큼 중요성을 부여받았다는 사실을 지적하는 것뿐이다.

범부 사후에 박정희가 추진한 여러 사업을 보면 범부의 모습이 어른거린다. 박정희와 주변의 실력자들이 범부의 아이디어를 채택한 것이 한두 군데가 아니었다. 오히려 범부의 건국정치 구상을 송두리째 다 채택하는 시도를 했다고 보는 것이 정확할 것이다. 다만 범부의 아이디어를 적용하고 실천하는 과정에서 곳곳에 이해부족, 소화불량, 왜곡의 흔적을 역력하게 드러낸 것 또한 사실이다.

범부 사상은 쉬운 면이 있지만 전반적으로 다분히 어렵다. 박정희와 그 주변의 인사들에게는 범부가 열변을 토하면서 직접 설명을 해보일 때는 이해가 되는 것 같다가도 막상 자기들끼리 남아서 실천에 옮기려들면 난감해지는 때가 있었을 것이다. 말하자면 그들이 범부의 화랑정신과 건국철학을 종합적으로 이해하기는 힘이 들었을 것이다. 그리고 종합적으로 이해하는 것이 반드시 그들의 이해관계와 일치하는 것도 아니었을 것이다. 그래서 왜곡 현상이 생겨난 것이 아니었을까. 나중에 그들의 프로그램에서 화랑정신에서 무(武)는 살았지만 무(巫)와 예(藝)가 탈락된 것은 저간의 사정을 설명하는 것이 아닐까.

국민운동에서 신생국의 특수성에 주목한다는 것이 군 출신들에게 어려운 과제였을 수 있을 것이다. 미국을 비롯한 서양의 영향이 압도적인 한국의 지형에서 신생국정치를 고집한다는 것이 과연 용이했을까. 서양을 모델로 삼으면서 따라잡기 위해 노력하는 것이 오히려 쉬운 길이 아니었을까. 식민지에서 해방된 신생국이라고 하는 특수 요소를 고려하여 변주를 넣는 일이 결코 간단하지 않았을 것이다. 그래서 범부는 듣기는 좋지만 따라 하기에 어렵다는 생각을 많이 했을 것이다.

국민윤리의 기원을 왜 화랑정신에서 끌어와야 하는가라고 의문을 품었을 수 있을 것이다. 지정(至情)은 또 무엇인가. 왜 그렇게 복잡하게 접근해야 하나. 그것의 효용성이란 무엇인가. 새마을운동 정신을 설명하는 데 왜 '두레'를 들먹이는가라고 이의를 제기했을 수 있을 것이다. 구차하게 과거의 경험을 어쩐다 하지 말고 그냥 새마을운동을 벌이면 안 되는가라고 생각했을 수도 있을 것이다. 군 출신들은 이처럼 단순하게 생각했을 가능성이 충분히 있었을 것이다. 그래서 범부를 그대로 받아들이고 활용하기에는 힘에 벅차고 짜증스럽기도 했을 것이다.

범부-박정희 관계의 후반부에서 다소 균열을 보였던 것은 범부의 이상주의와 군 출신들의 현실주의 간의 충돌 현상으로 볼 수도 있을 것이다. 범부는 평생의 독서와 사색과 체험의 결과 사물을 깊은 데까지 꿰뚫어보고 멀리 내다보는 안목을 갖춘 인물이었다. 반면 군 출신들은 단순했으며 일의 추진과 효율성에 방점을 두었을 것이다. 접근의 차이가 있었다고 할 수 있을 것이다. 범부의 기대가 높았던 반면 거기에 따라가지 못하는 군 출신자들은 나름의 사정이 있었을 것이다. 이 미묘한 부분에 대해서는 앞으로 좀 더 밝힐 여지가 있다고 생각한다.

이글은 어쩔 수 없이 범부-박정희 관계를 총론적으로 다루는 데 그치게 되었다. 이번보다 좀 더 자세하게 각론적으로 범부 사상이 어떻게 박정희의 프로그램에 구체적으로 적용되었는지를 밝히는 일은 앞으로의 과제가 될 것이다. 범부 사상이 어떤 대목에서 살아났으며 어디서는 오해가 생겼으며 어떻게 오도되기도 했는가를 구명하는 일은 또 하나의 흥미 있는 주제가 될 것이다. 관련 자료가 좀 더 풍부하게 발굴되면 이와 같은 후속 작업에 도움이 될 것이라고 생각한다.[76]

---

[76] 범부 사상의 진실, 그리고 이해, 오해, 왜곡을 밝히는 작업은 영남대 교수 최재목을 중심으로 움직이는 범부연구회 구성원들이 이미 오래 전부터 진행해오고 있다. 중요한 성과물이 책과 논문으로 나와 있기도 하다. 이것과 관련하여 대표적인 연구물 두 편을 소개하면 다음과 같다. 정다운, 『범부 김정설의 풍류사상』(선인, 2010); 우기정, 『범부 김정설의 국민윤리론』(예문서원, 2010).

3장

한 토종 사상가의 삶과 생각

이야기가 있는 범부 김정설 연보(年譜)

1. 이 연보가 나오기까지

범부 김정설은 통상적으로 김범부로 알려져 있다. 그가 국회의원을 지낼 때도 그의 이름은 김범부였다. 그런데 가끔 문헌에 김정설 또는 범부 김정설로 나오는 적이 있다. 그래서 어떤 학자는 주로 '김범부' 또는 '범부'를 선호한다. 범부 연구에서 중요한 축을 이루는 영남대 계통의 학자들은 주로 '범부 김정설'로 부른다. 이것이 이름과 관련한 저간의 사정이며 결국 '김범부'와 '김정설'은 같은 사람이다. 독자들은 이 점을 이해해주기 바란다.

범부 김정설은 식민지 조국을 일본의 손에서 건네받아 새로 독립된 나라의 기틀을 잡아가는 과정을 건국(nation building)이라고 보았다. 다시 말해 남의 손에서 이렇게 저렇게 왜곡된 경영의 길을 걸어온 나라를 되찾아 내 손으로 정상적으로 운영하여 독립국의 면모를 만들어가는 과정을 건국이라고 불렀던 것이다.

따라서 범부(아래에서는 그냥 범부라고 부르기로 한다. 만해, 단재라고 부르는 것과 같다)에게 건국이란 식민지 치하에서 원치 않은 방향으로 강제된 국가의 운영 프로그램을 해지하는 것에서부터 새로운 프로그램을 도입하여 발전시키는 일에 이르기까지 일체의 과정을 포함하는 것이었다. 그는 이 과정이야말로 이후 한민족의 명운이 걸린 절체절명의 과제 상황이라고 파악하고 그 일의 성공을 위해 생애의 중요한 시기를 그 자신의 고유한 방식에 따라 헌신했다.

그리고 범부는 일제로부터의 해방이 곧바로 독립 국가와 독립 국민의 성립으로 연결되지 않는다는 점을 특히 주목했다. 그래서 독립국가라고 하는 집을 다시 지어야 하고 독립성을 갖춘 국민을 다시 만들어가야 하는 과제가 눈앞에 등장해 있다고 보았던 것이다.

이 국면과 관련한 범부의 활동은 풍류정신의 재해석, 국민윤리론의 제기, 국민운동과 새마을운동의 제창과 같은 형태로 나타났다. 이것들과 관련한 그의 활동은 지금 기록으로 풍부하게 남아 있고 그가 직접 집필한 글도 여러 편 전해지고 있다. 그가 1960년대 초에 생산한 어떤 글에 보면 나라가 일제의 사슬에서 벗어난 지 이미 오래되고 독립국의 정부가 수립된 지 또한 옛일이 되고 있는 그 시점까지 아직 건국은 끝나지 않았다고 말하고 있다. 대한민국의 건국은 그때까지도 시행착오를 거듭하는 지난한 과정을 거치면서 목적지를 향해 달려가고 있는 길 위의 과정으로 파악되고 있는 것을 볼 수 있다. 이것으로 미루어 보면 범부는 건국을 시점의 문제로 보지 않고 과정으로 이해하고 있었음을 알 수 있다.

오늘 여기서 제시하는 이 문헌은 당장은 범부의 건국사상 자체를 자세하게 들여다보려는 것은 아니다. 그것의 배경이 되는 생애사와 사상사 전체를 조망할 수 있는 연보를 일단 드러내고 보자는 것이 지금의 목표이다. 연보의 형식을 빌리면서 비교적 자세한 설명을 곁들이게 되어 '이야기가 있는 범부 김정설 연보'라는 부제를 붙여보았다. 그리고 그의 살아생전 70년과 사후 50년 이상을 연속적으로 정리하여 두 시기를 합해 120년도 더

되는 기간의 파노라마를 함께 조망할 수 있도록 했다.

이 연보가 완성되는 데는 약간의 배경이 깔려 있다. 그것을 먼저 설명한 다음에 연보의 본체를 드러내 보이기로 한다. 그러니 그것은 2009년 이른 봄이었다. 동리목월문학관의 장윤익 관장과 범부연구회의 최재목 회장(영남대 철학과 교수)의 권유를 받고 그때 막 불이 붙기 시작한 범부 사상의 재해석 작업에 참여하기로 마음을 먹었다. 그러고 나서 처음 궁금한 것이 그의 연보였다. 우선 내가 개인적으로 소장하고 있던 범부의 저서 몇 권을 꺼내놓고 연보 부분을 찾아 읽어보았다. 범부 평생의 제자였으며 학문적인 계승자이기도 한 이종후(영남대 철학과 교수, 한국철학회 회장 역임)의 손에서 만들어진 것으로 알려진 '金凡父 先生 略歷'('김범부 선생 약력', 이하에서는 '이종후 원본'이라고 부른다)이 책마다 실려 있었다. 어떤 책에는 한 쪽 분량이었고 또 어떤 책에는 반 쪽 분량이었다. 내용은 비슷한 것이었고 더이상 길고 자세한 연보는 어디에서도 발견되지 않았다. 물론 보통의 경우와 마찬가지로 연보는 범부가 세상을 떠난 1966년에서 끝이 나고 있었다.

이렇게 범부 연보를 읽고 나서 먼저 드는 생각은 일단 연보의 분량이 너무 적다는 것이었다. 사람이 지나갔는데, 그것도 큰 바람을 일으키며 지나갔는데 그 흔적이 너무 소략하다는 것이었다. 동시에 내용은 매우 정확하고 연보가 그런대로 알차게 꾸며져 중요한 대목이 다 짚어졌다는 느낌을 받았다. 그것은 나중에 작성자가 이종후라는 것이 확인되면서 그럴 수밖에 없다는 것이 이해되었다. 이종후는 20대 초반부터 범부의 제자였으며 개인적으로 서로 가까워 평소에 마치 아버지와 아들 관계와 같이 보였다. 그러니 범부의 연보는 그 누구보다 이종후의 손에서 만들어지는 것이 적절하고 정확성을 기대할 수 있는 것이었다. 그만큼 이종후 원본은 짧막하지만 권위를 가지고 있었다.

그래서 나의 머릿속에 정리되는 생각은 범부 연보의 경우 생전의 일들을 좀 더 철저하게 찾아내어 자세하게 소개할 필요성에 더해 사후의 일들을 정리하여 관련 연구자와 일반 시민 앞에 제공하는 것이 못지않게 중요하다는 것이었다. 더욱이 근래 그의 생애와 사상이 바야흐로 우리 학계에서 재조명을 받기 시작한 마당에서 일은 반드시 그렇게 되어야 한다는 생각을 지우기 어려웠다. 앞으로 전개될 범부학의 여러 국면을 예상하니 마음은 다급해졌다. 말하자면 그의 사상을 재조명하는 모임과 학회 행사, 그런 기회에 발표되는 논문의 서지 사항, 이후에 기대되는 단행본의 출간과 같은 일들을 그때마다 차곡차곡 기록해나가지 않으면 안 되겠다는 생각이 절실해졌다. 그 작업은 학문적 소통을 위해 반드시 필요한 것이었다.

그런 취지에서 몇 달 동안 작업을 진행하여 새롭게 구성한 '金凡父 年譜'('김범부 연보')가 논문의 한 부분으로 선을 보였다. 그것은 종전보다 내용이 좀 더 풍부해졌고 읽는 사람들이 보다 친근감을 가지고 접근할 수 있도록 꾸며졌다. 가능하면 범부의 일생과 사후의 일들이 한 눈에 다 보일 수 있도록 했다. 기존의 이종후 원본을 뼈대로 하고 여기저기 보이는 자료 가운데 다소라도 새롭게 여겨지는 것이 있으면 포함시켰다. 그렇게 작성된 연보는 김정근, 「金凡父를 찾아서」, 『김범부 선생과 경주문학』, 동리목월 문학 심포지엄, 동리목월문학관, 2009. 4. 24, 37~67쪽에 실렸고 그것은 이후에 계속되는 연보 작업의 기초가 되었다.

그런 과정을 거쳐 새 연보가 첫 선을 보인 것이 2009년 4월이었다. 그러니 새 연보는 범부 사후 42년째가 되는 2008년까지의 사항을 정리한 것이었다. 그 뒤 졸저 『김범부의 생각을 찾아서』(한울, 2013)를 펴낼 때 2012년까지 4년간의 진전 사항을 추가로 정리하여 「새로 구성한 김범부 연보」를 책의 마지막 부분에 부록으로 실었다. 잘 알려져 있는 것처럼 그 4년 동안에 범부 연구에는 눈을 크게 뜨고 볼만한 발전이 있었다. 젊고 실력 있는 연구자들에 의한 논문 발표와 단행본 출간이 줄을 이었다. 그래서 새 연보는 그 4년 동안에 일어난 활발한 연구 활동과 눈부신 업적들을 빠짐없이 반영하게 되었다.

2016년을 맞아 범부 서거 50주년을 기념하게 되었다. 두 차례에 걸쳐 보완 작업을 한 이후 다시 3년이 흘렀다. 그 기회에 지난 3년 동안에 있었던 진전 사항을 조사하여 반영하게 되었다. 그 결과는 행사 때 나온 자료집 『범부 김정설의 풍류사상과 건국철학: 범부 김정설 서거 50주년 학술심포지엄』(김동리기념사업회, 통일문학포럼, 2016. 10. 7)에 48쪽 분량으로 실렸다. 이 시기에는 활동이 다소 정체되어 있었던 것을 보게 되지만, 이런 기복을 확인하는 것 역시 연보를 꾸미고 거듭 보완해가는 이유가 되는 것이라고 생각한다.

지금 2020년을 맞이하여 새 책을 꾸미면서 연보를 다시 다듬고 있다. 2016년 범부 서거 50주년 이후의 진전 상황을 반영했다. 이 작업을 하면서 느끼는 점은 지난 4년은 거리 투쟁과 노동의 계절이었으므로 나라 전체의 분위기가 외형적이었고 따라서 범부 사상을 천착하는 일과 같은 사상 작업을 하는 데는 적절하지 않았다는 것이다. 통일사상으로 읽혀지기 시작한 범부사상 연구는 일시적으로 잠수를 타는 것이 아닐까 하는 느낌이 들기도 한다. 범부사상 연구는 이래서 잠시 정치 바람을 타는 것일까 하는 생각도 가져본다. 연보 작업자로서 앞으로의 전개가 자못 궁금하다.

연보에 싣는 항목은 가능하면 선택적이기보다 망라적으로 채택하려고 노력했다. 범부를 직접 다룬 경우는 물론이고 간접적으로 원용한 것도 포함시켰다. 예를 들면 "1995년(사후 29년)"에 나오는 김윤식의 김동리 3부작의 경우이다. 김윤식은 동리 연구를 하면서 범부사상을 그 배경으로 활용했다. 이 연보 작업이 연구자들뿐 아니라 관심 있는 일반 독자들에게도 도움이 되기를 바란다.

2. 이야기가 있는 범부 김정설 연보

1897년(1세)

2월 18일 당시 경주부 북부리(慶州府 北部里)에서 태어났다. 선산 김씨(善山 金氏) 집안이었으며 조선시대의 명유 점필재 김종직(佔畢齋 金宗直)의 15대손이었다. 아버지 임수(壬守), 어머니 허임순(許任順)의 장남이었다. 같은 부모에게 계씨인 소설가 김동리가 태어났다. 범부의 집안에서는 어머니 김해 허씨의 명석한 두뇌와 뛰어난 판단력이 전설처럼 전해져 내려오고 있다.

범부의 조부 동범(東範)은 수운 최제우(水雲 崔濟愚, 어릴 때는 崔福述)와 서로 멀지 않은 거리에 살면서 어려서부터 친구 사이였다. 서로 너니 나니 하고 부르며 흉허물 없이 지내는 사이였다.

나라에서는 같은 해 8월 16일부터 연호를 건양(建陽)에서 광무(光武)로 바꾸고 10월 12일에는 황제즉위식을 거행하여 국호를 조선(朝鮮)에서 대한제국(大韓帝國)으로 개칭했다. 그래서 범부가 태어난 1897년은 대한제국 원년이자 광무 원년이 되는 해였다.

1900년(4세)

4세부터 13세까지 김계사(金桂史, 1832~1910) 문하에서 한문칠서(漢文七書) 등을 공부했다. 김계사는 후일 동학(東學)의 2대 지도자가 되는 해월 최시형(海月 崔時亨, 당시는 崔慶翔)과 함께 같은 시기에 경주 서쪽에 위치한 서악서원(西嶽書院)에서 공부한 당대의 고명한 선비였다. 이 서원은 신라의 삼명신 김유신(金庾信), 설총(薛聰), 최치원(崔致遠)을 향사(享祀)했고 경주 유풍(儒風)의 중심이었다.

1910년(14세)

8월 29일 일제의 술책에 의해 대한제국이 멸망하고 한국은 일제의 식민지가 되었다.

같은 해에 스승 김계사가 79세로 세상을 떠났다. 이것으로써 범부가 일생 동안 쌓은 공부 가운데 정해진 스승이 있고 출석에 규칙성이 있으며 교과목에 단계성이 있는 학업은 끝이 났다. 이후에는 주로 책과 씨름하고 '세상'을 직접 읽는 독학의 과정을 밟았다. 일본에 유학한 적이 있지만 '청강'만 했다.

1911년(15세)

경주 김씨 옥분(慶州 金氏 沃粉)과 결혼했다.

1912년(16세)

병약한 몸이었지만 일제에 항거하기 위해 창의(倡義)를 시도했다. 그것에 뜻을 이루지 못하자 경주 남문에 격문(檄文)을 붙이고 청년들을 규합하여 경주와 울산 사이에 위치한 외동면 치술령으로 들어가 바위굴에서 생활하며 소규모 유격활동을 펼치기도 했다. 나중에 산사(山寺)에 들어가 초막 (草幕)에서 『월남망국사(越南亡國史)』를 읽었으며 그 밖의 여러 가지 병서 (兵書)를 탐독했다.

1915년(19세)

백산 안희제가 설립한 민족기업인 백산상회(白山商會, 1914년 설립)의 장학생으로 일본에 건너갔다. 거기서 경도제대(京都帝大, 교토대학교의 전신), 동경제대(東京帝大, 도쿄대학교의 전신) 등에서 청강하고 일본의 학자들과 폭넓게 교유했다. 범부는 일본에 장기간 머물렀지만 그곳의 학제에 정식으로 등록한 적이 없고 청강으로 일관했다. 그 이유를 밝힌 글로서 다음과 같은 논문이 있다. 김정근, 「범부의 서당 공부와 '청강'에 대한 해석」, 『김범부의 삶을 찾아서』(선인, 2010), 167~203쪽.

1921년(25세)

일본에서 귀국하여 동국대학교의 전신인 불교중앙학림(佛敎中央學林)에서 강의했다. 그 후 병을 얻어 부산에서 칩거하며 경사자집(經史子集)과 성리학(性理學) 계통을 공부했다.

1922년(26세)

김정설(金鼎卨)이란 이름으로 「列子(열자)를 읽음(1)」을 『新民公論(신민

공론)』(신민공론사), 1922년 신년호, 33~34쪽에 발표했다.

1924년(28세)

김정설 구술, 소춘(小春 金起田) 글, 「大神師(대신사) 생각」이 지면에 게 재되었다. 지면은 『天道敎會月報(천도교회월보)』, 162호(1924. 3), 6~19쪽 이었다. 이것은 범부가 수운 최제우에 대해 언급한 최초의 기록이다.

김정설이라는 이름으로 「老子의 思想과 그 潮流의 槪觀(노자의 사상과 그 조류의 개관)」을 발표했다. 지면은 『開闢(개벽)』, 45호(1924. 3), 4~13쪽이었다.

김정설이라는 이름으로 「칸트의 直觀形式에 對하여(칸트의 직관형식에 대하여)」를 발표했다. 지면은 『延禧(연희)』, 3호(1924. 5. 20)였다.

칸트 탄생 200주년 기념으로 서울 YMCA 강당에서 칸트 철학에 대한 강 연을 했다.

1934년(38세)

효당 최범술(曉堂 崔凡述) 스님의 주선과 후원으로 사천 다솔사(泗川 多 率寺)에 머물기 시작했다. 다솔강원에서 강의하는 한 편 연구생활에 몰두 했다. 그와 같은 생활은 오래 지속되었다.

당시 다솔사에는 만해 한용운 스님이 가끔씩 들려 범부와 최범술 주지 스님과 깊은 대화를 나누고는 했다. 범부는 한용운 스님에게 '형님'이라는 호칭을 사용했고 한용운 스님은 '범부'라고 불렀다. 나이로 보면 1879년 생인 한용운 스님이 1897년생인 범부의 18세 연장자였다.

이 시기에 다솔사에는 불교계의 지도자들인 김법린(金法麟), 허영호(許永鎬) 등이 함께 머물렀다. 전진한(錢鎭漢)도 가끔 방문했다.

후일 소설가로서 활약하게 되는 범부의 계씨 동리(東里)도 한때 절에서 함께 기거했으며 나중에 절에서 세운 광명학원을 운영했다.

1939(43세)

다솔사에서 일본 지식인들을 대상으로 강의했다. 일본 천태종의 고위 승직자(天台宗 比叡山門以下 大僧職者)들과 대학교수단 40여 명을 대상으로 청담파(淸談派)의 현리사상강의(玄理思想講義)를 1주일간 진행했다. 통역은 석천(石泉) 오종식(吳宗植)이 맡았다.

1941년(45세)

다솔사에서 해인사(海印寺)사건으로 일제에 피검되어 옥고를 치렀다. (이종후 원본) 옥고의 시기와 기간에 대해서는 여러 가지 증언이 전해오고 있다.

범부의 계씨이며 다솔사에서 함께 생활한 적이 있는 소설가 김동리는 범부의 옥고는 한 번이 아니고 두 번에 걸쳐 치러졌다고 전한다. 1941년 경기도 경찰부에 끌려가 6월부터 9월까지 3개월간 감방 신세를 졌고, 1942년에는 경상남도 경찰부에 끌려가 2월부터 약 6개월간 감방 신세를 졌다는 것이다. (김동리, 『나를 찾아서』, 민음사, 1997, 200~201쪽)

해인사 사건으로 경상남도 경찰부에 끌려가 치른 옥고와 관련하여 당시 경찰관으로서 범부가 수감된 감방의 간수로 근무하고 있던 신형로는 자신의 수기에서 또 다른 증언을 남기고 있다. 범부가 그의 평생의 동지인 다솔사 주지 효당 최범술 스님과 함께 경상남도 경찰부에 끌려간 것은 "1941년 초가을"이었고 비밀감방에서 1년 넘게 영어(囹圄) 생활 끝에 "1942년 가을과 겨울을 전후하여" 풀려났다는 것이다. (申炯魯, 「내가 만난 凡父 선생과 曉堂 스님」, 『茶心』, 창간호(1993 봄), 77~81쪽)

청남 오제봉(吳濟峰)은 해인사 출신 스님으로서 진주의 의곡사(義谷寺)에서 22년간 주지 생활을 했으며 나중에 부산에 정착하여 유명한 서예가로서 일생을 산 사람이다. 그는 자신의 회고록에서 일제의 합천경찰서(陜川警察署)에서 범부와 같은 감방을 사용하며 심문과 고문을 당하던 이야기를 전한다. 그는 그때의 일을 만해당(萬海黨) 사건이라고 기억한다. 그는 범부와 함께 겪은 감방생활의 시기를 1939년 12월부터 1940년 7월까지 8개월이라고 밝히고 있다. (吳濟峰, 『나의 回顧錄』, 물레, 1988, 42~49쪽)

일제의 경기도 경찰부에 의한 범부의 피검 시기를 1938년 10월이라고 기록한 문헌도 있다. (최범술, 「청춘은 아름다워라(46)」, 『국제신문』, 1975. 3. 31자 지면) 최범술 스님은 범부의 경상남도 경찰부에 의한 피검 사실도 언급하고 있다. 범부가 부산 소재 경상남도 경찰부로 먼저 끌려간 뒤 최범술 스님은 사천경찰서에서 3일간 유치되었다가 4일만에 도경찰부로 이송되어 갔더니 범부가 최범술 스님이 들어오는 것을 보고 "인제 오는가." 했다고 증언한다. (최범술, 「청춘은 아름다워라(50)」, 『국제신문』, 1975. 4. 5자 지면)

범부의 생존 가족들의 증언에 따르면 다솔사에 머무는 동안 수시로 일제 형사들의 방문이 있었고 그때마다 형사들은 마루에 올라 일단 큰 절을 하고 안부를 물었다. 그런 다음에는 집을 샅샅이 뒤지고 더 조사할 일이 있다고 하면서 범부를 포승으로 묶어 연행해 갔으며 며칠씩 경찰서에 붙들어 두었다가 돌려보내곤 했다. 이 시기에 단기간으로 유치장 생활을 한 곳은 사천경찰서, 하동경찰서, 진주경찰서 등이었다.

지금까지 나온 증언을 종합하면 범부가 비교적 길게 일제 경찰의 감방살이를 한 곳은 합천경찰서, 경기도 경찰부, 경상남도 경찰부였고 감방살이의 기간은 모두 합하면 2년 정도인 것으로 추정된다. 범부는 자신의 감방살이와 관련하여 구체적인 언급을 일체 남기지 않고 있다. 그 이유는 분명하지 않지만 그는 한국 사람으로서 일제 때 감방살이를 한 것이 결코 자랑거리가 될 수 없다고 생각했고 그것은 그냥 당연한 일로 여겼을 가능성이 높다.

1945년(49세)

광복을 맞이했다. 당시 일광에서 장남 지홍(趾弘)이 운영하던 기와공장에 딸린 집에서 8월 15일 한낮에 일제 패망의 소식을 듣고 너무 기쁜 나머지 미친 사람처럼 고함을 지르며 큰 길을 마구 달렸다. 곧이어 부산에서 곽상훈(郭尙勳), 김법린(金法麟), 박희창(朴熙昌), 오종식(吳宗植), 이시목(李時穆), 이기주(李基周) 등 여러 사람들과 더불어 일오구락부(一五俱樂部)를 조직하여 건국방책(建國方策)에 대한 연속 강좌를 열었다. 이때 강좌를 위해 그가 준비한 짧은 원고가 「建國政治의 方略(건국정치의 방략)」이었다. 이 원고는 1960년대 초 군사정권 때 「建國政治의 性格(건국정치의 성격)」이란 제목으로 단행본 분량으로 확장 집필되어 정권의 핵심 세력에 의해 집중적으로 읽힌 적이 있고 그것은 한동안 원고 상태로 보관되어오다가 나중에 책으로 출판되었다. 그것이 바로 『정치철학특강』(이문출판사, 1986)이다.

후일에 반민특위(반민족행위특별조사위원회) 경남조사부가 조직될 때 범부의 장남 지홍은 사무국장 겸 조사관으로 참여하여 활동했다.

1948년(52세)

서울에서 경세학회(經世學會)를 조직하여 건국이념(建國理念)을 연구하는 한편 일련의 강좌를 열었다.

대담기 「三人鼎談: 政治·經濟·文化에 걸쳐(삼인정담: 정치·경제·문화에 걸쳐)」가 『경향신문』, 1948년 2월 1일자 지면에 게재되었다. 대담의 사회자는 오종식 주필이었고 참석자는 한협외교위원장 장면, 불교총무원장 김법린, 무소속 김정설이었다. 이 대담에서 범부 김정설의 탁월한 정세 분석과 미래를 내다보는 안목을 확인하게 된다.

그해 겨울에 첫 저술이 될 『花郎外史(화랑외사)』를 구술했다. 제자였던 시인 조진흠(趙進欽)이 파괴된 명동의 한 구석에서 추위에 손을 불면서 구술을 받아 적어 원고를 만들었다. 조진흠은 그 뒤 한국전쟁 때 행방불명되었다. 이후 원고는 출판되지 못한 채 보관 상태에 있었다.

1950년(54세)

동래군(東萊郡)에서 2대 민의원(民議員, 국회의원)으로 출마하여 당선되었다. 이후 4년간 민의원직을 수행했다.

대담기 「조선文化의 性格: 제작에 對한 對話秒(조선문화의 성격: 제작에 대한 대화초)」가 『新天地(신천지)』(서울신문사), 5권 4호(1950. 4), 6~14쪽에 실렸다.

같은 해에 「국민윤리특강」을 어떤 교육자 단체의 회원들 앞에서 강술했다. 5회 연속으로 진행된 강좌 내용은 속기록의 형태로 남겨졌다. 속기록은 후에 『現代와 宗敎(현대와 종교)』, 창간호(1977. 11), 56~99쪽에 실렸다. 한국에서 '국민윤리'는 범부의 고유한 발명품으로 알려져 있다. (황경식, 「서양 윤리학의 수용과 그 영향」, 이화여자대학교 한국문화연구원 편, 『철학연구 50년』, 혜안, 2003, 493~536쪽)

1954년(58세)

원고 상태로 보관되어오던 『화랑외사』가 출판의 기회를 얻었다. 당시 해군정훈감으로 있던 해군대령 김건(金鍵, 나중에 건국대 부총장)의 주선으로 해군본부정훈감실 간행으로 햇빛을 보게 되었다. 이 책은 당시 한국 전쟁 직후 국군장병의 사상 무장을 위한 교재로 출간되었다. 초간본에는 김건 대령의 서문이 맨 앞에 실렸다.

「歷史와 暴力(역사와 폭력)」을 새벽사에서 펴내는 『새벽』, 송년호 (1954. 12), 7~11쪽에 발표했다.

1955년(59세)

경주 계림대학 학장에 취임했다. 계림대학은 후에 대구대학과 통합되어 지금의 영남대학교로 되었다. 지금 영남대학교의 도서관에 범부문고가 설치되어 있다.

1958년(62세)

건국대학교에서 정치철학 강좌를 담당했다. 이와 동시에 같은 대학에 부설된 동방사상연구소 소장으로 취임했다. 건국대학교 유석창(劉錫昶) 이사장의 초청에 따른 것이었다. 연구소는 건국대학교 낙원동 캠퍼스에 위치해 있었다. 이 시기에 역학(易學)과 오행사상(五行思想)의 대의(大義)를 포함한 동방사상 강좌를 3년 동안 열었다. 이때 강의를 들은 사람은 오종식(吳宗植), 이대위(李大偉), 이종익(李鍾益), 이종규(李鍾奎), 황산덕(黃山德), 이항녕(李恒寧), 이종후(李鍾厚), 신소송(申小松) 등 교수와 학자 수십 명이었다.

1959년(63세)

「經典의 現代的 意義: 병든 現代는 東方의 빛을 求하라(경전의 현대적 의의: 병든 현대는 동방의 빛을 구하라)」라는 제하의 짧은 글이 서울대학교의 『大學新聞』, 1959년 10월 26일자 지면에 실렸다. 이 글은 대학생들을 대상으로 한 긴 강연의 내용을 발췌한 것이었다.

1960년(64세)

『한국일보』, 1960년 1월 1일, 3일~9일, 11일~12일자 지면에 겨울여행기 「雲水千里(운수천리)」10회분을 발표했다. 1회 "아리내(閼川)行", 2회 "昌林寺址", 3회 "北川椿事", 4회 "求忠堂 李義立", 5회 "龍潭을 바라보고서", 6회 "降仙臺", 7회 "五陵巡參", 8회 "온달城을 물어서", 9회 "懷墓를 보고", 10회 "壯義寺 옛터를 찾으니"(1회 "아리내(알천)행", 2회 창림사지, 3회 "북천춘사", 4회 "구충당 이의립", 5회 "용담을 바라보고서", 6회 "강선대", 7회 "오릉순참", 8회 "온달성을 물어서", 9회 "회묘를 보고", 10회 "장의사 옛터를 찾으니")와 같은 소제목이 달려 있었다. 범부의 겨울여행기 「운수천리」는 황종찬이 엮은 『한국의 명문장 100선』(청목, 2002), 253~258쪽에 일부가 소개되었다.

「新羅文化와 風流精神: 風流道論緒言(신라문화와 풍류정신: 풍류도론서언)」을 한국사상강좌편찬위원회가 엮고 고구려문화사가 간행한 『韓國思想(한국사상)』, 3호(1960. 4)에 발표했다. 같은 논문은 후일 한국사상연구회 편 『韓國思想叢書 I: 古代人의 文化와 思想(한국사상총서 I: 고대인의 문화와 사상)』(경인문화사, 1973), 221~231쪽에 실렸다.

「崔濟愚論(최제우론)」을 국제문화연구소가 동학창도백주년기념특집으로 펴낸 『世界(세계)』, 2호(1960. 5), 227~240쪽에 발표했다. 이 글은 후에 『現代와 宗敎(현대와 종교)』, 7호(1984. 2), 5~24쪽에 「崔水雲의 生涯와 思想(최수운의 생애와 사상)」으로 개칭되어 실렸다.

1961년(65세)

5·16 '군사혁명' 직후 박정희 국가재건최고회의 의장이 군복 차림으로 부관을 대동하고 범부의 서재를 방문하여 정치 자문을 구했다. 이 첫 만남에서 범부는 평소의 지론대로 국민윤리를 진작시킬 것, 화랑정신을 실천할 것, 국민운동과 새마을운동을 일으킬 것 등에 대해 의견을 개진했다.

이후 박정희 의장과 군부 주체세력은 명동의 한 호텔 4층에 범부의 거처를 마련하고 거기서 범부를 중심으로 한동안 건국정치론을 학습했다.

대담기 「우리 民族의 長短: 自我批判을 위한 縱橫談(우리 민족의 장단: 자아비판을 위한 종횡담)」이 『조선일보』, 1961년 8월 27일자 지면에 실렸다. 대담의 사회자는 최석채(崔錫采)였고 참여자는 김범부, 함석헌(咸錫憲), 유광열(柳光烈), 이희승(李熙昇)이었다. 이 대담에서 범부의 독특하고 깊이 있는 견해가 잘 드러나고 있다.

「邦人의 國家觀과 花郎精神(방인의 국가관과 화랑정신)」을 국가재건최고회의가 펴내는 『최고회의보』, 2호(1961. 10), 132~135쪽에 발표했다. 이 글은 군부주체세력을 의식하면서 작성한 것으로서 그들에게 항일의사나

4·19 학생혁명의 주역들과 같은 위치를 부여하면서 동시에 높은 도덕성
과 국가관을 요구하고 있다.

1962년(66세)

1월에서 7월까지 부산 동래에 칩거했다. 부산대학교에서 일련의 정치철학
강좌를 열었다. 이때 「建國政治의 性格(건국정치의 성격)」이란 제목으로 정
치철학 논저를 저술했다. 결과물은 출판의 기회를 얻지 못하고 원고 상태로
보관되었지만 그 내용은 당시의 군사정부에서 가지고 가서 활용했다.

9월부터 서울의 동양의약대학(東洋醫藥大學, 현 경희대학교 한의과대학
의 전신)에서 동방사상 강좌를 속개했다. 이 강좌는 학장인 이종규(李鍾奎)
박사의 초청에 의한 것이었으며 내용과 참여자는 이전의 건국대학교 부설
동방사상연구소 때와 연속성이 있었다.

1963년(67세)

5·16 '군사혁명' 세력의 외곽 단체인 오월동지회(五月同志會) 부회장으
로 취임했다. 이 단체의 회장은 박정희(朴正熙) 최고회의 의장이었다. 박
정희 의장의 요청이 있을 때, 정치 자문을 위해 그의 집무실을 찾아갔다.
그가 대통령이 된 뒤에도 범부는 가끔 청와대를 출입했다.

「國民的 自覺의 振作을 爲하여: 各國國民運動의 諸例(국민적 자각의 진
작을 위하여: 각국국민운동의 제례)」를 『자유문화』(자유문화연구센터, 1963)

에 발표했다.

1964년(68세)

「東方文化의 類型에 對하여(동방문화의 유형에 대하여)」를 광주사범대학이 펴내는 『서광』(1964. 7)에 발표했다.

1965년(69세)

「우리는 經世家를 待望한다(우리는 경세가를 대망한다)」를 정경연구소가 펴내는 『정경연구』, 1권 5호(1965. 6), 9~14쪽에 발표했다. 이 글에서 범부는 자신이 지난 4년 동안 자문역으로서 협조해온 '군사혁명' 세력에 대한 실망감을 나타내면서 그들을 통렬하게 꾸짖고 충고를 아끼지 않는다. 나라의 사정은 건국기로서 신생국의 면모를 드러내고 있는데, 정치가 현실을 외면하고 선진국 정치를 모방하고 있다는 것이 글의 요지였다.

1966년(70세)

12월 10일 서대문 소재 적십자병원에서 세상을 떠났다. 병명은 간암이었다. 며칠 후에 영결식은 조계사에서 있었으며 이때 제자였던 시인 서정주는 조시 「新羅의 祭主 가시나니: 哭凡父 金鼎卨 先生(신라의 제주 가시나니: 곡범부 김정설 선생)」을 지어와 울면서 읽었다. 장지는 서울 수유동 독립유공자 묘역이었다.

범부 사망 소식을 듣고 박정희 대통령은 상가로 비서진과 지관(地官)을 보내 정중하게 조의를 표하고 제반 장례 절차에 협조토록 했다.

범부 사망 소식이 전해지자 여러 편의 조사가 신문지상에 발표되었다.

- 김상기(金庠基), 「高潔한 정신, 해박한 知識: 哭, 凡父先生(고결한 정신, 해박한 지식: 곡, 범부선생)」, 『한국일보』, 1966. 12. 15, 7면.
- 황산덕(黃山德), 「방대했던 東方學의 體系: 金凡父 先生의 靈前에 (방대했던 동방학의 체계: 김범부 선생의 영전에)」, 『동아일보』, 1966. 12. 15, 5면.
- 이항녕(李恒寧), 「現代를 산 國仙: 金凡父의 人間과 思想(현대를 산 국선: 김범부의 인간과 사상)」, 『경향신문』, 1966. 12. 17, 5면.

범부의 동방학강좌(동방사상연구소, 동양의약대학)의 고정 멤버였던 황산덕의 첫 저서 『자화상』(신아출판사, 1966)이 나왔다. 저자는 이 책의 「풍류정신」 꼭지(175~183쪽)에서 범부의 영향을 받았음을 밝히고 있다. 황산덕은 그 이후에 펴낸 『나의 인생관: 무엇이 돌아오나』(휘문출판사, 1971)와 『복귀』(삼성문화재단, 1975)에서도 범부의 영향을 일관되게 밝히고 있다. 그의 사후에 나온 『복귀: 무엇이 돌아오나』(갑인미디어, 2003)에서도 같은 영향 관계가 지적되고 있다.(14, 36, 50, 77쪽) 역시 황산덕의 저서인 『삼현학』(서문당, 1979)에서는 범부와의 영향 관계를 다음과 같이 적고 있다.

필자가 三玄學(삼현학)에 대한 말을 처음으로 들은 것은 4·19를 전후 하여 4년 동안 故(고) 金凡父(김범부) 선생 밑에서 東方學(동방학)에 관한 공부를 할 무렵이었다. 선생께서는 우리의 얼을 찾아야 한다고 항상 강조하셨지만 동시에 삼현학에 대한 말씀도 자주 하셨던 것이다… 필자는 본래 이런 분야의 학문을 전공하는 사람이 아니다. 다만 凡父

(범부) 선생의 지도를 받던 중에 어쩌다가 이 방면에도 흥미를 가지게 되었을 뿐이다. (3~4쪽)

1967년(사후 1년)

범부선생유고간행회에서 한동안 절판 상태에 있던 『화랑외사』를 다시 펴냈다. 이 책은 1,000부 한정판으로 나왔으며 서문은 유고간행회 회장인 김상기 서울대학교 사학과 교수가 집필했다. 이 재판본은 제자 서정주의 시 「新羅의 祭主 가시나니」를 맨 앞에, 아우 김동리(始鐘)의 발문을 맨 뒤에 실었다. 재판본의 출간은 성곡 김성곤(省谷 金成坤) 쌍용그룹 회장의 후원으로 이루어졌다.

1970년(사후 4년)

다음 책이 나왔다.

· 김범부, 『화랑의 얼』(재건국민문고보급회 중앙회, 1970).

1972년(사후 6년)

범부 평생의 지기인 석천 오종식(昔泉 吳宗植)이 「뒷전에서 감싸던 김범부 형」을 『신동아』, 1972년 12월호, 214~217쪽에 발표했다. 궁핍했던 시절의 회상기이다.

1975년(사후 9년)

범부의 제자인 이종익 교수의 박사학위기념논문집인 『동방사상논총(東方思想論叢)』이 나왔다. 출판사는 보련각(寶蓮閣)이었다. 이종익 교수는 간행사에서 이 논총은 김범부의 동방사상강좌를 중심으로 엮은 것이라고 밝혔다. 김범부의 글로는 「동방사상강좌 십삼강(東方思想講座 十三講)」, 「주역강의(周易講義)」, 「풍류정신과 신라문화(風流精神과 新羅文化)」, 이렇게 모두 세 편을 실었다. 앞의 두 글은 일찍이 김범부의 강의를 들은 이종익 교수가 그때그때 필기해두었던 강의노트를 정리하여 실은 것이었다. 세 번째 글은 『한국사상강좌3』(고구려문화사, 1960)에 실렸던 것을 전재(轉載)한 것이었다. 이 논총의 출간은 자료 발굴 측면에서 큰 의의를 가지는 것이었다.

범부 평생의 제자인 시인 서정주는 「범부 김정설 선생의 일」을 『샘터』, 1975년 9월호, 33~35쪽에 발표했다. 내용은 스승에 대한 회상기이다.

1976년(사후 10년)

「五行說과 東方醫學의 原理(오행설과 동방의학의 원리)」가 영남대학교 동양문화연구소가 펴내는 『동양문화』, 17호(1976), 47~64쪽에 실렸다.

1977년(사후 11년)

「국민윤리특강」이 현대종교문제연구소가 펴내는 『현대와 종교』, 창간호(1977. 11), 56~99쪽에 실렸다. 이것은 1950년 이래 속기록의 형태로 전해져오던 강의의 내용이 처음으로 활자화되는 기회였다.

1978년(사후 12년)

「국민윤리특강」이 한국국민윤리교육연구회가 펴내는『한국국민윤리연구』, 7호(1978), 195~249쪽에 실렸다.

1981년(사후 15년)

범부선생유고간행회에서 중간 이후 한동안 절판 상태에 있던『화랑외사』를 다시 펴냈다. 삼간본의 출판은 대구의 이문출판사(사장 池景源)가 맡았다. 삼간의 서문은 제자이며 2대 유고간행회 회장인 이종후 영남대학교 교수가 집필했다. 이종후 교수는 서문에서 이 책의 삼간이 비로소 일반 출판시장의 유통 경로를 통해 국민독본으로 배포되는 기회가 된 것을 자축했다. 삼간본의 특징은 중간본의 내용에 더하여 부록으로 54쪽 분량의 「국민윤리특강」을 싣고 있는 점이었다. 그것은『화랑외사』의 사상적 배경을 이해하는 데 도움을 주기 위함이라고 했다. 이종후 교수는 서문에서 이 특강의 유래에 대해 간략하게 언급했다. 이 특강은 1950년에 어떤 단체 회원들에게 행한 연속강의였다고 했다.

문학평론가 조연현은 그의『문장론』(형설출판사, 1981), 203~239쪽에 범부의 「국민윤리특강」 전문을 싣고 "이 글은 우리나라 글 중에서 내가 가장 感銘(감명)을 받았던 것의 하나다. 이 글이 주는 感銘(감명)은 文章力(문장력)이 아니다. 이 글 속에 담긴 作者(작자)의 해박한 知識(지식)과 그 獨自

的(독자적)인 解釋(해석)과 思想(사상) 때문이다."라고 평가했다.

1984년(사후 18년)

「최수운의 생애와 사상」이 현대종교문제연구소가 펴내는 『현대와 종교』, 7호(1984. 2), 5~24쪽에 실렸다. 『세계』, 2호(1960. 5)에 이미 발표된 「최제우론」을 이종후 교수가 새로 교정을 보아 게재했다.

1986년(사후 20년)

20주기에 즈음하여 범부선생유고간행회에서는 범부의 두 번째 저서가 되는 『범부유고』를 비매품으로 펴냈다. 같은 내용은 『정치철학특강』이라는 이름으로 동시에 상업 출판되었다. 출판은 대구의 이문출판사가 맡았다. 이 두 책에 실린 같은 내용의 원고는 24년 전인 1962년에 범부가 부산 동래에 칩거하며 「建國政治의 性格(건국정치의 성격)」이란 제목으로 집필했던 것을 제자인 이종후 교수가 그동안 보관해왔던 것이다. 책에는 본문인 제1부 國民運動의 準備課題(국민운동의 준비과제), 제2부 共産主義 批判(공산주의비판) 외에 부록으로 '五行說(오행설)에 대하여'가 실렸다. 책의 내용과 의의를 밝히는 간행사는 제자이며 유고간행회 회장인 이종후 영남대학교 교수가 집필했다. 책이 되기까지 원고 정리 작업은 이정호(李楨鎬), 이완재(李完栽), 신상형(申相衡), 정달현(鄭達鉉) 등 여러 학인들이 맡아서 했다.

역시 20주기에 즈음하여 『풍류정신』이 나왔다. 범부의 세 번째 책이었다. 출판은 정음사가 맡았다. 책은 본문으로 제1부 花郎(화랑), 제2부 崔濟

愚論(최제우론), 제3부 陰陽論(음양론), 제4부 贅世翁 金時習(췌세옹 김시습)을 실었다. 본문 이외에 책의 맨 앞에는 범부의 아우인 소설가 김동리의 '伯氏(백씨)를 말함'과 사위인 진교훈(秦教勳) 교수의 '風流精神(풍류정신) 간행에 즈음하여'가 실렸다.

위의 두 책은 광화문 출판문화회관에서 열린 20주기 기념식장에서 처음 선을 보였으며 그 뒤에 서점에서도 시판되었다. 기념식은 성황이었다. 서울에서 온 황산덕, 이종익, 김동리, 이용태, 김두홍, 김주홍, 진교훈, 김을영, 김재홍, 김석장, 김희장, 김인장, 최동식, 조홍윤, 석우일, 최덕환, 김영술, 대구에서 온 이종후, 이완재, 부산에서 온 김동주, 정영도, 김소영, 김계영, 이하천, 김정근 등 여러 인사들이 참석했다.

1987년(사후 21년)

영남대학교 강사 정달현(鄭達鉉)은 「김범부의 국민윤리론」을 현대종교 문제연구소가 펴내는 『현대와 종교』, 10호(1987. 4), 281~299쪽에 발표했다.

범부의 계씨인 김동리는 「귀동냥으로 사서삼경을 떼시고」를 『샘터』, 1987년 7월호, 102~104쪽에 발표했다. 김동리는 이 글에서 자신과 범부의 어머니인 허임순을 회상하고 있다.

1990년(사후 24년)

「五行說과 東方醫學의 原理(오행설과 동방의학의 원리)」가 한국도교학회가 펴내는 『도교학연구』, 6호(1990. 10), 56~74쪽에 실렸다.

「周易講義(주역강의)」가 『도교와 과학』(비봉출판사, 1990)에 실렸다.

1993년(사후 27년)

잡지 『茶心(다심)』(다심사)이 창간되었다. 창간 기념으로 '범부 선생 추모특집'이 마련되었다. 자료로서 가치가 있는 다섯 편의 글이 실렸다.

- 이종후, 「범부 선생과의 만남」
- 김동주, 「내가 모신 범부 선생」
- 신형로, 「내가 만난 범부 선생과 효당 스님」
- 김상무, 「범부문고」
- 김필곤, 「범부의 풍류정신과 다도사상」

영남대학교 교수 정달현의 다음 글이 지면에 나타났다.

- 정달현, 「한국 사회를 읽는 김범부의 눈」, 윤덕홍 · 정달현 엮음, 『현대 속의 한국사회』(중문출판사, 1993), 59~65쪽.

1995년(사후 29년)

서울대학교 교수 김윤식의 김동리 연구 삼부작은 범부 연구의 밑거름이되었다. 저자는 책에서 동리사상의 배경으로서 범부사상을 집중적으로 조명했다.

· 김윤식, 『김동리와 그의 시대』(민음사, 1995).
· 김윤식, 『해방공간 문단의 내면풍경』(민음사, 1996).
· 김윤식, 『사반과의 대화』(민음사, 1997).

1996년(사후 30년)

김동리 연구자인 김정숙의 문학전기는 범부사상의 배경을 부분적으로 밝혀준다.

· 김정숙, 『김동리: 삶과 문학』(집문당, 1996).

1997년(사후 31년)

소설가 김동리의 자전 에세이집인 『나를 찾아서』(민음사, 1997)가 출간되었다. 이 책에는 범부가(家)의 내면을 들여다볼 수 있는 풍부한 자료가 실려 있다.

1998년(사후 32년)

김지하 시인과의 대담기 「인간성에 대한 새로운 인식이 중요하다: '율려문화운동' 펼치는 시인 김지하」, 『문학동네』, 17호(1998 겨울)이 세상에 나왔다. 이문재 시인과 가진 이 대담에서 시인이며 인문학자인 김지하는 범부사상에 대한 예리한 분석을 내보이며 특별한 애정을 표현한다. 그의 말을 일부 인용하면 다음과 같다.

> 김범부라는 사람을 잘 봐야 해요. 이 사람은 때를 잘못 만나서 그렇지,
> 참 천재였다고. 풍류도를 어떻게 해서든 현대화시켜보려고 애를 썼던
> 사람이라. 건국 초기에 국민윤리 같은 걸 보면 어떻게 해서든 화랑도,
> 풍류도에서 국민윤리의 기본을 파악하려고 애를 썼던 사람이에요. 동
> 학에 대해서도 깊은 이해를 가졌던 사람이라고. 고대 풍류도의 부활이
> 라든가, 샤머니즘에 대한 재평가, 신선도에 대한 재평가 등 아주 중요
> 한 사람이에요.

2002년(사후 36년)

고려대학교 석좌교수 김용구는 저서인 『한국사상과 시사』(불교춘추사,
2002)를 펴내면서 책의 일부로서 「범부 김정설과 동방 르네상스」를 싣고
범부 사상 전반에 대해 서술했다. 책의 260~290쪽.

연변과학기술대학교 부총장으로 있는 이중(李中)은 중국에 관한 책을
펴내면서 범부와의 특별한 인연을 소개했다. 저자는 현대 중국의 지도자들
에 관한 기행평전인 『모택동과 중국을 이야기하다』(김영사, 2002)의 서문
에서 집필의 동기로 자신의 형이 남긴 편지지 43쪽 분량의 노트에 대해 언
급하고 그 노트는 자신의 형이 범부의 강의를 정리한 것이었다고 밝힌다.
범부의 예리한 역사 해석의 일단을 드러내는 자료이기에 이중의 언급을 일
부 옮겨둔다.

> 노트엔, 중공이 한 번은 중국 전역을 점령하겠지만 점령이 완료되는 그
> 날이 중공이 파괴되는 날이라고 쓰여 있었다. 또 중국의 문제는 공산주

의 이데올로기에 의해서가 아니라 중국의 현실에 의해 해결될 것이라고도 쓰여 있었다. 역대 중국혁명의 특성은 위대한 파괴주의자가 한 시대를 휩쓸고 지나가면 그보다 덜 영웅적인, 그러나 건설적인 지도자가 나타나서 중국을 새롭게 평정한다는 것이었다. 진시황과 한고조가 그랬다는 것이다.(4쪽)

이 노트는 나의 형님이 동양학과 국학의 대가이신 범부(凡父) 김정설(金鼎卨) 선생의 강의를 듣고 정리한 것이었다. 나는 아직도, 붉은 줄이 그어진 낡은 편지지 43쪽에 걸쳐 깨알 같은 글씨로 해방 공간의 고뇌를 몸으로 익히며 쓴 이 낡은 노트를 소중하게 간직하고 있다.(5쪽)

2003년(사후 37년)

다음의 논문이 지상에 발표되었다.

· 정달현, 「한국 전통 사상의 현대적 구현: 김범부의 풍류도론」, 『우리 시대의 정치사회사상』(영남대학교출판부, 2003), 365~386쪽.
· 홍기돈, 「김동리의 소설 세계와 범부의 사상: 일제시기 소설을 중심으로」, 『한민족문화연구』(한민족문화학회), 12호(2003. 6), 213~252쪽.

경북대학교의 김주현 교수는 다음 논문을 발표하면서 김동리 사상의 배경으로서 그의 백형(맏형)인 범부의 사상을 집중적으로 다루었다. 그는 이 논문에서 범부와 동리 사상이 공통적으로 동학사상과 관련을 맺고 있음을 지적했다.

· 김주현, 「김동리의 사상적 계보 연구」, 『어문학』, 79호(2003), 369~388쪽.

2005년(사후 39년)

김범부의 막내 사위인 진교훈 서울대 교수는 「범부 김정설의 생애와 사상」을 발표했다. 지면은 『철학과 현실』(철학문화연구소), 64호(2005. 봄), 216~228쪽이었다.

2007년(사후 41년)

영남대학교의 철학 연구자들이 본격적이고 엄밀한 김범부 연구논문을 발표하기 시작했다.

- · 최재목 · 이태우 · 정다운, 「범부 김정설 연구를 위한 예비적 고찰」, 『일본문화연구』(동아시아일본학회), 24호(2007. 10), 241~266쪽.

2008년(사후 42년)

영남대학교의 철학 연구자들의 다음 논문이 학술지에 발표되었다.

- · 최재목 · 정다운, 「'계림학숙'과 범부 김정설(1): '설립기'를 중심으로」, 『동북아문화연구』, 16호(2008. 9), 221~243쪽.
- · 최재목 · 이태우 · 정다운, 「'범부문고'를 통해서 본 범부 김정설의 동양학 지식의 범주」, 『유학연구』(충남대학교 유학연구소), 18호(2008. 12), 299~332쪽.

성균관대학교 동아시아학술원 연구교수 전상기의 논문이 발표되었다.

· 전상기, 「소설의 현실 구성력, 그 불일치의 의미: 김범부의 『화랑외
사』와 김동리의 「무녀도」를 대비하여」, 『겨레어문학』(겨레어문학회),
40호(2008. 6), 315~355쪽.

2009년(사후 43년)

한동안 절판 상태에 있던 『풍류정신』이 복간되었다. 이전의 정음사본을
저본으로 했다. 출판은 영남대학교 출판부가 맡았다. 머리글은 범부의 막
내 사위인 진교훈 교수가 썼다. 독자들의 이해를 돕기 위해 책의 끝 부분에
진교훈 교수가 이전에 발표했던 「범부(凡父) 김정설(金鼎卨)의 생애와 사
상」을 부록으로 실었다.

제4회 동리목월문학제의 일환으로 범부 사상을 재조명하는 학술 심포지
엄이 열렸다. 주제는 "김범부 선생과 경주 문학"이었다. 행사는 4월 24일
경주 불국사 맞은편에 위치한 동리목월문학관에서 열렸다. 이때 발간된 자
료집에는 다음과 같은 다섯 편의 글이 실렸다.

· 이완재, 「범부 선생과 동방사상」
· 진교훈, 「범부 김정설의 생애와 사상」
· 김정근, 「김범부를 찾아서」
· 김정숙, 「김범부와 다솔사의 문인들」
· 손진은, 「김범부와 서정주」

6월 6일 경북 경산에서 제1회 범부연구회 학술세미나가 열렸다. 이 자리
에서 김정근(부산대 명예교수)의 새 글 「범부 연구의 새 지평」이 발표되었
다. 같은 자리에 이완재(영남대 명예교수), 최재목(영남대 교수), 우기성(영

남대 박사과정), 정다운(영남대 박사과정) 등이 참석하여 질의와 토론을 전개했다.

범부 평생의 제자이며 학문적 계승자인 이종후(1921~2007, 영남대 철학과 교수, 한국철학회 회장 역임)의 추모문집『영원한 구도의 길』(유헌 이종후 선생 추모문집간행위원회, 2009)이 출판되었다. 이 문집에는「나의 구도의 길(1)」과「나의 청춘시절」을 포함하여 유헌과 범부의 관계를 조명하는 여러 편의 글이 실렸다.

범부연구회 편『범부 김정설 연구』(범부연구회, 2009)가 100부 한정 비매품으로 발간되었다. 관계자들은 범부 연구의 '현재'를 점검하는 데 출간의 의의를 두었다. 범부연구회를 대표하는 최재목은「범부 김정설 연구를 위하여」제하의 긴 간행사에서 향후 범부 연구를 위한 이정표를 자세하게 제시했다. 책에는 다음과 같은 8편의 논문이 실렸다.

- 최재목·이태우·정다운, 「범부 김정설 연구를 위한 예비적 고찰」
- 진교훈, 「범부 김정설의 생애와 사상」
- 김정근, 「김범부를 찾아서」
- 이완재, 「범부 선생과 동방사상」
- 최재목·정다운, 「계림학숙'과 범부 김정설(1)~'설립기'를 중심으로」
- 최재목·이태우·정다운, 「'범부문고'를 통해서 본 범부 김정설의 동양학 지식의 범주」
- 우기정, 「범부 김정설의 '국민윤리론' 구상 속의 '효'」
- 최재목·정다운·우기정, 「범부 김정설의 일본 유학·행적에 대한 검토」

영남대 범부연구자들의 논문이 학술지에 발표되었다.

- 우기정, 「범부 김정설의 '국민윤리론' 구상 속의 '효'」, 『동북아문화연구』(동북아문화학회), 19호(2009. 6), 227~242쪽.
- 최재목·정다운·우기정, 「범부 김정설의 일본 유학(遊學)·행적에 대한 검토」, 『일본문화연구』(동아시아일본학회), 31호(2009. 7), 449~468쪽.
- 최재목·정다운. 「범부 김정설의 『풍류정신』에 대한 검토」, 『동북아문화연구』, 20호(2009. 9), 103~122쪽.
- 이태우, 「일제강점기 한국철학자 연구: 범부 김정설의 풍류도론」, 『인문과학연구』(대구가톨릭대학교 인문과학연구소), 12호(2009. 12), 169~195쪽.

최재목·정다운 엮음, 『범부 김정설 단편선』(선인, 2009)이 간행되었다. 지금까지 잘 알려지지 않은 채 산재해 있던 범부의 짧은 글들이 발굴·소개되었다.

10월 24일~25일 양일간에 걸쳐 제2회 범부연구회 학술 세미나가 영남대학교에서 열렸다. 이 세미나는 범부 연구에서 새로운 이정표를 세운 행사였다. 세미나에서는 모두 14편의 논문이 발표되었다. 발표된 논문들은 『범부 김정설의 사상세계를 찾아서』(제2회 범부연구회 학술세미나, 2009. 10. 24~25)에 실렸다.

- 최재목, 「범부 연구의 현황과 과제 및 범부의 학문방법론」
- 진교훈, 「범부의 미발굴 자료 소개」
- 이완재, 「범부의 정신세계」
- 김정근, 「범부의 가계와 가족관계」
- 혜운, 「다솔사와 3범(범부, 범술, 범산)」
- 김화수, 「김범부 대차인(大茶人)을 탐구하며」
- 신주백, 「근대기 동양·동방개념 성립의 의미」

- 김영수, 「근대기 한국정치사에 있어서 국민윤리 담론」
- 김석근, 「'신라정신'의 '천명'(闡明)과 그 정치적 함의」
- 이용주, 「범부 김정설의 사상 체계와 전통론의 의의」
- 박맹수, 「범부 김정설의 동학관」
- 손진은, 「김범부와 김동리, 그리고 서정주의 상관관계」
- 최재목·정다운, 「범부 김정설의 『풍류정신』에 대한 검토」
- 우기정. 「범부 김정설의 '국민윤리론' 구상 속의 '효'」

2010년(사후 44년)

가톨릭대학교의 홍기돈 교수는 김동리 연구서를 펴내면서 동리의 배경에 범부가 있다는 점을 주목했다. 책의 여러 곳에 범부와 관련한 항목을 별도로 배치하고 있다.

- 홍기돈, 『김동리 연구』(소명출판, 2010).

제5회 동리목월문학제의 일환으로 학술 심포지엄이 열렸다. 주제는 「동학 창시자 최제우와 한국의 천재 김범부」였다. 행사는 3월 26일 동리목월문학관에서 열렸다. 이때 발간된 자료집에 다음과 같은 여섯 편의 범부 관련 논문이 실렸다.

- 최재목, 「'東'의 탄생: 수운 최제우의 동학과 범부 김정설의 동방학」
- 박맹수, 「범부 김정설의 동학관」
- 우기정, 「범부 김정설의 '국민윤리론'에 대하여」
- 김석근, 「'국민운동' 제창과 그 이념적 지향: 범부 정치철학 연구」
- 이용주, 「범부의 종교관: 현대 비판과 전통 회복의 루트」
- 김정근, 「내가 보는 범부와 동학」

범부연구회 회원들의 다음 논문이 학술지에 발표되었다.

- 최재목, 「'東'의 탄생: 수운 최제우의 '동학'과 범부 김정설의 '동방학'」, 『양명학』, 26호(2010. 8), 177~226쪽.
- 최재목, 「범부 김정설 연구의 현황과 과제」, 『동북아문화연구』, 22호(2010. 3), 37~59쪽.
- 이용주, 「풍류도의 발견과 문화 정통론 구상: 범부 김정설의 사상과 풍류도통론」, 『동북아문화연구』, 24호(2010. 9), 151~167쪽.
- 우기정, 「범부 김정설의 '국민윤리론'에 대하여: 「국민윤리특강」을 중심으로」, 『동북아문화연구』, 22호(2010. 3), 61~83쪽.
- 우기정, 「범부 김정설의 '정치철학'과 '국민운동': 『정치철학특강』을 중심으로」, 『유학연구』(충남대학교 유학연구소), 21호(2010. 4), 85~133쪽.
- 정다운, 「범부 김정설의 '화랑외사'에서 본 화랑관」, 『동북아문화 연구』, 23호(2010. 6), 129~143쪽.
- 정다운, 「범부 김정설의 양명학 이해에 대한 시론」, 『양명학』(한국양명학회), 27호(2010. 12), 61~87쪽.

범부 연구에서 또 하나의 이정표가 세워졌다. 두 사람의 범부연구회 회원이 범부 사상을 연구하여 박사학위를 받았다. 지도교수는 범부연구회 회장인 영남대 철학과의 최재목 교수였다.

- 정다운, 「범부 김정설의 풍류정신에 대한 연구: 멋·화·묘를 중심으로」(박사학위논문, 영남대학교 대학원, 2010)
- 우기정, 「한국에서의 국민윤리론 성립에 대한 연구: 범부 김정설의 '국민윤리론'을 중심으로」(박사학위논문, 영남대학교 대학원, 2010)

범부연구회 회원들의 다음 책이 출판되었다.

· 우기정, 『범부 김정설의 국민윤리론』(예문서원, 2010)
· 정다운, 『범부 김정설의 풍류사상: 멋 · 화 · 묘』(선인, 2010)
· 범부연구회 엮음, 『범부 김정설 연구논문자료집』(선인, 2010)
· 김정근, 『김범부의 삶을 찾아서』(선인, 2010)

2011년(사후 45년)

제6회 동리목월문학제의 일환으로 학술 심포지엄이 열렸다. 주제는 「한국사상의 원류: 동학과 동방학」이었다. 행사는 4월 22일 동리목월문학관에서 열렸다. 이때 발간된 자료집에 다음과 같은 범부 관련 논문이 실렸다.

· 김태창, 「'공공(公共)하는 철학'으로서의 한 사상: 원효 · 수운 · 범부를 생각한다」
· 장윤익, 「김동리 문학에 나타난 동방사상」
· 김정근, 「김범부의 풍류정신 천명과 '화랑외사' 구상」

다음 논문이 학술지에 발표되었다.

· 손진은, 「서정주 시와 산문에 나타난 범부의 영향」, 『국제언어문학』(국제언어문학회), 23호(2011. 4), 141~162쪽.
· 최재목, 「범부 김정설의 '최제우론'에 보이는 동학 이해의 특징」, 『동학학보』(동학학회), 21호(2011. 4), 243~288쪽.
· 최재목, 「범부 김정설의 '동방학' 형성과정에 대하여: '동방학강좌' 이전시기(1915~1957)를 중심으로」, 『동학학보』, 22호(2011. 8), 369~437쪽.
· 장윤익, 「김동리 문학에 나타난 동방사상」, 『아태연구』(위덕대학교 아시아 · 태평양연구소), 10호(2011), 1~15쪽.

· 김태창, 「공공(公共)하는 철학으로서의 '한'사상: 원효 · 최제우 · 김
  범부를 생각한다」, 『아태연구』, 10호(2011), 17~39쪽.
· 김정근, 「김범부의 국민도덕 세우기와 '화랑외사' 구상」, 『아태연구』,
  10호(2011), 41~65쪽.
· 최재목, 「'동'의 탄생: 수운 최제우의 '동학'과 범부 김정설의 '동방
  학'」, 『아태연구』, 10호(2011), 85~124쪽.

진교훈 서울대학교 명예교수는 서울대학교 사범대학 국민윤리학과 창설
30주년 기념행사에서 초청강연을 했다. 강연의 제목은 「김범부의 풍류정
신과 국민윤리」였다.

2012년(사후 46년)

4월 14일(토) 영남대학교에서 제3회 범부연구회 학술세미나가 열렸다.
발표된 여덟 편의 논문은 『범부 김정설 연구의 새로운 지평과 심층』(제3회
범부연구회 학술세미나, 2012. 4. 14)에 실렸다.

· 이완재, 「범부 선생과 유헌 선생 그리고 나」
· 진교훈, 「범부의 통합론: 서양의 이원론을 넘어 통합으로」
· 김정근, 「내가 보는 범부와 박정희의 사승(師承) 관계: 박정희 집권
  초기의 정치 기획과 관련하여」
· 최재목, 「김범부와 박정희: 이념적 연결고리, 공명(共鳴)과 차이, 그
  리고 좌절」
· 성해준, 「일본 국학(國學)과 범부 김정설의 국학사상 고찰」
· 김석근, 「신라와 고구려를 바라보는 두 시선: 단재 신채호와 범부 김
  정설의 역사인식」
· 이태우, 「범부와 서양철학: 칸트와 헤겔 이해를 중심으로」

· 정다운, 「범부의 민족 정체성 담론에 대한 이해: 일제강점기 친일주의자의 담론과의 비교를 통해」

다음 논문이 학술지에 발표되었다.

· 손진은, 「김범부와 서정주」, 『신생』(전망사), 50호(2012 봄), 222~235쪽.
· 최재목·김태연, 「'신라정신'의 특징 거론에 대한 성찰」, 『국학연구』(한국국학진흥원), 20호(2012 봄/여름), 179~202쪽.
· 김석근, 「'국민운동' 제창과 그 이념적 지향: 범부 김정설의 정치철학 탐색」, 『동북아문화연구』, 31호(2012), 271~287쪽.
· 성해준, 「일본 국학과 근대한국 범부 김정설의 국학사상 고찰」, 『동아시아불교문화』(동아시아불교문화학회), 11호(2012. 9), 253~279쪽.
· 이태우, 「범부 김정설과 서양철학: 칸트와 헤겔 이해를 중심으로」, 인문과학연구』(대구가톨릭대학교 인문과학연구소), 17호(2012. 6), 169~188쪽.
· 최재목, 「풍류도·국풍·화랑도의 사상가, 범부 김정설」, 『동리목월』(동리목월기념사업회), 9호(2012 가을), 74~96쪽.
· 박희진, 「고운 최치원과 범부 김정설: 풍류도와 관련하여」, 『동리목월』, 9호(2012 가을), 113~139쪽.
· 김건우, 「토착 지성의 해방 전후: 김범부와 함석헌을 중심으로」, 『상허학보』(상허학회), 36호(2012. 10), 55~85쪽.

11월 22일~23일 충북대학교에서 한국윤리학회와 한국윤리교육학회가 공동으로 '공공윤리'를 주제로 국제학술대회를 열었다. 이 자리에서 범부사상의 심층을 해석하는 다음 논문이 발표되었다. 이 논문은 그 후에 일본말로 번역·소개되었다.

· 진교훈, 「범부 김정설의 풍류정신에 나타난 통합론과 공공윤리」

이 해 후반부에『창조의 멘토 33인: 역사에 길을 묻다』(대구경북연구원, 2012)가 세상에 나왔다. 이 책에는 최재목의 다음 글이 실렸다.

· 최재목, 「김정설: 동방학으로 민족정신을 일깨운 사상가」

2013년(사후 47년)

김범부 지음 · 김정근 풀어씀,『김범부의 생각을 찾아서』(한울, 2013)가 출간되었다. 이 책에는 김범부의 문제작인 「국민윤리특강」, 「최제우론」, 「신라문화와 풍류정신」이 각기 '풀어쓰기'라고 하는 가공 과정을 거쳐 독자 앞에 선을 보이고 있다. 어려운 한문 투의 표현이 쉬운 우리말로 옮겨졌고 그밖에 오늘의 독자와 소통에 장애가 된다고 판단되는 요소들이 최대한 걸러졌다.

경북대학교의 김주현 교수는 김동리 연구서를 펴내면서 책의 여러 곳에서 범부사상을 조명했다.

· 김주현,『김동리 소설 연구』(박문사, 2013).

다음 논문이 학술지에 실렸다.

· 최재목, 「근현대기 사상가 범부 김정설과 박정희의 이념적 연관성」, 『일본사상』(한국일본사상사학회), 24호(2013. 6), 25~50쪽.
· 김석근, 「신라와 고구려를 바라보는 두 시선: 단재 신채호와 범부 김정설의 역사인식」, 『양명학』(한국양명학회), 35호(2013. 8), 263~290쪽.

· 방민호, 「'신라의 발견'에 부쳐」, 『서정시학』, 23권 4호(2013 겨울),
238~256쪽.

2014년(사후 48년)

김범부 지음·김정근 풀어씀, 『김범부의 건국사상을 찾아서』(산지니,
2014)가 출간되었다. 이 책의 1부에는 신생국 정치와 관련한 범부의 정치
철학 논설이, 2부에는 그의 유명한 '국민운동의 준비과제'가 '풀어쓰기'라고
하는 가공 과정을 거쳐 소개되고 있다.

범부연구가 잠시 소강상태에 접어든 상태에서 다음 논문이 발표되었다.

· 박정련, 「범부 김정설의 풍류도적 음악관」, 『민족미학』, 13권 2호
(2014. 12), 45~69쪽.

2015년(사후 49년)

경북대학교 국어국문학과 교수 김주현이 다음 논문을 발표했다. 이 논
문은 범부의 다솔사 시절을 일부 조명하고 있다.

· 김주현, 「김동리와 다솔사 체험」, 『어문학』(한국어문학회), 127호
(2015. 3), 317~344쪽.

대전대학교 국어국문학과 교수 김건우의 다음 글이 지면에 실렸다. 이
글은 한 편에 류영모와 함석헌을 놓고 다른 한 편에 김범부와 박종홍을 배

치하면서 전자를 두둔하고 후자를 비판하는 논지를 담고 있다. 매우 흥미 있는 시각을 드러내고 있어 주목을 끈다.

· 김건우, 「국가주의에 맞선 류영모와 함석헌: 기독교와 결합한 노장 사상으로 김범부·박종홍의 '국민윤리' 비판」, 『주간동아』(동아일보 사), 1016호(2015. 12. 9), 68~71쪽.

2016년(사후 50년)

범부의 여행기 '雲水千里(운수천리)'를 '풀어쓰기'의 형태로 소개하는 글 이 지면에 발표되었다.

· 김범부 지음·김정근 풀어씀, 「구름 따라 물 따라 천리를 가다」, 『동 리목월』(동리목월기념사업회), 23호(2016 봄), 308~338쪽.

서거 50주기를 맞는 시점에서 범부사상은 통일사상으로 읽혀지고 있다. 많은 학자들은 범부사상이 통일한국의 비전을 제시하고 통일 후 한국의 정 체성 확립에 기반이 되는 정신의 광맥을 이루고 있다고 파악한다. 특히 그 의 사상은 민족의 에토스와 윤리를 확립해가는 데 중요한 지침이 될 것이 라고 보고 있다.

10월 7일 서울예술의전당 컨퍼런스홀에서는 범부 김정설 서거 50주년 학술심포지엄이 열렸다. 이때 배포된 자료집 『범부 김정설의 풍류사상과 건국철학』(김동리기념사업회, 2016)에 다음의 논문이 실렸다.

· 정형진, 「한국 고대 풍류도와 통일시대」
· 김정근, 「한 건국사상가의 초상」
· 김석근, 「김정설의 국민윤리론과 건국철학」

2017년(사후 51년)

이 해 말에 최재목, 『상상의 불교학: 릴케에서 탄허까지』(지식과 교양, 2017)』가 출판되었다. 책 속에 「효당(曉堂)과 다솔사(多率寺)의 김범부(金凡父)」가 실렸다.

2018년(사후 52년)

범부 연구자들이 기다리던 책이 드디어 출판되었다. 이 책은 앞으로 관련자들에게 촉진제의 역할을 하게 될 것이다. 지은이 최재목 교수는 초기부터 범부연구회를 이끌면서 연구자를 발굴하고 규합했다.

· 최재목, 『범부 김정설의 풍류 · 동학 그리고 동방학』(지식과 교양, 2018)

초기부터 범부연구회에 참여하며 논문 작업을 해온 이태우 교수의 책이 나왔다. 책 속에 범부와 관련하여 「범부 김정설의 칸트 · 헤겔 철학 이해」를 포함하는 세 꼭지의 글이 포함되었다. 이 책은 2018년도 대한민국학술원의 우수학술도서에 선정되었다.

· 이태우, 『일제강점기 한국철학』(살림터, 2018)

범부와 동리 형제의 다솔사 우거 시기와 관련하여 다음의 글이 생산되었다.

· 김광식, 「다솔사와 항일 비밀결사 卍黨: 한용운, 최범술, 김범부, 김동리 역사의 단면」, 『불교연구』, 48집(2018), 135~168쪽.

2019년(사후 53년)

실로 오랜만에 범부연구회 모임이 있었다. 이 모임은 지난 2012년 범부 사후 46년에 영남대학에서 열린 제3회 범부연구회 학술세미나에서 논문 8편이 발표된 이후 처음 있는 일이었다. 7년만의 일로서 5월 23일(목)에 경주 교동에 위치한 경주향교에서 열렸다. 이 행사에서 초대 회장 최재목이 물러나고 2대 회장으로 시인이며 황남초등학교 교장을 역임한 김용구가 취임했다. 기조 강연은 김광식(만해학회장, 동국대 교수)이 맡았다. 이 날 나온 자료집 『범부(凡父) 김정설(金鼎卨) 연구의 과제와 전망』(범부연구회, 2019)에는 김광식의 논문을 포함하여 신참자의 이해를 돕기 위해 이미 발표된 몇 편의 논문이 소개되어 있다.

· 김광식, 「다솔사 안거법회(1939년), 개요와 성격」

같은 해에 다음의 논문이 학술지에 발표되었다.

· 김광식, 「다솔사 안거법회(1939), 개요와 성격」, 『퇴계학논집』, 24(2019), 163~184쪽.
· 박정련, 「풍류도의 현대적 계승, '참 멋'의 인간관으로: 범부 김정설의 풍류도적 음악관을 중심으로」, 『선도문화』, 26권(2019), 9~31쪽.

금년이 2020년이다. 나는 봄을 기다리며 원고를 다듬고 있다. 이 연보는 따라서 2019년 범부 사후 53년에서 끝이 난다. 이후의 전개 사항은 다음 기회에 나 자신이 이어가거나 다른 사람이 이어갈 것이다.

4장

삼인정담(三人鼎談)

정치, 경제, 문화에 걸쳐

범부 김정설, 장면, 김법린 출연, 오종식 사회

김정근 풀어씀

1. 해설

범부는 생전에 다양한 분야에 걸쳐 많은 발언을 했다. 그의 발언은 가히 종횡무진이었다. 정치, 경제, 사회, 문화 등 그 어떤 주제이거나 우리 사회가 당면한 과제로서 급하다고 느끼는 것이면 뛰어들어 언급하고 해결책을 제시하는 일을 마다하지 않았다. 그런데 신기한 것은 지금 보아도 그 내용이 매우 신선하고 선견지명이 서려 있다는 점이다. 그래서 오늘날에도 범부를 찾는 사람이 있는 것인지 모른다.

범부의 발언 가운데 내가 개인적으로 무척 좋아하여 기회가 닿으면 소개해보려던 것이 있었다. 그것이 바로 지금 이 지면에 싣는 문헌이다. 이 문헌이 처음 나타난 것은 1948년 2월 1일자 『경향신문』 지면을 통해서였다. 2면 전체를 차지하고 있는 이 문헌은 "三人鼎談: 정치, 경제, 문화에 걸쳐"라는 제목을 달고 있었으며, 참석자는 범부 김정설(1897~1966), 한협 외교위원장 장면(1899~1966), 불교총무원 원장 김법린(1899~1964)의 3인이었고 사회자는 오종식 경향신문 주필이었다. 장면과 김법린은 당시 입법의원이었고 범부 김정설은 "무소속"이라고 되어 있는데 특별한 직함이 없었다는 뜻일 것이다.

우리는 이 문헌을 통해 해방정국에서 당시 우리나라를 대표하는 사상가들이 국내외의 시국을 어떻게 읽으며 판단하고 있었는지를 살펴볼 수 있다. 특히 범부 김정설의 발언에서 선구자적인 면모를 볼 수 있을 것이라고 생각한다.

이 문헌이 처음 나타났을 때 지면의 이곳저곳에 소제목이 달려 있었다. 참고로 일부를 소개하면 다음과 같다. '國民型 제시하라, 國民없는 國家없다' '世界政府 가능하다면 武力보다 文化가 本位' '弱小民族問題는 世界問題' '弱小民族의 自覺과 團結' '解放運動을 原則化하라' '朝鮮經濟의 基本對策은 計劃經濟에 의한 土地改革과 中小工業을 倂進' 'UN 朝委 業務에 協議할 國論統一의 可能性 있다.' 같은 지면의 상단에 참석자 3인과 사회자가 함께 나타나는 사진이 실려 있다.

이 문헌이 처음 나타났을 때 지면은 우리말과 한문이 섞여 있었다. 그때는 그것이 대세였다. 이번 풀어쓰기에서는 모두 우리말로 고쳤다. 표현을 오늘의 기준에 따라 약간 바꾼 데도 있다. 그러나 가능하면 원문을 그대로 살리려고 노력했다.

이제 해설은 여기서 그치고 본문으로 들어가기로 하자.

2. 삼인정담(三人鼎談)

우리 민족은 지금 가장 중대한 시기에 봉착하여 있다. 정치적으로 경제적으로 또는 문화적으로 그 지향할 바를 찾아 헤매고 있는 오늘날의 절박한 현실에 비추어 본지는 그 몇 분지 일이라도 민족의 갈구에 기여하고자 이에 장면, 김정설, 김법린 세 분 선생의 고견정담을 게재하는 바이다.

사회(인사 생략): 유엔 조선 위원단이 덕수궁에서 지금 그 업무를 진행
　　시키고 있는데 이 유엔 위원단을 중심으로 하여 우리 국내 문제와
　　세계 문제의 현재와 장래에 대하여 세 분 선생님께서 말씀해 주셨
　　으면 한다.

장면: 유엔 위원단이 그 본래의 사명대로 꼭 성공할는지 어쩔는지 그 결
　　과를 미리 똑똑히 알 수는 없으나 우리는 그것(사명의 성취)을 희망
　　하며 따라서 성의껏 협력해야 되리라고 생각하는데 이에 대해서는
　　무엇보다도 먼저 국내 여론 통일이 긴급하다고 생각한다. 협의 대
　　상으로 나아간 단체나 혹은 개인들이 각인각설의 의견 제출을 해서
　　는 여러 가지 의미로 곤란한 노릇이라고 생각한다. 전부가 다 같은
　　의견을 제출할 수야 없겠지만 그러나 같은 진영 내에서라도 어느
　　정도 통일이 되어야 할 것이 아닌가?

김정설: 국론 통일이 문제된다면 어느 정도 가능성이 없지도 않다고 생
　　각한다. 사상 통일은 잠간 두고라도(이건 더 복잡하고 곤란한 문제
　　니까) 정책적 통일은 노력 여하에 따라서는 어느 정도 가능성이 있
　　다. 오늘날의 현실을 볼 때 민중은 민중대로 지도자들의 통일 합의
　　를 희망하고 있으며 지도자들은 지도자대로 또 민중을 향해 통일되
　　기를 요청하고 있다. 이것이 위에서 말한바 가능성의 조건이 된다.
　　한걸음 나아가서 그러면 이 현상을 통하여 그 분열의 책임 소재를
　　묻는다면 그것은 지도자층에 있음이 분명하다. 지도자 자신이 분열
　　되어 있으면서 민중을 향해 통일하라는 것은 무책임한 요청이다.
　　지도자가 분열되어 있다면 그 지도자에 의하여 지도받는 민중이 분
　　열되어질 것은 당연한 일이 아닌가? 이 기회에 지도자들의 단결이
　　절실히 요청된다.

김법린: 그런 의미에서 보면 오늘날 우리의 분열이란 더욱이 범상한 것이 아니다. 조선 문제란 것이 세계 문제와 아주 분리된 것이 아닌 이상 세계 문제에 있어 이미 미소가 대립되고 동서구가 분열되어 있다면 그 여파가 우리들에겐들 미치지 않을 수 없을 줄 안다.

이런 의미에서 오늘날 우리는 지도자고 민중이고 너무 이론을 세우는 것보다 우리의 민족적 현실에 입각하여 최대 노력으로 단결에 힘써야 할 것이다. 유엔은 공정한 기구이다. 유엔 위원단이 전번 미소공위의 전철을 밟지 않도록 서로 협력하고 성심껏 노력해야 할 것이나 유엔 위원단이 이번에 또 실패한다면 이건 비단 조선 문제 하나만의 실패에 그칠 것이 아니라 유엔 기구 자체의 파산이요 세계 평화의 논의도 수포로 돌아갈 것이다.

사회: 조선 경제 문제의 기본 대책은?

장면: 토지 개혁은 시일 문제다. 최속 기일 내에 단행되어야 할 것이며 단행될 것을 믿는다. 이와 아울러 생각할 문제는 중소 공업의 문제다. 농업의 기업화 문제, 토지 못 가진 사람의 중소 공업에의 전향 문제 등이다. 중소 공업 발전의 대책 없이 토지 개혁만 단행한댔자 조선의 경제는 반신불수 상태에서 더 나아가지 못할 것이다. 오늘날 일부에서는 토지 개혁만 단행하면 경제 문제가 해결될 것 같이 생각하는 사람들도 있으나 이것은 잘못이다. 모든 경제는 상호 관련을 가진 이상 중소 공업의 발전 대책은 토지 개혁보다도 못지않은 중대 문제다.

김법린: 계획 경제이어야 할 것은 당연한 문제다. 그리고 자원 개발 문제도 함께 넣어 생각해야 할 것이다.

장면: 자원 개발이라면 첫째 광산개발 그 다음 수산도 중시된다.

김법린: 목축도 중요하다.

사회: 사유를 인정한다면 무슨 원칙에서인가? 자본주의와 공산주의의 절충인가? 개량 사회주의인가?

김정설: 현실은 그것을 요구하고 있으나 아직 그 원칙이 제출되지는 않았다. 자본주의가 그대로 연장될 수 없는 것은 결정적이다. 공산주의는 소련이 대표적으로 실험해본 결과 더 바라볼 여지가 없다. 그러나 '절충'이니 '개량'이니 하는 것도 말이 될 된다. 무엇이라 표어를 달 수는 없으나 첫째 국가를 인정할 것, 둘째 민족적 개성을 인정할 것, 어쨌든 건전한 의미에 있어서의 사회주의임에는 틀림이 없을 것이다.

사회: 세계 정부와 조선 민족의 장래에 대하여

김정설: 지금까지 있어온 국제연맹이니 유엔 기구니 하는 것은 모두 열강 본위의 기구였다. 그러나 인류는 앞으로 좀 더 현명해질 수 있을 것이다. 그때는 이러한 기구가 열강 본위가 아니라 약소민족 본위로 구성될 것이다. 참된 의미의 세계 정부가 논의될 수 있다면 그것은 약소민족 본위가 아니고는 안 될 것이다. 이러한 의미에 있어 나는 조선 민족의 장래를 낙관하는 것이다.
첫째 조선 민족은 지리적 조건에 있어 무력 본위의 시대에는 여간 불리하지 않았다. 주위가 모두 강적들이었다. 그러나 문화 본위의 시대가 온다면 그동안 불리하였던 지리적 조건이 전화위복으로 도

리어 유리한 조건이 될 것이다. 동서 문화의 교류지라고도 할 수 있을 것이며 대륙과 해양의 교회지(交會地)라고도 할 수 있다. 게다가 산명수려(山明水麗)하여 일반적으로 총명한 천자(天資)들을 타고나 있다. 오늘날과 같은 교통이 발달되어 가고 있는데다 더구나 문화 본위의 시대가 온다면 특히 앞으로의 문화가 지역적 문화가 아니요 국제적 성격의 세계적 문화라면 조선 민족은 세계에 가장 우수한 문화를 산출해 낼 것이다.

장면: 각 민족의 문화적 성격이 각이할 뿐 아니라 지금까지는 동서 문화 란 것이 또한 그 체계에 있어서나 사명에 있어서 여간 다르지 않았다. 그러나 오늘과 같이 교통이 발달되어 있으면 이러한 장벽은 아주 감소될 것이다. 특히 장래의 문화는 지금까지 서로 충분히 교류되지 않은 동서 문화의 완전한 회통(會通)에서 새로운 세계적 문화가 건설되지 않을 것인가 생각된다.

김법린: 그러나 아무리 앞으로 세계적 성격의 문화가 온다 하더라도 민족적 개성이 전적으로 결여된 세계 문화란 불가능할 것이다. 교통이 발달되고 국경이 완화되면 우리들의 민족적 생활은 점차 국제성을 띠게 될 것은 사실이다. 그만큼 각 민족의 문화적 성격이 또한 국제적 성격을 띨 것은 알 수 있는 일이나 그렇다고 전연 민족적 개성이 배제된 국제 문화가 일어난다고 볼 수는 없는 것이다.

사회: 유엔 기구의 역사성과 그 장래에 대하여는?

김정설: 유엔 기구를 의식적으로 멸시하려는 일부 국가군은 별문제로 하고라도 일반적으로 이를 다소 경시하려는 경향들이 있는데 이것

은 옳지 않다. 특히 이번의 유엔 조선 위원단의 구성을 보고 나는 유엔 기구의 세계사적 성격을 중시하고 싶다. 오늘날의 세계사적 사명의 과제는 약소민족 해방에 놓여 있다. 유엔 조선 위원단이 대부분 약소민족 대표들로 구성되어 있다는 것은 약소민족 해방의 문제가 세계사적 궤도 위에 점차 원칙화되고 있다는 사실을 증명해주고 있는 것이다. 약소민족은 약소민족의 손으로 해방되지 않으면 원칙적으로 해방이랄 수 없는 것이다.

김법린: 동감이다. 지금까지의 약소민족의 해방은 열강의 힘으로만 성취되어 온 기회 해방이었다.

김정설: 열강의 세력 균형을 위하여 열강의 손으로 된 약소민족 해방은 원칙적 해방이 아니다. 기회 해방은 가해방(假解放)이다.

사회: 그러나 유엔 위원단(약소민족으로 구성된)을 보낸 그 모체는 역시 열강이 아닌가.

김정설: 유엔 기구 그 자체가 약소민족 본위가 아니라고 치자. 그렇더라도 약소민족 본위가 아닌 유엔 기구는 그러면 왜 유엔 조선 위원단을 약소민족으로 하여금 구성케 하였는가? 열강은 왜 유엔 조선 위원단을 구성하는 데 약소민족들을 '이용'하지 않으면 안 되었는가? 무엇이 그렇게 이용하지 않으면 안 되게 하였는가? 누구의 힘으로도 어찌 할 수 없는 역사의 압력이 그렇게 한 것이다. 열강 본위의 세계는 지금 바야흐로 무너져가고 있는 것이다. 종금(從今)의 세계 문제의 대상은 약소민족 해방 문제에 놓일 것이다.

사회: 무산 계급 혁명의 문제는 오늘날과 같은 상태에서 정체된 채 약소민족 해방의 문제가 세계 문제의 중심으로 또는 전경(前景)으로 화하게 된 이유는?

김정설: 소련은 제2차 세계 대전에서 왜 무산 국가와 결합하지 않고 부대(富大) 국가와 결탁하게 되었던가? 왜 그 자신 제국주의로 화하고 말았는가? '공산주의'든 '민족주의'든 일체의 관념은 현실을 전적으로 카버할 수 없는 것이다. 소련은 처음 공산주의를 의도하였으나 공산주의란 관념 밑에서 진행하다 보니 이제 제국주의적 현실에 봉착하고 말았다고 할 수 있다.

장면: 소련도 현재 세계 무산 계급 혁명보다 약소민족 정책에 치중하고 있다고 볼 수 있다.

사회: 그러면 소련식 약소민족 정책과 미국식 약소민족 정책은 그 어느 것이 승리할 것인가?

김정설: 보다 더 현실성을 가진 것이 승리할 것이다. 어느 쪽의 약소민족 정책이 보다 더 약소민족 해방을 원칙화시키는 데 가까우냐 하는 데 승패는 달려있을 것이다. 이 점에서 본다면 소련의 약소민족 정책은 원칙부터 고쳐야 한다. 지금의 '연방 정책'으로써는 세계사적 현실로서의 약소민족 해방의 원칙에 맞지 않는다. 이에 비하여서는 미국에서 오래전부터 부르짖고 있는 소위 민족자결주의란 것은 우수한 편이라 하겠다.

그러나 우리는 양자의 이론을 믿는 것이 아니다. 그들의 실천을 주목하는 것이다. 어느 쪽이 보다 더 약소민족을 해방시키는 편이며 어느 쪽이 보다 더 약소민족을 침식하고 유린하는 편인가. 그들의 현실은 그들의 이론 이상의 역사적 운명인 것이다.

사회: 새로운 국민 도의의 형태는?

장면: 인류 생활엔 점차 고도의 도의가 요청되리라고 생각한다. 유엔 기구 같은 것도 인류 생활이 점차 도의의 수준을 높이는 데서 생긴 것이라고 볼 수 있다. 그리고 과거에 있어서나 미래에 있어서나 또 개인적으로나 민족적으로나 국제적으로나 모든 도의의 기본적 중심은 신(神)에 두어져야 할 것이라고 생각한다. 그러한 의미에 있어 국민 도의를 수립하는 데 있어서도 종교교육이 필요하다고 생각한다.

김법린: 그러나 오늘날의 교육 방침엔 일정한 기본 이념이 서 있지 않는 것 같다.

김정설: 그것이 큰 문제다. 우리는 과거 40년 동안 국가 생활을 가져보지 못한 산민(散民)들이다. 엄격하게 말하면 40년 여부도 아니다. 국가 없는 국민이란 상상할 수 없다. 우리가 항용 국민 국민 그런 말을 들을 때처럼 나는 비극을 느낄 때가 없다. 국민이란 일조일석에 만들어지는 것이 아니라 일본 국민이나 영국 국민이나 독일 국민이나 프랑스 국민이란 것을 우리는 알 수 있다. 그것은 그들이 그들의 국민형(國民型)을 가지기 때문이다.
조선의 국민형은 무엇인가? '군자'인가 '신사'인가 '사무라이'인가? '화랑'은 신라의 국민형, 유자(儒子)도 지나간 이야기다. 오늘날 조선의 국민형은 무엇인가? 국민형의 구상이 없는 교육이란 과목의

나열에 불과한 것이다. 근본적으로 우리가 국가란 것을 부정할 수 없다면 우리의 교육은 국민 훈련에 기본을 두어야 하는 것이며 우리의 머릿속에 일본 국민이나 미국 국민이나 혹은 소련 국민들의 '형(型)'만 가지고서 조선 국민을 만들어 낼 수는 없을 것이다.

조선 국민을 훈련시키려면 먼저 조선 국민의 '형'을 예상할 수 있어야 한다. 가장 긴급하고 중대한 문제이나 그렇다고 추상적으로 설명할 수도 없는 일이다.

5장

여행기
구름 따라 물 따라 천리를 가다

김범부 지음
김정근 풀어씀

1. 해설

1) 문헌의 유래

이 글은 김범부(金凡父, 1897~1966, 이하에서는 범부라고 부른다)가 남긴 기행문을 현대어로 옮긴 것이다. 이 기행문이 처음『한국일보』지면에 나타났을 때는「운수천리(雲水千里)」라는 제목을 달고 있었다. 그것을 여기서는「구름 따라 물 따라 천리를 가다」라고 옮겨본 것이다.

범부는 잘 알려져 있는 것처럼 한국이 낳은 천재이며 토종 사상가이다. 일제 때는 항일 사상범으로 몰려 많은 고초를 치렀고 그것 때문에 직업 생활을 할 수도 없었다. 신생 대한민국에서는 가끔 국회의원, 계림대학장, 동방사상연구소장과 같은 직업을 가지기도 했지만 역시 그것은 잠깐씩이었고 대부분은 프리랜서 생활이었다. 시간이나 어떤 틀에 매이는 것을 극도로 싫어하는 기질이었다. 그래서 그의 일상은 주로 책을 읽고 글을 쓰고 강연을 하는 것으로 채워졌다. 범부는 그야말로 전형적인 사상가였으며 직업적인 사상가였다고도 할 수 있을 것이다.

여기 소개하는 문헌은 범부가 세상에 남긴 글 가운데 처음부터 널리 알려진 것은 아니었다. 그의 사후 43년이 되는 시점까지만 해도 이 문헌에 대해 아는 사람은 거의 없었다. 그런 가운데 내가 처음 이 문헌의 존재를 알게 된 것은 범부의 막내 따님인 김을영(金乙英, 1937~)으로부터 "한국일보에 범부의 글 한 편이 숨어 있다"라는 귀띔을 받고나서였다. 그것이 2009년의 어느 때였다. 그때는 김을영 자신도 지면에 글이 연재된 것은 알고 있었으나 그것이 정확히 언제였는지까지는 잘 모르고 있었다. 대강의 기억을 나에게 전해주는 정도였다. 그래서 나는 의욕적이고 슬기로운 제자 김경숙(정보검색 전문사서)과 그의 동료 한 사람과 함께 당시 내가 재직 중이던 부산대도서관의 마이크로필름 자료를 뒤지기 시작했다. 우리 몇 사람은 며칠을 헤맨 끝에 마침내 찾는 자료를 확인하게 되었다.

그런데 당시 부산대도서관에서 확인한 자료는 기행문 10회분 가운데 처음 4회분의 해상도가 매우 좋지 않았다. 나머지 6회분은 그런대로 읽을 만했다. 나는 이 사실을 당시 범부연구회의 선임연구원이던 영남대의 정다운(鄭茶雲)에게 알렸다. 이런 일에 특히 민감한 정다운은 즉시 영남대도서관에 보관되어 있던 실물자료 더미에서 원하는 자료 전부를 복사해내는데 성공했다. 그 뒤 같은 자료는 최재목, 정다운 엮음, 『凡父 金鼎卨 단편선』(선인, 2009)에 실리기에 이르렀다. 이 자료가 세상에 알려지는 과정에서 최재목 범부연구회장과 정다운 선임연구원의 공이 컸다는 점을 기억할 필요가 있다.

범부의 기행문 10회분은 『한국일보』, 1960년 1월 1일부터 연재되기 시작해 12일에 끝이 난다. 지면에 나타나는 '雲水千里'라는 한자로 된 제자(題字)는 범부 자신의 친필인 것처럼 보인다. 이 기행문의 일부는 황종찬 엮음, 『한국의 명문장 100선』(청목, 2002)에도 실려 있다.

지금 여기 '풀어쓰기'의 형태로 소개하는 범부의 기행문 10회분은 위에서 언급한 『凡父 金鼎卨 단편선』에 실린 내용을 저본(底本)으로 삼는다. 작업 도중에 어디인가 미심쩍은 부분이 있으면 가끔 신문 원본을 참고하기도 했지만 오래된 신문의 지면이기에 정확한 판독이 어려운 경우도 여러 번 있었다.

2) 문헌의 내용

10회에 걸쳐 연재된 기행문을 순서대로 따라가면서 찬찬히 읽어보면 글의 생산 과정의 윤곽이 어느 정도 드러난다. 범부는 신문사가 제공하는 차편을 이용하여 젊은 기자들과 함께 이동하면서 10회분의 글을 만들고 있다. 범부가 오늘은 어디로 가자고 하면 거의 그대로 차가 움직여 목적지에 도착하는 식이다.

범부는 일행과 함께 옛 이야기가 서린 고적지(古蹟地) 10곳을 선정하여 차례로 방문하면서 글을 적고 있다. 먼저 7곳은 경주 지역에 위치해 있으며 마지막 3곳은 서울 지역에 자리하고 있다. 주목할 점은 범부는 고적지라고 하여 반드시 유명한 곳을 찾고 있지 않다는 것이다. 따라서 경주 지역에서는 유명한 불국사와 석굴암, 첨성대, 안압지, 포석정, 남산과 같은 데가 제외되고 있다. 오히려 사다함, 백결선생, 김유신, 구충당 이의립, 수운 최제우 같은 인물과 관련이 있는 유적지를 찾으면서 역사적 사실을 기억하고 해석을 내린 후 감회를 적는다.

1회는 화랑 사다함 이야기로 채워진다. 2회는 화랑 김유신과 천관의 이야기가 주제이다. 3회는 원화(源花)인 남모(南毛)와 교정(姣貞)의 이야기를 더듬는다. 4회는 철맥을 찾아 헤맨 구충당 이의립을 다룬다. 5회는 수운 최제우와 동학 이야기가 중심이다. 6회는 백결선생 이야기를 하면서 범부 자신이 지은 방아타령을 소개한다. 7회에서는 신라의 건국과 관련 있는 오릉을 찾는다. 8회부터는 방문지를 서울 지역으로 옮긴다. 서울 지역에서 처음 찾은 곳은 광나루 부근의 온달성이다. 9회에서는 회기동의 회묘 이야기를 펼친다. 10회는 세검정의 장의사 옛터를 찾아 그 곳에 얽힌 이야기를 밝히고 해석을 내리고 느낌을 적는다.

이번 풀어쓰기 작업을 하는 동안 나는 반복해서 범부의 글을 읽으면서 크게 깨우치는 바가 있다. 10회에 걸쳐 고적지를 방문하고 여행기를 생산하는 데는 한 가지로 모아지는 뚜렷한 주제가 면면히 흐르고 있었다는 것이다. 나는 이것을 발견하고 새삼 놀라게 된다. 범부는 과연 바람에 흔들리지 않는 뿌리 깊은 나무의 자세를 유지하고 있음을 확인하게 된다.

여행기 10회분에 나타나는 주제는 한두 회를 제외하면 한국인의 영성(靈性)을 밝히는 범부 자신의 평생의 과업과 관련이 있는 것이다. 범부의 필생의 과제는 한국 고유의 정신을 천명하여 오늘을 사는 한국인의 에너지원으로 삼으려는 것이었다. 우리 민족의 정신과 윤리의 뿌리를 밝히는 것이야말로 그가 일생을 투자하여 추구하는 것이었으며 그는 그것의 해답을 풍류사상에서 발견하고 있다. 풍류사상이 정신의 덩어리라면 화랑은 그것이 현실의 역사 속에서 구현된 실물 형태라고 할 수 있다. 여행기 10회분 가운데 적어도 8회가 화랑 이야기와 관련이 있는 것이다. 범부는 심지어 철맥을 찾아 전국의 산천을 30년 동안 헤맨 구충당 이의립과 같은 인물마저 화랑정신의 사람으로 보고 있다.

이 여행기는 얼른 읽으면 단순한 여행기처럼 보일 수 있다. 그러나 실은 그렇지 않다. 범부라는 한 사상가의 깊은 생각과 놀라운 감수성이 곳곳에 배어 있는 것이다. 우선 답사 지역의 선정부터가 다르다. 목적지에 도착하여 주변을 둘러보고 그 곳에 얽힌 옛 이야기를 회상하고 그것에 대한 해석을 내리고 느낌을 적는 모든 과정에 큰 의미가 들어 있다. 독자는 모름지기 이 점을 놓쳐서는 안 될 것이다.

3) 왜 풀어쓰기인가

한편 이 여행기를 읽고 있으면 어쩐지 불편한 점이 있다. 무엇보다 읽기가 어렵다. 물 흐르듯이 시원하게 내려가지 않는다. 그것은 이 글이 생산된 것이 반세기 이전이었다는 점이 이유일 수 있다. 범부 자신의 어법과 취향과도 관련이 있을 것이라고 생각한다. 범부는 원래 스타일리스트였기 때문에 고급스런 표현을 좋아했고 자주 고문헌에 나오는 문자(文字)를 원용하기도 했다. 이런 점이 오늘의 독자가 이 문헌을 즐겁게 읽고 쉽게 다가서서 기분 좋게 음미하기에 장벽이 될 수 있다고 생각한다.

그리고 위에서 이 여행기의 생산 과정에 대해 잠시 언급한 적이 있다. 이 여행기는 지은이가 신문사가 제공하는 차편을 이용하여 젊은 기자들과 함께 움직이면서 그날그날 만들어간 것이다. 여행기를 읽어보면 '산성막걸리' '주막' '술 한 잔'과 같은 표현이 자주 나온다. 고적지 주변에서 젊은 사람들과 어울려 으레 한 잔씩 하지 않았을까 하는 그림이 그려진다. 그리고 경주 지역을 순방할 때는 밤이 되면 여관에서 잠을 자지 않았을까 하는 짐작도 해보게 된다. 나는 글을 반복해서 읽는 동안 그날그날의 연재분은 다른 특별한 장소가 아니라 바로 '주막'과 '여관방'에서 생산되었을 것이란 추측을 해보게 된다. 그리고 글은 범부 자신이 써내려간 것이 아니라 구술(口述)된 것이며 수행하는 기자가 받아서 적은 것이라는 내 나름의 결론에 이른다. 그런 과정을 거쳐 생산된 원고는 매일 서울의 본사로 송고되었을 것이다.

내가 위와 같은 추측을 겁 없이 하면서 거의 단정적으로 결론 같은 것을 내리는 데는 이유가 있다. 나는 개인적인 관련으로 범부 생전의 체질과 생활 습관을 어느 정도 알고 있다. 그것에 근거하여 당시의 상황을 좀 더 세밀하게 재구성해볼 수 있다. 가령 이런 것이다. 고적지 일대를 한 바퀴 둘러본 후 위에서 지적한 것처럼 일행은 근처 주막을 찾는다. 일동은 일단

막걸리 한 잔씩을 걸친다. 이때 범부는 방금 둘러본 고적에서 얻은 감흥을 생생하게 살리면서 이야기를 풀어나간다. 범부는 특히 역사의 힘을 믿는 사람이다. 그래서 범부는 평소 역사적 사실에 민감하다. 그 앞에서 울고 웃는 천성을 가지고 있다. 이제 범부의 이야기는 종횡무진 펼쳐진다. 역사적 사실을 되새기면서 그것에 대한 범부 자신의 독특한 해석을 내린다. 범부의 이야기는 워낙 거침없이 앞으로 나아갔다 뒤로 물러섰다 물결이 들이쳤다 잦아들었다 하므로 받아서 적는 젊은 기자에게는 때로 벅찬 일일 수 있다. 내용을 이해하기 어려운 부분도 생긴다. 정제된 글의 형태로 정리해 내기 힘든 때도 있다. 그러나 원고는 그날그날 어김없이 생산되어 신문사 편집 데스크로 송고되지 않으면 안 된다.

같은 상황은 때로 밤 시간에 묵고 있는 여관방에서도 연출되었을 것이라고 생각한다. 신문 지면에 나타난 범부의 여행기가 내용이 흥미롭고 심오한 반면 표현이 그다지 잘 정리되어 있다고 보기 어려운 것은 이와 같은 저간의 사정과 관련이 있을 것이라고 생각한다. 그리고 구술은 범부가 생전에 자주 활용했던 표현의 형태이기도 한 것이다.

이런 것이 바로 내가 여기서 '풀어쓰기' 작업을 시도하는 이유이다. 이 일은 통상 '옮김'이라고 부르는 활동에 속하는데 여기서는 막상 그렇게 하자니 이미 그런 이름으로 우리 출판계에 거대한 영역이 형성되어 있는 마당이므로 약간의 이질감을 느끼게 된다. 그래서 이 작업을 그것과는 약간 분리시켜 차이를 두는 것이 어떨까 하는 생각이 든다. 가령 노벨상을 수상한 외국 작품을 우리말로 옮기는 것과는 달리 이번의 경우는 이미 우리말로 된 범부 여행기의 조금 어색하고 조금 난삽하고 난해한 문장을 지금 통용되는 쉬운 현대어로 옮기는 작업에 지나지 않는다. 그래서 나는 '풀어쓰기'라고 부르기로 하는 것이다.

이번 '풀어쓰기' 작업에서는 어려운 낱말과 옛날식 문장은 쉬운 현대어로 고쳐 오늘의 독자가 쉽게 접근할 수 있도록 했다. 일행이 이동하면서 생산된 글의 특성상 정제되지 않은 상태로 지면에 실린 흔적이 여러 군데 보인다. 문장이 흐트러진 곳도 많다. 구술 과정에서 생겼을 법한 오류도 가끔 보인다. 이런 것들을 힘이 닿는 한에서 질서를 세워 바로 잡았다.

범부는 생전에 시 짓기를 좋아했다. 이번 여행기에서도 여러 번에 걸쳐 끝 부분에 시 한 수 또는 한 구절을 읊어두고 있다. 어떤 때는 우리말 시를 또 어떤 때는 한시(漢詩)를 적어두었다. 이 풀어쓰기 작업을 하면서 우리말로 된 시는 거의 그대로 두면서 약간 현대적인 감각을 살리는 선에서 그쳤다. 한시는 부산대 송정숙(宋靜淑) 교수와 서강선 선생의 도움을 받아 우리말로 옮기고 원문과 대조하면서 읽을 수 있도록 했다.

'풀어쓰기' 작업을 마무리하면서 나는 머릿속으로 지은이 범부에게 새 옷 한 벌을 마련하여 입혀드렸다는 이미지를 그려보고 있다. 오늘의 독자를 위해 그의 문장에서 헌 단장을 치우고 새 단장을 입혔다는 뜻이다. 이 작업을 통해 비록 범부의 체취와 사상을 담은 그릇은 달라졌지만 내용은 그대로 살아서 독자에게 전해지기를 바라는 마음이 간절하다.

2020년은 범부 서거 54주년이 되는 해이다. 이 시점에서 범부사상은 새롭게 조명되는 큰 흐름 속에 놓여 있다. 그의 사상을 통일사상으로 읽는 경향도 생겨나고 있다. 그의 사상은 당시에 이미 좌와 우의 틀을 벗어나 제3의 길을 걷고 있었다는 인식도 깊어지고 있다. 통일 이후 한반도를 이끌 큰 정신을 범부는 생전에 이미 마련해두고 세상을 떠났다고 보는 것이다. 이와 관련하여 젊은 연구자들을 중심으로 그의 텍스트를 발굴하여 새로운 시각에서 자세하게 읽는 분위기가 조성되고 있는 것도 눈여겨볼 일이다. 범부 사상을 구명하는 새 책이 발간되고 논문이 생산되고 있는 현상도 심상치 않다고 할 것이다. 지금 이 '풀어쓰기' 작업 역시 이와 같은 흐름과 분위기 속에서 이루어지는 것임을 첨언해두고 싶다.

문헌에 대한 해설은 여기서 줄이기로 한다. 다음은 범부의 기행문을 직접 읽는 차례이다.

2. 여행기

1회(『한국일보』, 1960. 1. 1 게재)

아리내(閼川)를 가다

물도 산도 쇠잔하기만 하고

천오백 년 전 신라 옛 터전에 풍경은 황량하고 전설만 슬프게 흐른다

구름이나 물에 무슨 옛날이 있으며 지금이 있을 것인가. 구름처럼 물처럼 흐르는 걸음이 고적(古蹟)을 만나면 옛일이 생각나고 또 흐르다가 지금 일을 들으면 그 일의 속내를 묻게 되는 것뿐이다. 그래 이제 새로벌(新羅) 옛터인 경주로 흘러 들어와 보니 절로 이것저것 옛일이 떠오른다.

그럼 오늘은 어디로 갈 것인가. 옛터도 하 많고 옛일도 하도 많으니 그저 생각만 해도 황홀하다. 허랑한 걸음이므로 구름인 채 물인 채 흘러갈 뿐이다. 그러다보니 걸음은 문득 아리내 옛터에 이른다. 아리내는 지금은 그리 명승지로 알려져 있지도 않은 곳이다.

이제 와 옛 일을 자세히 알 길은 없다. 보이는 것은 물도 자투리 산도 자투리일 뿐이다. 이렇다 할 만한 고적도 하나 보이지 않는다. 다만 산모퉁이 구렁이나 거친 돌무더기 틈서리에 녹는 채 얼어붙은 눈덩이라든가 허허벌판에 제 맘대로 불고 지나가는 찬바람이 과연 깊은 겨울 풍경을 말하고 있을 뿐이다.

그러나 다시 곰곰이 생각하면 지금 여기는 겉으로 보이는 황량하고 쓸쓸한 풍경이 전부는 아니다. 그 이면에 흐르는 그 옛날의 감격과 통한과 슬픈 눈물을 기억할 필요가 있다. 아마 역사에 뜻이 있는 사람은 알 것이다. 여기는 과연 전 세계 노예해방사에서 그 첫 기록을 남긴 옛터인 것이

다. 지금부터 한 일천오백 몇 십 년 전이 될 것이다. 그때 사다함(斯多含)은 화랑으로서 16세 또는 17세쯤 되었을 것이다. 당시에 가야가 일본과 합세하여 신라를 침공한 일이 있었다. 이에 사다함은 오천 명의 기병(騎兵)을 거느리고 용감하게 싸워 크게 이겼다.

그래서 나라에서는 사다함의 전공(戰功)을 높이 사서 포상하기에 이르렀다. 밭 삼백 마지기와 포로 삼백 명을 내렸던 것이다. 그런데 사다함은 그것을 받으려 하지 않았다. 나라를 위해 싸운 결과를 앞세워 무슨 포상을 받는다는 것은 화랑의 정신이 아니었다. 그러나 나라에서는 그것은 국법에 따라 행하는 일이므로 무엇보다 법을 따르라고 우격다짐이었다. 이에 사다함은 일단 나라의 명을 따른 후 밭 삼백 마지기의 대부분을 부하에게 나누어주고 포로 삼백 명 전부를 해방하여 각자 고향으로 돌아가게 했다.

그때 나라에서 포로 삼백 명을 내린 것은 그들을 종으로 부리란 뜻이었다. 워낙 시대가 그랬던 것이다. 사다함은 그렇게 자신에게 내려온 종 삼백 명을 일시에 풀어버렸다. 그것은 포로 석방인 동시에 노예 해방이었다.

사다함은 자신에게 내려온 땅 가운데 알천의 불모지는 자기 앞으로 남겼는데 아마 그것은 화랑 훈련장으로 사용하기 위함이었을 것이다.

문득 시 한 수가 떠오르기에 적어본다.

不毛荒磧關川陽　불모의 황무지 아리내[알천]의 남쪽땅이여!
徒須風神日月光　세월이 지나간 자리에 다만 바람만 부는구나.
三百降軍奴隸屬　삼백의 항복한 군사를 노예로 삼게 하였으나
一時快放好還鄉　일시에 흔쾌히 석방하니 고향 돌아감을 반기는구나!

길을 잘못 들어 찾아든 창림사지(昌林寺址)
소년 김유신의 첫사랑
천관(天官) 아가씨 불당(佛堂)
말목 베고 돌아선 활광경이여

김유신 장군, 정말 큰 이름이다. 그 큰 이름과 함께 천관 또한 유명하
다. 전설은 천 몇 백 년을 흘러 오늘에도 사람의 감회를 새롭게 한다.
그 향기롭고 처절하고 비장한 기운, 너무나 시적이고 너무나 극적이다.
번민 깊은 소년 화랑 김유신이 천관과 서로 한숨을 나누면서 사랑을 말
하던 사이가 이미 그럼직한 구도이다. 어머니의 교훈을 받들어 천관의
집 내왕을 끊었다는 일도 그리 단순하게 들리지 않는다. 거기에다 술에
취한 화랑 김유신을 태운 말이 그동안 익숙해 있는 천관의 집 앞으로 달
려갔다는 것은 정말 놀라운 장면이 아닐 수 없다. 울면서 달려 나오는
천관 앞에서 김유신의 취한 눈이 번쩍 뜨이면서 어느 사이 번개 빛이 번
뜩이는 가운데 말목이 땅에 떨어지는 순간을 떠올리면 숙연해지고 애절
한 마음이 절로 든다. 신바닥에 말 피를 묻힌 채 뛰어 가버린 김유신은
그 길로 일선 싸움터에서 40년을 지낸 후 마침내 집에 돌아와 쉬는 몸이
된다.

백발이 성성한 늙은 장수 김유신은 어느 하루 천관의 옛집을 찾아 나
선다. 천관은 보이지 않고 천관의 집은 조그마한 불당(佛堂)이 되어 있
다. 그때 얼굴이 수척한 비구니(比丘尼) 한 사람이 나타나 저간의 사정을
이야기 한다. 천관 아가씨는 용화도령이 말목을 베고 떠나간 뒤에 중이
되어 용화도령의 승전만을 빌다가 몇 년 전에 세상을 떠났다는 것이다.

이에 김유신은 천관의 명복을 빌어주기 위해 불당 자리에 천관사(天官寺)를 짓는다.

지금 천관사는 허물어져 없어진 지 오래이다. 탑의 일부가 어설프게 남아 있을 뿐이다. 바로 오릉(五陵) 동편 낭산(狼山) 서편에 위치해 있으며 지금은 밭이 되어 있다.

이번 걸음에서 하루는 이런 일도 있었다. 처음에 정한 행선지에는 천관사가 들어 있지 않았다. 그래서 나는 날씨도 춥고 하여 그날은 쉬고 싶었다. 그런데 일행으로 움직이는 사람들이 그날따라 기어이 천관 아가씨의 그 옛날 불당 터를 보겠다고 우기는 것이었다. 그래서 나 혼자 떨어져 있기도 뭣하여 길을 나서기는 했는데 석양의 겨울바람이 보통 매서운 것이 아니었다. 막걸리 한 잔 마신 기운으로는 도저히 감당하기 힘든 정도였다. 그래도 용기를 내어 천관사 옛터를 찾아 근처가 될 듯한 지점에 이르러 지나가는 농부에게 말을 걸었더니 자신 있게 길을 안내해주는 것이었다. 낭산 서녘 기슭인데 무너진 석탑이 아름다운 자태를 하고 있었다. 우리 일행은 그만 걸작 앞에서 넋을 잃고 말았다. 발길을 돌리기가 어려울 지경이었다. 그런데 그날 추위 속에서 감탄해 마지아니한 절터는 실은 천관사 터가 아니고 창림사(昌林寺) 터였던 것이다. 우리는 농부의 '확신' 덕분에 하마터면 놓칠 뻔한 걸작품을 감상하게 되었던 것이다.

시 한 수가 떠올라 적어본다.

野人誤指天官寺　마을 사람이 천관사를 잘못 일러줘
行到昌林廢寺墟　창림사 폐사터에 이르렀다네.
壞塔輝煌千古色　무너진 탑만 천년의 아름다움을 발하고 있으니,
夕陽山影更愁乎　지는 해가 드리우는 산 그림자가 더욱 구슬프구나.

| 3회(『한국일보』, 1960. 1. 4 게재)

북천(北川)에서 일어난 불행한 일

절세미인 교정(姣貞)의 질투심이 화를 부르다

벗을 죽여 몰래 묻으니 화랑의 역사에 오점을 찍다

　지금 경주 사람들은 알천(閼川)을 동천이라 부른다. 옛날부터 그렇게 불렀다. 그러나 경주 중앙 지대에서 보면 그것은 도시의 동북쪽을 지나며 흐른다. 그래서 상류 쪽은 옛날 그대로 동천이고 서천과 가까운 하류 쪽은 북천이라고 부르는 것이다.

　북천의 풍경은 별 것이 없다. 북천의 북측 언덕이 고성숲인데 동서로 누워있다. 그러나 역시 풍경으로는 아무런 특색이 없다. 그래서 평범한 숲이요 평범한 시내일 뿐이다. 다만 북천은 바닥이 돌밭이기 때문에 옛날부터 물이 맑고 깨끗하기로 유명하다. 따라서 북천 빨래라면 깨끗하기로 알아주었던 것이다. 또 고성숲으로 말하면 사람들이 한사코 나무껍질을 벗겨먹던 어려운 시절에도 거기만은 손을 대지 않고 무성하게 자라도록 놓아두었던 것이다. 그것은 다름 아닌 풍수설(風水說)에 기인한 바가 있으며 또 다른 사정도 있는 것이다.

　경주는 지리가 북쪽이 허하다고 하여 북쪽에 숲을 길렀다는 설이 있다. 이것은 풍수설의 영향을 받아 그렇게 되었다는 것이다. 실제로 경주의 서쪽 중앙지대를 보호하기 위해 방품림(防風林)이 필요하기도 했을 것이다. 풍경 자체는 평범한 채 도시 근처에 무성한 숲이 있고 맑은 시내가 흐른다는 것은 사람들이 좋아할 조건이 되는 것 같다.

　기록에 보면 이 북천에서 큰 사건이 있었다. 그것은 매우 불행한 일이었다. 법흥왕(法興王) 원년(元年)이라고도 하고 진흥왕(眞興王) 39년이라고도 한다. 이런 기록에는 신빙성의 문제가 있는 듯하다. 다만 화랑제도가 성립해가는 과정에서 생긴 일로서 참고할 만한 대목이다.

신라가 한창 성할 때 나라에서는 특히 인재 양성에 힘을 기울였다. 당대 최고의 미인인 남모(南毛)와 교정(姣貞 혹은 俊貞) 두 사람을 뽑아 원화(源花)라고 부르고 낭도(郎徒) 삼백 명을 모아 그들을 받들게 하였다. 이 무리를 훈련하고 교양하여 적재적소에 등용했던 것이다.

이 제도는 처음은 좋은 결과를 낳았다. 그런 과정에서 무슨 까닭이었는지 교정이 남모를 시기하여 독한 술을 먹이고 마침내 죽여 북천의 돌무더기 속에 파묻기에 이른다. 이 일은 마침내 남모와 가깝게 지내던 낭도들에게 발각되면서 교정의 죄상이 드러나 교정은 참형을 당하게 된다. 이에 나라의 인재 양성 방법 또한 바뀌게 된다. 이번은 풍모와 성격과 자질이 뛰어난 동남(童男)을 뽑아 화랑(花郎)이라 일컫고 그 밑에 낭도들을 배치하여 교양하고 훈련하여 나라 일에 활용했던 것이다.

북천의 돌길을 어정거리고 있자니 별 생각이 다 든다. 나라의 큰일을 담당할 인재를 양성하는 일에 어찌하여 처음부터 아름다운 여성을 추대했던 것일까. 사회적으로 특수한 위치에 있던 귀한 여성들 사이에서 어찌하여 이런 불상사가 일어났던 것일까. 또한 화랑으로는 어찌해서 미모의 동남을 추대했던 것일까. 나는 피로와 함께 갈증을 느낀다.

4회(『한국일보』, 1960. 1. 5 게재)

지초로 가자

구충당(求忠堂) 이의립(李義立)의 지성(至誠)
"이 땅에 쇠를 주소서"
30 성상(星霜) 후에 계시(啓示) 내려

경주에서 지초를 물으니 그 이름조차 아는 사람이 드물다. 혹시 이름을 들어보았다 해도 직접 가본 사람은 아주 만나볼 수가 없다. 운전기사에게 물으니 평생 처음 들어보는 마을 이름이라면서 오히려 퉁명스럽게 대답한다.

내가 한 40년 전에 두 번인가 지초를 가본 적이 있다. 박제상(朴堤上) 부인의 망부석이 서 있는 치술령(鴟述嶺) 아래에 불과 수십 호가 될까 말까한 아주 초라한 산촌이었다. 마을의 모습이 이처럼 초라하다보니 제 고을에서도 아는 사람이 드문 것인가 보다. 그래 지초가 초라하다면 곡부(曲阜)도 초라하고 예루살렘도 초라할 것이다.

조선조 현종(顯宗) 때의 일이다. 구충당(求忠堂) 이의립(李義立)이란 어른이 이 동네에 살았다. 이 어른이 17세인가 되던 해에 읽던 책을 덮고 정처도 없이 집을 떠났다. 짐이라곤 모자 하나 지팡이 하나 정도였다. 무엇보다 의미를 두고 챙긴 것은 천제문(天祭文) 산제문(山祭文)과 같은 것이었다. 치술령 망부석 제문(祭文)까지 준비했다.

도대체 무슨 일인가. 생각하면 참 알 수 없는 일이다. 당시 이 땅에 쇠(鐵)가 없었다니 무슨 일인가 말이다. 만약 이 땅에 처음부터 쇠가 없었다면 삼국통일 이전의 그 혼란스러운 전국시대(戰國時代)에 철제무기 없이 그 많은 싸움을 어떻게 치렀다는 것인가. 그렇다면 이 땅에서 쇠가 사라진 것은 언제부터였을까. 아무튼 어느 시기 이후부터 쇠가 없어진 것만은 확실하다. 그래서 조선에서는 쇠를 중국으로부터 매해 한정된 분량을 구입해 사용했는데 수요에 비해 턱없이 부족했다는 것이다. 그 공백을 매우기 위해 밀무역상이 활약하기도 했는데 그들은 붙들리기만 하면 목이 베여 압록강 가에 매어 달렸다는 것이다.

그러니 조선 땅에서는 무기도 모자라고 농기구도 부족한 것이 현실이었다. 집 부엌에 쇠로 된 솥을 걸고 살기도 어려웠다. 그래서 구충당 어른은 책을 덮으면서 이 땅도 땅인데 어찌 쇠가 나지 않겠는가고 의문을 가졌다. 그는 반드시 쇠를 찾으리라, 만약 쇠를 찾지 못하면 돌아오지 않으리라고 다짐했다. 그는 밤낮으로 기도했다. "산신님, 쇠를 주소서!" "천지신명이시어, 쇠를 주소서!" "나라를 위해 지아비를 위해 선 채로 돌아가신 망부석 할머니, 쇠를 찾게 도와주소서!" 이렇게 빌고 또 빌었다. 그는 팔도산천을 다 뒤지고 돌아다니면서 발이 닿는 곳마다 산제며 천제를 올렸다. 신명(神明)을 믿는 사람은 신령해지는 법이었다. 처음에 신명은 그에게 황금같이 생긴 돌을 보여주었다.

구충당 어른은 돌 속에 쇠가 들어 있다는 것을 짐작은 했지만 쇠를 분리하여 꺼내는 방법을 몰랐다. 그래서 도리 없이 다시 천제를 모시고 산제를 올렸다. 그랬더니 신명은 제련기술을 일러주었다. 그대로 따라 했더니 유황이 나오는 것이었다. 바라던 쇠가 아니었다. 그래 다시 정성을 드리면서 자신이 찾고 있는 것은 유황이 아니라 쇠라고 외쳤다. 그렇게 몇 해를 고생 고생하며 지내다가 찾아낸 것이 색다른 흙이었다. 이번은 쇠가 틀림없으려니 하고 먼저의 방법대로 제련을 했더니 역시 쇠는 나오지 않았다. 생산되어 나온 것은 쇠가 아니라 비상(砒礵)이었다.

이에 구충당 어른은 끝까지 뜻을 굽히지 않고 다시금 정성을 들이면서 쇠를 구했다. 그런 나머지 지초에서 그리 멀지 않은 달내(達川)에서 마침내 쇠 성분을 발견하게 되고 먼저와 같은 제련법도 적용하기에 이르렀다. 그래서 울산의 쇠부리란 것이 이 땅에 생겨난 것이다. 그것은 모두 계시(啓示)의 도움이었다.

구충당 어른은 30년 만에 자신이 찾아낸 유황, 비상, 철 제조기술을 자세히 적어 나라에 바쳤다. 그것이 바로 현종 때였다. 현종은 크게 칭찬을 하고 숙천부사(肅川府使)로 부임할 것을 권했다. 그러나 구충당 어른은 이에 응하지 않았다. 백성을 다스리는 일은 자신이 일찍이 배운 적이 없다는 것이었다. 그러므로 자신으로 하여금 계속 호미나 낫을 만들어 농사에 도움을 주는 일을 할 수 있도록 해달라는 것이었다. 이에 할 수 없이 나라에서는 달내 철산을 상으로 내려 이 어른으로 하여금 평생 쇠부리를 하며 살다가 떠날 수 있도록 했던 것이다.

시 한 수가 떠오르기에 적어본다.

何地山川無鐵脉　어찌 이 땅과 산천에 철맥이 없겠느냐
求忠夫子奮然行　구충당 어른이 철맥을 찾으려 꿋꿋이 힘쓰니
至誠果是通天地　지극한 정성이 과연 천지와 통하여
利器兵農摠得情　병기와 농기의 이로움이 모두 실상을 얻었네.

5회(『한국일보』, 1960. 1. 6 게재)

용담(龍潭)을 바라보며
창시자 최수운(崔水雲)의 탄생지가 눈앞에
동학(東學)은 계시종교(啓示宗教)
우리 무속(巫俗)에서 유래

마룡골(龍潭)로 가자면 북천 길을 지나 서천(西川)을 건너야 한다. 서천을 건너 마룡골이 속해 있는 현실면(現谷面)을 향해 가자면 현실 쪽 나루터에 금장(金丈)이란 강촌(江村)이 형성되어 있다.

오늘 우리 일행은 마룡골로 가려고 자동차를 달린다. 그런데 어인 일로 강물이 불어 차가 통과할 수 없는 지경이 된다. 마침 눈이 온 뒤라 바람의 기운은 제법 쌀쌀하다. 그런데도 부풀어 넘치는 물결의 빛은 어쩐지 부드럽게 보인다.

나는 문득 지난날을 회상한다. 금장 나루터는 본디 막걸리 좋기로 유명하다. 봄이면 황어(黃魚) 한 철이다. 여름이면 은어(銀魚)가 한 철이다. 사철을 두고 천어(川魚) 서리가 가능한 곳이다. 나는 지금 부드러운 물결을 바라보며 차가운 날씨도 잊고 무럭무럭 이는 천어 서리 생각에 잠긴다.

그러나 천어 서리는 다음 일이다. 오늘은 마룡골을 가야 한다. 그런데 뜻밖에 물이 길을 막고 있으니 어쩌면 좋은가. 서천 상류 지역의 수원지(水源池)가 넘쳐흐르고 있다는 것이다. 까닭이 이렇다보니 별다른 방법이 있을 수 없다. 그 무슨 신통(神通)이나 도술(道術)이 있기 전에는 오늘 마룡골을 보기는 어렵게 되고 말았다.

나는 지금 늙고 병든 몸이다. 그러나 이런 일 앞에서는 패기(覇氣)가 무지개처럼 인다. 꼭 신통이 있어야 보는 것이 아니다. 볼 수 있으면 그것이 곧 도술이다. 마룡골을 가지 않고도 넉넉히 마룡골을 볼 수 있다. 지금 서 있는 자리에서 현실면 일대의 산세를 바라보자. 저기 저 서북으로 보기 좋게 누워 있는 산이 바로 구미산(龜尾山) 줄기이다. 저 산 안쪽이 마룡골이고 거기 있는 연못이 바로 용담이다.

산천만 보고 산천을 아는 것은 아니다. 거기 어떤 인물이 살았으며 어떤 사건이 일어났는가를 알 때 비로소 산천다운 산천을 아는 것이다. 그것 없이는 그냥 흙이요 돌이요 나무요 물일뿐이다. 동학 창시자 수운(水雲) 최제우(崔濟愚)는 우리 근세사에서 가장 걸출한 인물이라는 것은 말하지 않아도 다 아는 일일 것이다. 동학(東學)이란 수운 자신이 지은 이름이다. 가장 정확한 이름을 지어서 붙인 것이다. 상투적으로 유불선(儒佛仙) 삼교(三敎) 어쩌고저쩌고 하는 것은 다 쓸 데 없는 소리이다. 동학만이 살아 있는 표현이다. 수운이 깨달은 진리는 일종의 계시종교(啓示宗敎)로서 유불선과는 다소 거리가 있다. 천어(天語)를 듣는다, 강신(降神)을 한다고 하는 것이 모두 계시종교의 특색을 가지고 있다. 이것은 또한 수운 자신의 표현대로 서학(西學)에서 온 것도 아니다. 이것은 다름이 아닌 바로 우리의 신도(神道) 곧 무속(巫俗)에서 유래(由來)한 것이다.

수운의 글에 안으로 신령이 있고 밖으로 기화가 있다(內有神靈 外有氣化)고 하는 것이 있는데 이는 역시 수운 자신의 대발명이다. 이것으로 미루어 과연 동학의 안목이 위대하다는 것을 알 수 있다. 그리고 당시 수운의 집에는 노비 두 사람이 있었는데 한 사람은 며느리로 삼고 다른 한 사람은 수양딸로 삼았으니 과연 이 사상, 이 확신과 용기가 어디서 왔느냐는 것이다.

여기에 별다른 추론이 개입할 여지는 없다. 다만 수운의 태생과 성장 배경이 작용하고 있을 뿐이다. 수운은 단봇짐을 머리에 이고 동네로 떠들어 온 과부의 소생이다. 환갑과 진갑을 다 지낸 홀아비 근암(近庵) 최옥(崔鋈)의 서자(庶子)이다. 영걸스럽고 특별했던 복술(福述, 수운의 아이 때 이름)은 열 살도 되기 전에 어머니를 여의게 된다. 이와 같은 태생과 성장의 배경이 곧 개혁사상의 싹이 된 것이다.

수운이 태어난 곳은 용담에서 그리 멀지 않은 가정(柯亭)이란 동네였다. 용담은 그 어른 근암의 서재가 있던 곳인데 수운이 득도(得道)한 곳도 여기, 포덕(布德)을 시작한 곳도 여기, 나중에 잡혀서 죽는 걸음에 나선 곳도 여기였다.

나는 일찍이 용담을 지나간 일이 있는데 그때 읊어본 시 구절이 생각난다.

群聖宗風月一家　여러 성인의 높은 풍월로 일가를 이루니
桃紅李白摠韻華　복숭아꽃 오얏꽃이 울긋불긋 피어나는 듯하다
槿花一種靑丘色　무궁화는 우리나라의 꽃
亦是花中一好花　역시 꽃 중에서 가장 아름다운 꽃이다

강선대(降仙臺)

백결선생(百結先生)은 멋쟁이
희로애락을 가락에 실어
거문고 한 곡 타는 거야

신라 자비왕(慈悲王) 때의 일이라고 사기(史記)에 적혀 있다. 그때 백결선생(百結先生)이란 멋쟁이가 살았다. 기록에 따르면 그는 평생 하는 일이 마음이 섭섭할 때나 슬플 때, 혹은 즐거울 때를 가리지 않고 거문고 한 가락을 타는 것으로 응수했다. 사철 누더기 옷을 입고 지내면서도 언제나 싱글벙글 좋은 얼굴로 사람을 대했다.

어느 해 하루는 날이 저물고 바깥의 공기는 싸늘한데 그 마나님이 선생더러 원망을 늘어놓는 것이었다. 다른 집에서는 방아도 찧고 다듬이질도 한창인데 우리 집에는 다듬이질할 옷감도 없고 방앗간에 들여놓을 곡식도 없으니 매미라 이슬로 살자는 것인가 메산이(猿猩類)라 털로 살자는 것인가 도대체 어쩌자는 말씀인가 하고 따졌다. 이때 선생의 거동은 가히 볼만했다. 선생은 태연히 말했다.

> 허허 여보 마누라, 갑갑도 합니다. 옷감도 각색이며 곡식도 각색이지요. 다듬이도 가지가지 방아도 가지가지가 아니겠소. 다른 집에서는 그 집에 맞는 다듬이 그 집에 맞는 방아가 아니겠소. 그럼 우리는 우리 집 다듬이 우리 집 방아로 살림을 살면 되지 않겠소. 어찌 하느님의 속도 모르고 그런 말씀을 하시오. 우리가 남의 집 살림을 대신 살아줄 수 없듯이 남 또한 우리 집 살림을 살아줄 수는 없지 않겠소.

이것이 선생의 대답이었다. 그런데 선생의 말씀이 끝나기도 전에 마나님은 성질을 참지 못하고 그만 내지르고 만다. 도대체 뭣으로 다듬이질을 할 것이며 뭣으로 방아를 찧으란 말씀이냐고 대드는 것이었다. 마나님의 한숨 쉬는 입김이 선생의 위엄서린 수염에 와 닿았다.

백결선생은 집을 나와 느릿느릿 걸어서 강싱이(降仙臺)에 이른다. 당시 지역 주민들은 강선대를 강싱이라고 불렀다. 지금 강선대의 위치를 정확히 알 수는 없으나 강싱이 동네 어디쯤이 아닐까 하고 짐작한다. 어쨌거나 강선대는 백결선생과 관련이 있는 것이 확실하다. 그리고 강싱이 동네는 지금 우리가 아는 낭산(狼山) 일대를 말한다. 낭산 밑에 사는 백결선생이라면 당시에는 모르는 사람이 없었다.

마나님에게 핀잔을 맞은 백결선생은 거문고를 빗겨 안고 방아타령 한 곡조를 탔는데 그것이 유명한 방아타령이다. 백결선생은 당대에 유명한 악사(樂師)였다. 그때 악사라면 그냥 연주가가 아니었으며 실은 화랑을 가르치는 사범(師範)이었다. 화랑의 수련에서 음악은 제일 중요한 과목이었다. 그리고 음악 자체를 모든 도리의 기준으로 삼는 것이 당대의 철학이었다.

내가 일찍이 백결선생의 방아타령 노랫말을 지어둔 것이 있는데 이 기회에 소개하면 다음과 같다.[1]

> 이 방아가 누구 방아냐
> 아침 방아는 잦은모리 방아

---

[1] 범부가 지은 방아타령은 유명하다. 여행기를 신문에 연재할 당시에는 분량을 줄여서 간략하게 적고 있는데 아마 지면의 제약 때문에 그렇게 된 것 같다. 여기서는 그가 처음 발표한 원문을 그대로 소개한다. 김범부, 『화랑외사』(범부선생유고간행회, 1967), 158~159쪽에 처음의 원문이 실려 있다.

잦은모리 방아는 며느리 방아
아버님 진지 어머님 진지
남편의 눈꼴도 사나워라

[후렴]
어어라 우겨라 방아로구나
실기둥 쿵더쿵 찧어나 보세

이 방아가 누구 방아냐
저녁 방아는 중모리 방아
중모리 방아는 큰애기 방아
단오야 추석에 고운 치장
도련님 눈길이 그리워라
[후렴]

이 방아가 누구 방아냐
궂은날 방아는 보시락 방아
보시락 방아는 군음식 방아
할머니 손주에 새 사위랑
벼락떡 고물에 목이 메네
[후렴]

이 방아가 누구 방아냐
때 없는 방아는 우리집 방아
우리집 방아는 둥덩실 방아
물 소리 새 소리 바람 소리
이 방아 두고야 내 못 가네
[후렴]

오릉순참(五陵巡參)

어정어정 거니면
무던한 품이 좋기만…
조화 속에 묘미 있는 능제(陵制)

  오릉은 풍경으로는 특별한 것이 없다. 그러나 어디로 보나 너그러운 품이 그냥 좋기는 하다. 더구나 하늘이 맑게 갠 날 석양에 술이나 한 잔 마시고 어정어정 거니면 콧소리가 절로 날법하다.

  오릉에 대해 황당무계한 전설도 있다. 오체락지(五體落地)니 사릉(蛇陵)이니 하는 따위가 그런 것이다. 전설은 꼭 사리에 맞으란 법은 없다. 그렇지만 이런 것은 어디로 보나 너무 어울리지 않고 지나치다. 따라서 이런 것에 특별히 귀를 기울일 필요는 없다고 생각한다.

  나인들 별 수는 없다. 그런 대로 개인적인 견해를 밝힌다면 이런 것이다. 오릉은 그 중심이 신라 시조인 박혁거세 왕과 알영 왕비(閼英王妃)의 능일 것이다. 맨 앞의 큰 무덤이 왕릉이고 그 뒤로 약간 작은 무덤이 왕비의 능일 것이다. 그 밖의 세 무덤에 대해서는 이렇다 저렇다 말하기가 참으로 어렵다. 다만 이것 또한 개인적인 견해임을 전제로 하고 말해본다면 이런 것이다. 과거에 왕이나 신분이 높은 사람들이 죽으면 무덤에 활이나 칼, 개나 말, 심지어 순장(殉葬)이라고 하여 사람까지 함께 묻었다. 왕과 왕비의 무덤을 제외한 세 무덤에 대해서는 이와 같은 옛 풍습을 원용하여 해석을 내리는 수밖에 없어 보인다.

  내가 보기에 오릉은 능의 생김새에 묘미가 있다. 무덤 다섯이 그냥 아무렇게나 자리 잡은 것이 아니다. 틀림없이 사우맞게(조화롭게) 된 것이다.

그 기준이 무엇이었는지 지금 정확하게 알 수는 없다. 분명 당대인들의 그 어떤 깊은 생각에 따라 그것에 맞는 조화를 연출해낸 것임에 틀림없다. 능과 능 사이의 간격이라든가 둥근 형태라든가 하는 것이 도무지 그냥 된 것이 아니다. 어떤 의도와 계획이 그 속에 숨어 있는 것이 확실하다. 그 비밀을 캐낼 수만 있다면 신라시대의 문화를 이해하는 데 큰 도움이 될 것이라고 생각한다.

우리에게 신라사는 매우 중요하다. 천년 동안이나 지속되었다는 사실 자체가 그렇고 삼국통일의 위업이 달성된 것 또한 우연히 그렇게 된 것은 아닐 것이다. 어쩌면 신라의 건국에서부터 어떤 비밀이 감추어져 있었던 것인지 모른다. 신라의 건국정신을 파악하는 일이 그래서 중요한 것이다.

신라는 백제처럼 부가 넉넉하지 못했다. 고구려처럼 무력이 강하지도 못했고 영토가 넓은 것도 아니었다. 항시 고구려 백제로부터 괴롭힘을 당했고 말갈과 같은 여러 다른 나라의 침략을 받아 나라가 한시도 평온할 때가 없었다. 그와 같은 악조건이었음에도 불구하고 삼국의 통일이 신라 중심으로 되었다는 것은 결코 우연으로 볼 수 없는 것이다.

이 문제는 장삼이사가 모여 앉아 함부로 이러쿵저러쿵 논단할 사안은 아니다. 반드시 높은 안목과 식견을 갖춘 사람에게 물어서 대답을 구해야 할 일일 것이다.

시 한 수가 떠오르기에 적어본다.

儒者大言堯舜典　유가의 위대한 말씀은 서경 요순전에 있으니,
千年揖讓更誰期　천년 왕국을 누가 다시 기약할 수 있으리오.
新羅王道仁無敵　신라에서 백성 다스리는 도리는 어질어 적이 없다더니
神德開元一統基　신덕으로 삼국통일의 기반을 열었구나!

온달성(城)이 어디냐

막걸리 잔(盞) 기울이며 찾으니
바보 온달장군(溫達將軍) 사투(死鬪)의 땅
승패의 결정이란 본디 충성과 용맹만으로 되는 게 아니니

일찍이 광나루(広津) 부근에 온달성(溫達城)이 있다는 말을 들은 적이
있다. 한 번 찾아보았으면 하는 생각을 늘 가지고 있었다. 그러나 평소 만
사에 무심한 나로서 그리 일삼아 찾아나서는 성의는 없었다.

그러나 누구나 알다시피 바보온달이라면 흥미를 끄는 인물이다. 온달성
이 광나루 근처에 위치해 있다는 것은 과연 그럴 법도 하여 더욱 구미가
당긴다. 오늘은 날씨가 좀 차기는 하지만 소한(小寒) 절기라는 것을 감안
하면 그나마 온화한 편이다. 우리 일행은 길을 나서 드디어 광나루에 이른
다. 강 언덕에 나서니 바람이 제법 거세다.

광나루 남쪽에 자그마한 산이 있다. 그 위에 산성 같기도 하고 아닌 것
같기도 한 흔적이 어렴풋이 남아 있다. 온달성이 여기인 것 같기도 하고
아닌 것 같기도 하다. 또 누구 말에 따르면 광나루 건너서 위치한 반월형
(半月形)의 토성(土城)이 거기라고 한다. 이 토성은 무엇보다 규모가 커서
심증이 기울도록 만들고 있다. 우리 일행은 거친 강물을 내려다보면서 하
늬바람을 이기려고 갖은 애를 쓴다. 무슨 승전기(勝戰旗)라도 세울 듯이
토성 위를 한참이나 거닌다. 그러다가 우리는 갈증을 풀기 위해 산성막걸
리 주막을 찾는다.

막걸리 잔을 기울이면서 다시 생각한다. 과연 온달성의 위치는 어디일
까. 남쪽의 산언덕일까, 아니면 북쪽의 벌판 어디쯤일까. 온달장군이 용감

하게 싸우다가 전사한 곳이 과연 어디쯤일까.

다 아는 바와 같이 온달장군은 고구려 평원왕의 사위이며 평강공주의 남편으로서 유명한 일화를 남기고 있는 인물이다. 그는 여러 번 전공을 세워 조정의 두터운 신망을 얻는다. 그 뒤 영양왕 때 자청하여 신라에 빼앗긴 한강 유역의 옛 고구려 땅을 되찾기로 하고 뜻을 왕에게 아뢴다. 그리고 빼앗긴 땅을 회복하기 전에는 돌아오지 않을 것이라고 맹세한다. 그러나 승패는 본디 충성이나 용맹만으로 결정되지 않는 것이다. 온달장군은 싸움에서 패하고 몸은 돌아오지 못한다. 한강 유역의 땅은 영원히 신라의 것이 되고 만다.

온달성은 온달장군이 전사한 옛터를 기려서 붙인 이름일 것이다. 나는 온달장군의 한을 되새겨보면서 마음으로 삼가 조의(弔意)를 표한다.

시 한 구절이 떠오르기에 남긴다.

山城野堞傳溫達　산성과 들성에 온달장군의 이야기가 전하는데
江北江南指點疑　강북 강남을 가리켜 보지만 점점 의혹이로다.
一死寧忘家國恥　한번 죽었다 하여 어찌 국가의 치욕을 잊을 수 있으며,
英雄心事有誰知　그러한 영웅의 심사를 그 누가 알아주리오.

9회(『한국일보』, 1960. 1. 11 게재)

회묘(懷墓)를 보고

사약(賜藥) 받고 남긴 천추의 한
연산(燕山) 생모의 혼은 잠들고
은혜와 원수의 피안에는 무덤만 남아…

나는 일행에게 회묘(懷墓)를 가자고 제안한다. 그런데 그들은 어쩐지 입맛이 당기지 않는 모양이다. 그래서 나는 실없는 푸념을 조금 늘어놓으면서 그러지 말고 일단 한 번 가보기나 하자고 넌지시 유도한다.

말이 오가는 사이에 차는 벌써 동대문을 지나 회묘 입구에 다다른다. 이 동네의 이름인 회기동의 '회'자는 처음은 회묘와 관련이 있는 것이었다. 그런데 지금 회기동(回基洞)의 '회(回)'자는 처음에 사용하던 '회(懷)'자가 아니다. 후세의 민심은 '회(懷)'를 '회(回)'로 바꾸어놓은 것이다. 회묘(懷墓)마저 회묘(回墓)로 쓰기에 이르렀다.

묘가 먼저 있고 그 이름을 따라 마을의 이름이 생긴 것이다. 그런데 세상 민심은 묘한 것이다. 땅에 묻힌 사람은 아무런 힘이 없고 어느덧 세상의 민심은 변해 마을과 묘의 이름마저 바꾸어놓았으니 말이다.

회묘는 연산군(燕山君)의 생모인 윤씨(尹氏)가 묻힌 곳이다. 그는 임금의 얼굴을 긁어 자국을 내고 왕비 자리에서 쫓겨난 뒤 마침내 사약을 받고 이 세상과 하직한다. 그때 피눈물을 닦은 수건과 토해낸 피로 얼룩진 비단옷이 친정어머니인 신씨(申氏)에게 남겨진다. 아울러 자신의 아들이 살아남게 되거든 자신이 원통하게 죽었다는 사실을 알려달라고 부탁한다. 지금 우리는 그의 무덤 앞에 와 있다.

이 무덤이 여기 위치하게 된 것 역시 연산군의 생모 윤씨 자신의 소원에 따른 것이다. 그는 "내가 죽거든 임금의 가마가 지나가는 길가에 묻어다오. 무덤에서나마 거동하시는 모습을 지켜보겠다."고 했다는 것이다. 지금 이곳은 임금의 가마가 조선 태조의 능인 건원릉(健元陵)을 향해 움직일 때 지나가게 되는 길 왼쪽이 되는 것이다.

성종(成宗)은 윤씨가 사약을 받아 마시고 세상을 떠나자 특별히 무덤을 윤씨지묘(尹氏之墓)라고 부르도록 하고 묘지기 두 사람을 지정하여 지키게 한다. 동시에 제사도 잘 지낼 것이며 자신이 죽은 뒤에도 혼을 위로할 것을 명한다. `마침내 윤씨 소생의 아들이 연산군으로 임금의 자리에 오르게 되자 무덤은 회릉(懷陵)이란 칭호를 얻는다. 후일 연산군이 임금의 자리에서 내려오게 되자 '회(懷)'는 '회(回)'가 된다.

지금 무덤은 잘 보존되어 있다. 석물도 잘 지켜지고 있다. 그저 고마운 생각이 간절하다. 나는 주변을 어정거리면서 시 한 수를 읊어본다.

용안(龍顔)에 금이 지다니
철없는 손톱이
초조한 여인은 제왕을 잊었어라
사랑이 원수어니
원수가 사랑이어니
원수로 사랑
피는 미쳤어라
향기롭지 못한 조개껍질 속에
진주가 빛나더라고
어지러운 피 물결 속에
빛나는 질투심
왕비도 잊어 죽음도 잊어
삶은 잠깐
죽음은 영원히
그저 꿈이
꿈자리도 사나워

10회(『한국일보』, 1960. 1. 12 게재)

장의사(壯義寺) 옛터를 찾으니

싸움 때마다 신병(神兵)을 몰아
충성을 다하여 나라의 은혜에 보답한 화랑의 넋

오랜 세월 흐른 뒤에도 장(壯)한 의(義)의 기개가

장의문 밖을 나가 세검정 옆길을 돌아가면 그 끝에서 가장 반가운 건물
과 마주친다. 이 나라 건국 일꾼들을 길러내는 초등학교가 영예로운 장의
사 옛터에 서 있는 것은 과연 그럴 듯한 일이다.

삼국유사에 보면 장의사(壯義寺)라고 했는데 여지승람(輿地勝覽)에는
장의사(藏義寺)로 되어 있다. 후세 사람들이 잘 해보자고 한 일 같은데 과
연 그렇게 된 것인지 쉽게 동의하기 어렵다.

태종(太宗) 무열왕(武烈王)의 꿈에 탄탄하게 생긴 장사 두 사람이 앞에
와 섰는데 한 사람은 장춘랑(長春郎)이고 다른 한 사람은 파랑(罷郎)이라
했다. 그들은 일찍이 신라가 백제를 칠 때에 황산(黃山, 지금의 連山) 전투
에서 전사한 군인들이라고 했다. 비록 세상을 떠난 귀신일지라도 호국(護
國)의 일편단심으로 왕의 곁을 맴돌고 있다는 것이었다.

당시 신라군은 평소에 훈련이 매우 잘 되어 있었다. 그래서 전쟁이 일어
나면 언제나 진충보국(盡忠報國)의 정신으로 싸움에 임해 이기기를 거듭했
다. 그런데 황산벌 전투는 너무도 치열하여 전선이 쉽게 뚫리지 않아 신라
군은 나당연합 작전회의에서 약속한 날짜보다 만 이틀 늦게 사비성에 도착
하게 되었다. 이에 당의 총사령관 소정방(蘇定方)은 신라군에게 책임을 따
지려고 했던 일이 있다.

무열왕은 꿈에서 깨어난다. 대왕은 아무리 꿈이라고 하지만 무언가 마
음에 와 닿는 것이 있어 가까운 신하들에게 자신의 꿈 이야기를 털어놓는
다. 그랬더니 과연 장춘랑과 파랑이란 두 화랑이 황산벌 전투에서 희생된
사실이 있었음이 밝혀진다.

오랜 세월이 흘렀음에도 불구하고 지금 나는 그날의 영웅들을 만나는
듯하다. 당시 대왕의 마음은 어떠했을까. 대왕이 흘리는 눈물과 그 앞에
버티고 서 있는 두 장사의 기개가 눈에 선하다.

대왕의 명에 따라 이 자리에 장의사가 들어서게 된다. 의(義)를 장(壯)하게 여긴다는 의미인데 물론 왕의 뜻이 담긴 것이다. 그래서 나는 반드시 장(藏)은 못하고 장(壯)이 낫다고 말하려는 것이 아니다. 다만 왕의 정성이 담긴 사연이 있으므로 후세 사람들이 보았을 때 다소 마음에 들지 않는 데가 있더라도 쉽게 고칠 생각을 하는 것은 무리임을 지적해두는 것이다.

이 절이 폐지되어 중이 없는 절이 된 것은 아마 연산군 때일 것이다. 통일의 대업을 이룩한 태종 무열왕이 세운 절을 이치에 맞지 않는 일을 많이 저지른 연산군이 폐지했다는 것은 역사의 아이러니가 아닐 수 없다. 지금 절터에 초등학교가 서 있는 것은 그럴 듯하게 보인다. 대왕의 영령(英靈)이 이것을 보면 만족하게 여길 것 같다.

입에서 시가 흘러나오기에 적어본다.

> 나라는 죽음이 없다
> 하늘이 하늘인 바에
> 나라도 하늘이사
> 나라는 화랑이요
> 화랑은 나라니라
> 화랑의 나라
> 나라의 화랑
> 하늘 함께
> 나라 함께
> 화랑은 영원히
> 저는 장춘랑입니다
> 저는 파랑입니다
> 영원히 하늘
> 영원의 나라
> 영원히 모시오리다
> 영원히

부록

회상기(回想記)

범부를 추억하며

1. 해설

범부사상의 핵심 내용이라고 할 수 있는 신라학, 풍류정신, 건국철학 등을 계승한 학자는 여러 사람을 꼽을 수 있다. 1966년 12월 10일 범부가 세상을 떠났을 때 서울과 지방의 여러 신문들에는 그의 죽음을 슬퍼하고 업적을 기리는 글들이 실렸다. 그 가운데 특히 눈에 띄는 것이 당시 서울대학교 교수였으며 문화재위원장으로 활동하던 김상기의 글이었다. 『한국일보』(1966년 12월 15일)에 실린 그의 글은 "곡, 범부 선생"이라는 제목 밑에 "고결한 정신, 해박한 지식; 불전, 역학에 독성의 경지; 일제 탁류 피해 사찰 찾아"라는 부제를 달고 있었다. 범부와 김상기는 특히 동학사상을 중심으로 많은 대화를 가졌던 것으로 알려져 있다.

다음으로 간절하고 절절한 글을 쓴 것은 다름 아닌 황산덕이었다. 황산덕은 당시 서울대학교 교수였으며 동시에 『동아일보』 논설위원이었다. 『동아일보』(1966년 12월 15일)의 지면에 실린 그의 글은 "김범부 선생의 영전에"라는 제목 밑에 "방대했던 동방학의 체계"라는 부제가 붙어 있었다.

황산덕은 여러 글과 책에서 자신의 스승이 범부라는 것을 밝혔다.『경향신문』(1966년 12월 17일)에는 이항녕의 글이 나타났다. 이항녕의 글은 "현대를 산 국선: 김범부의 인간과 사상"이라는 제목을 달고 있었다. 이항녕은 당시 고려대학교 교수였으며 동시에 『경향신문』의 논설위원직을 겸하고 있었다.

그밖에도 범부의 죽음을 애도하고 추모하는 글이 경향각지에서 수 없이 많이 나타났다. 모두가 특색 있는 문장이었고 범부의 사상을 부분적으로나마 잘 대변하고 있었다. 그러나 그 글들은 추도사의 형식과 신문 지면의 제약 때문에 개인적인 회상이나 추억담을 담기에는 한계가 있었다. 한편 나는 이 책의 부록에서는 좀 더 길고 자세하고 개인적인 추억담이 담긴 회상기가 필요하다고 생각했다. 그것이 이 책의 독자를 위한 서비스라고 생각했던 것이다.

그래서 조금 힘든 노력의 과정을 통해 발굴한 것이 김동리, 서정주, 이종후의 글들이었다. 우선 뽑아본 것이 이들이 남긴 6편의 회상기였다. 더 많고 좋은 회상기가 어디엔가 숨어 있을 수 있지만 조그만 범부 연구자라고 할 수 있는 필자의 눈에 지금 당장 들어온 것이 이 정도였다는 점을 말해두고 싶다.

김동리(소설가, 서라벌예대 교수)의 글 2편은 내용이 과연 획기적이다. 그는 범부를 일컬어 가끔 '형님'이라고 부르기도 했지만 주로 '백씨'라고 했다. '내 백씨는' '나의 백씨로 말할 것 같으면'이라고 했던 것이다. 동리에게 범부는 혈육이자 스승이었다. 그러니 둘 사이의 교감이란 남다른 것일 수밖에 없었다. 같은 아버지 어머니 밑에서 태어났지만 16년의 나이 차이가 있었다. 동리는 자신과 범부와의 일체감을 나타내는 내용을 표현하면서 다음과 같은 글을 남기기도 했다.

그해 겨울을 나고 그 이듬해(1942년 – 필자) 2월이 되니 이번에는 경남도 경찰국에서 또 백씨를 연행해 갔다. 역시 독립운동 운운이었다. 이번에도 6개월 가량 구속되어 있다가 그대로 석방되었다. 나의 병세는 형님의 구속과 석방에 따라 묘한 반응을 보여주었다. 형님이 경기도 경찰국에 구속되어 있는 동안(1941년 – 필자) 갈비뼈 밑이 찌릿하게 아프고, 목구멍에서 무엇이 넘어오던 병세는 그해 가을 형님의 석방과 함께 씻은 듯이 나았다가 이듬해 봄에 형님이 경남 경찰국으로 잡혀가는 것과 동시에 이번에는 다시 기침이 나기 시작했다. (김동리, 『나를 찾아서』(민음사, 1997) 중에서)

다음으로 소개하는 서정주(시인, 동국대 교수)의 글 2편 역시 눈을 크게 뜨고 볼만한 것들이다. 서정주는 젊어서부터 범부의 사랑을 출입하던 제자 가운데 하나였다. 서정주는 평소에 신라정신을 좋아했고 연구의 주제로 삼아 몰두하기도 했는데, 그것은 범부의 신라학, 풍류정신과 관련이 있는 것이었다. 1966년 12월 중순이었다. 서울에 눈이 많이 내리던 어느 날 조계사에서 범부의 영결식이 진행되었을 때 서정주는 조시를 지어 와서 펑펑 울면서 읽기도 했다. 서정주의 또 다른 글에 보면 자신과 범부의 초기 관계를 나타내는 흥미로운 장면이 나와 있기도 하다.

1933년 가을의 어느 날 오후 두 시쯤, 열아홉 살의 소년인 나는 정동의 어떤 서양인 영사관 뒤 풀밭 언덕에 놓인 쓰레기통 옆에 우두커니 주저앉아서 내려쬐는 연연한 햇볕에 불그레 흥분되어 있었다. 어깨에 메고 다니던 무거운 넝마주이 바구니를 잠시 내려놓고 쉬며 골통대에 담배를 쟁여 피우고 있었는데… 가야금 꾼이었던 내 친구 배미사와 같이 범부 선생(동리의 백씨)을 찾아가서 그동안 지낸 이야기와 그 소감을 말씀드렸더니 역시 깔깔거리고 웃으시면서, "그만큼 해 봤으면 됐다." 고 하시고 미사와 같이 나를 어느 선술집으로 이끌어, 내가 취하는 걸 말리지 않았다. 선생은 겉으로 웃으셨지만 쓰레기통 옆의 내 모양을 상상하곤 거기서 막다른 길에 든 한국 사람의 한 상징을 느끼고 있는 것 같아 내 마음은 마음이 아니었다. 그는 그의 그런 느낌을 얼마 뒤 한 수의 시로써 미사를 통해 내게 보여 주었다. (서정주, 『나의 문학적 자서전』(민음사, 1975) 중에서)

이종후(철학자, 영남대 교수) 역시 젊어서부터 범부의 사랑을 출입하던 제자 가운데 한 사람이었다. 한때는 범부의 집에서 함께 생활하기도 했으며 두 사람은 마치 아버지와 아들 사이인 것처럼 보였다. 사실 친 아들보다 더 가까운 사이였다고 보아도 무리는 없을 것이다. 두 사람은 살아있는 동안 학문적으로나 인간적으로 너무도 친밀한 사이였다. 지금 남아 있는 범부의 여러 저서에 한 쪽 분량으로 실려 있는 범부의 연보는 모두 이종후의 손에서 준비된 것으로 알려져 있다. 이종후는 자신감에 넘치고 힘찬 문장으로 자신의 스승을 소개하는 글을 여러 편 남기고 있는데, 그 가운데는 첫 만남을 표현하는 다음과 같은 대목이 발견되기도 한다.

나는 그(이정호 시인, 이종후의 초등학교와 중학교 2년 후배 – 필자)에게서 사천 다솔사라는 절 아랫마을에 김범부라는 천재적인 철학자가 우거하고 있다는 말을 듣고, 그와 함께 곧 다솔사엘 가 그분을 만나보기로 하였다. 이리하여 나는 역사상의 인물과의 '만남'이 아니라 현존하는 인물과의 '만남'을 비로소 경험하게 되었거니와, 이 '만남', 즉 사제 간의 연분이 맺어지는 이 운명적인 '만남'은 나의 청춘시절뿐만 아니라 나의 전 생애에 있어서 아마 가장 의미 심중한 사건일 것이다. 그와의 초대면에서 받은 첫인상은 진실로 업도적인 것이었다. 그의 검붉은 안광, 그다지 밝지 못한 얼굴의 표정(그는 수십 년 포병살이를 하고 있다고 말했다), 격렬한 어조와 확신에 찬 담화, 40을 약간 넘긴 이 중년 선비의 몸과 몸짓 전체로부터 어떤 신기한 천재성이 발산하고 있었다. 그의 풍격은 불교적 도인의 그것도 아니오, 유교적인 도학자의 그것도 아니었다. 그리고 또 서적의 산더미 속에 파묻혀 사는 현대적 학구형의 그것도 아니었다. 그의 풍격은 니체의 초상에서 인상 받는 바와 같은 그러한 천재적 · 시인적 사상가의 그것이었다. 나는 그의 음영 짙은 풍모에서 내가 가슴 속에 안고 있는 사상적 번민과 동질적인 번민의 잔영을 볼 수 있었다. (이종후, 「나의 구도의 길(一)」, 『철학회지』, 제1집(1974) 중에서)

자, 이제 해설은 여기서 끝내는 것이 좋을 것 같다. 지금부터 김동리, 서정주, 이종후의 회상기를 직접 만나보기로 하자. 그들의 다정하고 영감에 차 있는 목소리에 귀를 기울여보자.

2. 회상기(回想記)

1) 백씨(伯氏)를 말함

김동리(金東里)
김정설, 『풍류정신』(정음사, 1986) 게재

이번에 정음사에서 조흥윤 교수(동사 편집위원)의 헌신적 노력으로 내 백씨(凡父 先生)의 문장을 모아 책으로 내게 되었다. 나로서는 무어라고 말해야 좋을지 모를 만큼 고맙고도 감격스러운 일이다.

내 백씨는 통칭 '전설적 인물'로 되어 있다. 그 연유를 다 밝힐 수는 없지만 가장 중요한 것이 직접 만나 담화를 통해서 들으면 동서고금에 모르는 것이 없다 할 정도로 해박한 지식이랄까, 그보다 아주 도통한 도인 같은 분인데, 그러면서도 내세울 만한 저서가 한 권도 없다는 것이다. 백씨 저서로 나와 있는 『화랑외사』도 기실은 백씨의 이야기를 듣고 조진흠 군이 받아 써서 만들어 낸 책이다.

백씨는 왜 저서를 가지지 않았던가. 이에 대해서 한 가지만 말해두고 싶은 것은, 백씨가 의도적으로 책을 내지 않겠다는 방침이나 신조를 가졌었기 때문이 아니라는 것이다. 일부에서는 모든 '있음(有)'의 의의를 인정하지 않았기 때문에 저서라는 이름의 '있음'도 취하지 않았다고 보는 이도 있지만 그것은 이유의 5퍼센트 정도 밖에 차지하지 못할 것이다. 제대로라면 책을 내어야만 한다고 믿고 있었던 것이다. 그것은 나에게 뿐 아니라 여러 사람에게 그렇게 말했던 것으로 안다. 말만 했을 뿐 아니라, 당신이 앞으로 내고자 하시는 주저(主著)는, 지금까지 있어 온 동서 철학들을 총정리 할 수 있는 새로운 형이상학(metaphysics)이라고 하였다. 그것은 불교의 무(無)와 주역의 '태극'을 종합적으로 지양하는 것이라 하였다. 그래서 '무와 태극'이라 이름할까 한다고도 했다.

여기서 그 당시 백씨의 토요강좌에 참여했던 분은, 내가 위에서 언급한 '불교의 무'란 말을 의아스럽게 생각할지 모른다. 그것은 환도 후 백씨가, 건국대학 부속기관인 동방사상연구소 주최의 토요강좌에서 주역강의를 두 해 가량 해서 끝낸 뒤 역(易)과 화엄경의 비교 연구로 들어가 강좌 개설 후 얼마 되지 않아 발병으로 작고하셨기 때문에 이로 미루어 '불교의 무와 주역의 태극'이 아니고, '주역의 태극과 화엄경의 무애(無碍)'가 아닌가 할지 모르기 때문이다. 그러나 그렇지 않다. 화엄경의 무애가 불교의 무 전체는 아니기 때문이다. 강좌에서는 일단 화엄경의 무애를 다루려 했지만, 저서에서는 보다 더 통괄적인 '불교의 무'였을 것으로 안다. 그밖에도 저서 명칭을 '무와 율려(律呂)'로 생각한 일도 있다. 여기 '율려'란 주역의 음양 현상을 가리킨 것이므로 결국 태극 속에 포함될 성질이다.

그러면 '제대로 할 수' 없었던 것은 무엇이며 무엇에 기인하는가, 이에 대해서 내가 백씨로부터 직접 들은 바는 '여건이 되지 않아서'라는 말뿐이었다. 그 '여건'이란 무엇이던가, 백씨는 그냥 집필할 만한 서재도 마련되어야 하고, 관계서적도 다 준비되어야 하는데라고만 했다. 그래 백씨의 친구들 가운데는 '서재 마련'과 '관계서적 준비'를 위해 걱정들을 했고, 성의껏 협력하겠다고도 했다.

그러나 더 중요한 '여건'은 그것이 아니지 않았을까 생각한다. 내 나름대로 생각하는 바를 말할 수 있다면, 첫째는 상황이 허락되지 않았고, 둘째는 건강에 자신이 없었고, 세 번째가 그 서재와 관계서적 문제였을 것이 아닐까 한다. 이보다 덜 중요한 여건들은 생략한다.

그러면 첫째의 '상황이 허락되지 않았다'함은 무슨 뜻인가. 8·15 이전은 일제 식민지였기 때문에 그 문제에 계속 마음을 써야 했고, 8·15 이후는, 국토분단·좌우투쟁의 현실이 또한 그렇게 되어 있지 않았을까…. 이렇게 말하면, 성급한 사람들은 저항을 느낄 것이다. 그 문제는 그 문제고, 이 문제는 이 문제가 아니냐고. 그러나 백씨를 좀 더 깊이 아는 사람이라면 '그 문제'와 '이 문제'가 백씨의 행동요강 속에서는 별개일 수가 없었다고 짐작될 것이다. 그것은 백씨가 어릴 때에서 스무 살 가까이 될 때까지 완전히 유교 속에 있었고, 유교에 철(徹)해 있었기 때문이다. 그냥 유교를 배우고 누구의 지도를 받아 그것을 실천하는 데 그치지 않고, 거기 '철'하게 된다면, 유교의 인의예지신이나 효제충신 따위가 그냥 윤리도덕에 그치지 않고 형이상학과도 연결이 된다는 것을 알게 된다. 사람이 참으로 사람다운 길을 올바로 깨닫고 지성으로 지키고 나아간다면 그것이 곧 하늘의 길로 통하므로, 이로써 사람도 하늘에 통할 수 있다 하는 경지인 것이다. (『中庸』第二十二章 참조) 극락이나 천당을 따로 내세우지 않던 유교에서는 현실과 일상 속에서 사람으로 행할 수 있는 최상의 길을 최선을 다하여 지성껏 지키고 나아간다면 그 '현실과 일상'이 곧 하늘로 통한다는 유교 특유의 형이상학이요 구제론이기도 한 것이다.

그 당시 백씨는 일제 식민지란 상황에서 일제를 물리치고 나라를 찾는 것이 현실과 일상 속에서 사람으로 행할 수 있는 최선의 길이라 믿고, 그 길을 지키고 나아가기 위해서 어떻게 하면 최선을 다하고 지성껏 행하는 것일까에 대해서 깊이 고민했던 것으로 안다. 그것이 간접적으로나마 작용하여 두 차례나 경찰에 구금을 당하고 계속 가택수색을 당하고 파산이 되고 했던 것이다. 백씨는 그 일을 젖혀 두고, 자기 글을 쓰는 일이 사람으로서 취할 수 있는 최선의 길이요 지상(至上)의 길이라고 볼 수 없지 않았을까? 유교에 철한다 함은, 유교의 철저한 실천과 행동의 사상이 몸에 배었다는 뜻이기 때문이다.

8·15 이후도 마찬가지였다. 국토분단과 좌우투쟁이 벌어져 있는 현실과 일상을 젖혀 두고 자기 저서에 몰두한다는 것이 사람으로서 행할 수 있는 최선의 길이요 지성을 다하는 길인가 역시 고민했을 것이다. 그만큼 유교사상이 체질화되었던 것은 아닐까?

여기다 건강에도 충분히 자신은 없었고, 현실적 준비도 마련되지 않았고, 그래서 강좌나 맡고 좌담 형식으로 술회를 풀고 술을 마시고 했던 것이 아닐까. 이는 물론 모두 나의 추측에 지나지 않는다.

이 밖에 내가 백씨에 대해서 남에게 들은 것은 열두 살에 사서삼경을 떼었다고들 했고, 열 살쯤 되었을 때부터 신동으로 온 고을에 알려졌었다고 하고, 평생 동안 도장이란 것을 몸에 지니고 다닌 일이 없었다 하고, 칸트탄신 이백주년(1924년) 기념으로 서울 YMCA 강당에서 칸트철학에 대한 강연을 가졌던 것이 스물 여덟 살의 청년 때였다는 것들이다. 이 밖에도 백씨에 대한 전설적인 이야기는 너무나 많지만 생략하기로 한다.

이와 같이 전설적 인물로 통해 있는 백씨지만 그렇다고 집필을 전혀 하지 않았던 것은 아니다. 주저는 '여건관계'로 손대지 못하고 말았다고 하겠지만, 간혹 아는 이들의 권고로 집필한 일이 두세 차례 있는 것으로 안다.

그 하나는 한국일보에다 당시 그 신문의 주필 겸 편집국장으로 재직했던 석천(昔泉) 오종식(吳宗植) 씨의 권고로 「최제우론(崔濟愚論)」을 연재했었고, 또 하나는 경향신문에다 그 신문 주필로 재직 중이던 이항녕(李恒寧) 씨의 권고로 「췌세옹(贅世翁) 김시습(金時習)」을 소설체 전기랄까, 전기체 소설이랄까 그렇게 연재를 하다가 끝내었는지는 잘 기억되지 않는다. 이 밖에도 또 어디멘가 짧은 것을 쓴 것 같은데 기억나지 않는다. 이번에 정음사에서는 이런 글들을 모아서 책으로 낸다는 것이다.

이 밖에 한시(漢詩)가 백 수 가량 되는 줄 아는데 이것도 아직 수집이 되지 않고 있다.

비록 주저는 아니지만 백씨가 친히 집필했던 문장들인 만큼, 이것을 통해서도 백씨의 한많은 인생과 뛰어난 직관력은 어느 정도 엿볼 수 있지 않을까, 전설적 인물에서 실제적 인물로 조금씩 안개가 걷혀지지 않을까 자못 기대가 크다.

끝으로 정음사의 최동식 사장과 조흥윤 교수에게 머리 숙여 고마움을 표하는 동시, 동사(同社)의 발전을 빌며 붓을 놓는다.

다시 한 번 끝으로 천계(Deva)에 계실 백씨에게 부처님과 천지신명의 애고(愛顧)가 있으시길 빈다.

2) 백씨 범부 선생 이야기

김동리(金東里)
김동리, 『나를 찾아서』(민음사, 1997) 게재

내가 어릴 때 들은 옛이야기 가운데 도인(道人)이니 이인(異人)이니 하는 말이 자주 나왔다. 때로는 도사(道士)라고도 했다.

"도인이 뭐꼬?"

"도 통한 사람 아이가?"

"도 통한다는 게 뭔 말이고?"

"뭐든지 모르는 게 없는 사람이라."

"그라면 이인하고 같은 기가?"

나의 연속적인 질문에 자형은 그냥 고개를 끄덕였다. 어쩌면 좀 다를지 모른다고 자형은 속으로 생각했는지 몰랐다.

곁에 있던 시악아제가, "모르는 게 없을 뿐만 아니라, 금 나오노라 카먼 금 나오고, 떡 나오너라 카먼 떡 나오고, 뭐든지 맘대로 되는 기라."

이렇게 도인이니 이인이니 하는 말에 풀이를 거들었다. 시악아제는 나의 외가 쪽 아저씨뻘 되는 이로 글은 못 배웠지만, 속에는 육조 벼슬이 다 들었다고 일컬어지던 위인이었다.

나는 그때부터 도인이니 이인이니 하는 것에 대한 꿈이 깃들여지기 시작했던 것이 아닐까 생각한다. 무소부지(無所不知)와 무소불능(無所不能)의 인간, 그러한 인간이 세상에 있을 것이라고 나는 꿈을 기르기 시작했던 것 같다.

내가 이러한 반신적(半神的) 인간이 지상 어디에 반드시 있을 것이라고 믿게 된 계기는 이밖에도 또 한 가지가 있었다. 그것이 내 백씨(범부 선생)였다.

나는 백씨가 지상에 있었던 두드러진 천재의 한 사람이라고 믿고 있다. 그에게 만약 그의 천재를 뒷받침할 만한 건강과 의지와 그리고 기회가 주어졌던들 공자나 기독에 준하는 일이라도 할 수 있지 않았을까 생각한다.

그에게 인생과 우주의 근본이랄까 원리랄까 그런 것에 대해 묻는 사람이 있으면, 그는 언제나 즉석에서, 동서의 모든 경전을 모조리 소화시킨 듯한 차원에서, 직관적인 사례(事例)로 대답을 하곤 했던 것이다. 이것은 그의 강좌 따위에 참석했던 모든 사람들의 기억 속에 지금도 생생히 남아 있는 것으로 안다.

백씨가 도무지 막히는 게 없다고 소문이 돌자 한 강좌에서 누가 우문(愚問)이랄까 하는 그런 질문을 했다. 해마다 겨울이 되면 대한(大寒)보다 소한(小寒)이 더 춥던데, 왜 그렇냐는 것이었다. 거기에 대해 백씨는 곧장 젊은 추위가 늙은 추위보다 더 추워야 하지 않겠냐고 대답하여 박수가 터져 나왔다고 한다.

그러면서 백씨는 아무것도 이루어놓은 것이 없다고 하면 좀 지나친 말이 될지 모르지만, 그를 알던 사람들은 항용 그렇게들 표현하고 있는 것이 사실이다. 그 좋은 머리와 박학한 지식에 저서라도 남겼으면 오죽 좋으랴 하고 모두 애석해한다. 지금 『화랑외사』란 이름으로 남아 있는 책자도 백씨가 손수 집필한 것이 아니고, 구술(口述)한 것을 제자 조진흠(趙璡欽) 군이 받아써서 원고를 만들었던 것이다.

백씨가 의도적으로 책을 내지 않겠다는 방침이나 신조를 가진 것은 아니다. 일부에서는 모든 '있음'의 의의를 인정하지 않았기 때문에 저서라는 이름의 '있음'도 취하지 않았다고 보는 이도 있지만, 그것은 이유의 작은 부분에 지나지 않는다. 제대로라면 책을 내어야 한다고 나에게 뿐 아니라 여러 사람에게 그렇게 말했던 것으로 안다. 말만 했을 뿐 아니라, 당신이 쓰고자 하는 책의 주저(主著)는 지금까지 있어온 동서양의 철학을 총정리하는 새로운 형이상학이라고 밝히기도 했다.

그렇다면 '제대로 할 수' 없었던 것은 무엇이며 무엇 때문일까? 이에 대해 내가 백씨로부터 직접 들은 바는 '여건이 되지 않아서'라는 말뿐이었다. 그 여건이란 무엇이던가? 내 나름대로 생각하는 바를 말한다면, 첫째는 상황이 허락되지 않았고, 둘째는 건강이 안 좋았고, 셋째가 관계 서적 문제였을 것이다.

그러면 첫째의 상황이 허락되지 않았다 함은 무슨 뜻인가? 간단히 말해 해방 이전은 일제 식민지였기 때문에 현실과 일상 속에서 사람으로서 행할 수 있는 최선의 길은 일제를 밀어내고 나라를 찾는 일이었을 것이다. 그래서 두 차례나 투옥되고 수시로 가택 수색을 당했다. 8·15 이후는 국토 분단과 좌우 투쟁의 현실이 그로 하여금 일상을 젖혀두고 자기 저서에 몰두하지 못하게 만들었을 것이다. 그래서 강좌나 맡고, 좌담 형식으로 술회를 풀면서 술이나 마시면서 한 세월을 보낸 것이 아닌가 그렇게 생각한다.

내 조카사위 진교훈(秦敎勳, 서울대 철학과) 교수가 『대중불교』지의 근세거사열전(近世居士列傳)에 쓴 글을 빌려 백씨 이야기를 마무리하고자 한다.

나는 개인적으로는 막내사위로 범부 선생님을 아버님이라고 부르는 터이나, 범부 선생님은 그를 존경해 마지않는 모든 사람의 아버지가 되실 분이다. 그래서 사람들은 언제부터인가 그 어른을 '범부(凡父)'라고 부르게 된 것이 아닌가 싶다.

그는 네 살 때부터 열세 살까지 김계사(金桂史) 선생으로부터 사서삼경을 배웠다. 그 후 선생 없이 노장(老莊)과 불서(佛書)를 독파하였다. 열여섯 살에 병약한 몸으로 일제에 항거하여 경주 남문에 격문을 붙이기도 했다. 그는 뜻을 이루기 어렵게 되자 산사(山寺)에 들어가 『월남망국사(越南亡國史)』를 읽고 통분하면서 병서(兵書)를 읽기도 했다. 열아홉에 육영사업회인 백산상회의 장학생으로 도일(渡日)하여 여러 대학에서 청강도 하고, YMCA에서 영어와 독일어를 배우기도 했다. 특히 동서 철학의 비교 연구에 몰두했다. 그는 당시 일본의 유명한 협객인 도야마 미즈루에게서 존경받는 인물이었다. 당시에 한국인으로는 최두선(崔斗善)·홍명희(洪命憙) 등 많은 뛰어난 재사들이 일본에 와서 수학했으나, 가장 출중하여 영남 제일의 천재라는 명성을 얻었다고 한다.

그는 스물다섯 살까지 일본에 체류했다. 동서양의 철학은 물론 문학, 사회과학을 두루 섭렵하였다. 스물다섯 살에 귀국하여 현 동국대학교의 전신인 불교중앙학림에서 강의했다.

그 후 병을 얻어 요양할 겸 부산 동래에 칩거하여 경사자집(經史子集)과 불서 등을 연구했다. 소장하셨던 책들은 현재 영남대학교 도서관 범부 문고실에 보관되어 있다.

미당 서정주가 아버님을 처음 뵈었을 때의 인상과 풍모를 적어놓은 글에 이런 구절이 있다.

내가 그 어른과 처음 만난 것은 1934년 정월인가 2월, 그의 나이는 이미 서른여덟 살이 되어 있었는데, 겨울인데도 그는 아직 옥양목의 하이얀 홑두루마기를 걸치고, 카이젤식의 콧수염 밑의 그 호한하게 단단히 흰 두 줄 이빨은 늘 여유도한 소리 없는 웃음만을 풍기고 있었다. 그는 내가 이 세상에 태어나서 사귀어본 모든 존장자(尊長者)들 가운데서는 제일 훤출한 미남이고, 또 가장 시원스런 호장부였던 것 같다. 그의 두 눈의 그 기이다랗던 속눈썹을, 그 안에 늘 번개치던 결의적(決意的)인 동자가 유난히 크고 빛나던 두 눈을, 그 위의 그 활등같이 두루 잘 굽은 눈썹을 딴 선배의 모습에서 나는 쉽게 찾을 수가 없다. 그러나 내가 지금도 안 잊히는 것은 그런 그의 외모 때문은 아니다. 그의 그런 천진한 소년풍의 외모 속에 들어 있어 때로 조용한 때 새어 나오던 그의 학문과 인간에 대한 넓고 깊은 이해 때문인 것이다.

서른여덟 살 때 다솔사에서 후학을 가르치기도 했는데, 이때 일본 대승(大僧)들과 대학 교수 40명에게 청담파(淸談派)의 현리(玄理) 사상을 일주일간 강의하여 일본에서도 명성이 높았고, 그 후 일본 사람들의 주목을 받게 되었다.
1945년, 해방이 되자 부산에서 곽상훈(국회의장 역임)·김법린(동국대 총장 및 문교부장관 역임)·오종식(언론인) 등과 함께 일오구락부(一五具樂部)를 조직하여 건국 방책에 대한 강좌를 열었다.
1948년 서울에서 경세학회(經世學會)를 조직, 건국 이념에 대한 연구 및 강의를 하였다.
1950년, 동래구에서 2대 민의원으로 당선되고, 1955년에는 경주 계림 대학 초대 학장으로 취임했다.
1958년, 건국대학교에서 정치철학 강좌를 담당하면서 동시에 동 대학교 부설 동방사상연구소 소장으로 취임, 역학 및 한국 사상의 특유한 오행사상(五行思想)과 음양론을 3년간 강의했다. 이때의 수강자로는 황산덕(黃山德)·이항녕(李恒寧) 등이 있다.
1962년, 『건국정치의 이념』을 저술했으며, 1963년에는 오월동지회의 부회장으로 취임하여 박정희 대통령에게 국정 자문을 하기도 했다.

1966년 12월 10일, 향년 70세를 일기로 하여 간암으로 영면하였다.
사람들은 아버님을 두고 『화랑외사』에 나오는 백결 선생을 연상하기도
하고, 또 매월당(梅月堂) 김시습(金時習)을 연상하기도 한다.

나는 아버님을 가까이 모시면서 살아 있는 신선 같은 분이라는 느낌을
가졌다. 그는 도무지 무엇에 구애를 받지 않고 사신 듯, 늘 옥골선풍
(玉骨仙風)의 풍모를 하고 계셨다. 그 분을 뵈올 적마다 신선도에서나
볼 수 있는 신선이 산수 좋은 곳에 정자를 짓고, 거문고를 타거나 시를
읊거나 차를 마시면서 만권 서책을 두루 읽으며 사는, 유유자적하는 모
습과 방불하다고 느끼곤 했다.

누구든지 그 분 앞에서는 옷깃을 여미고 그 분의 말씀과 그 신선풍미에
도취하고 말았다. 문자 그대로 무불통지라고 말해도 좋을 것 같았다.
그 분은 사람으로서 알 수 있고, 생각할 수 있는 것이면 그 무엇이건
다 알고 있는 것 같았다. 불자(佛子)를 만나면 선과 수행에 관해서 말
씀을 나누셨고, 유자(儒子)를 만나면 경전(經典)을 말씀하셨고, 가톨릭
신부와 만났을 때는 스콜라 철학을, 목사를 만나면 종말론을 주제로 삼
으셨다.

그는 누구와도 대화가 가능했다. 그리고 한번만이라도 대화를 나누어
본 사람은 그를 잊지 못하고 흠모해 마지않았다. 그의 해박한 지식과
총명을 두고 시인 서정주는 조시(弔詩)에서 '천년에 하나 나올까 말
까 하는 천재'라고 감탄하면서 '하늘 밑에서 제일 밝던 머리'라고 노래
했다.

저서로는 『화랑외사』, 『범부유고(凡父遺稿)』, 『풍류정신』이 있다.

3) 범부(凡父) 김정설(金鼎卨) 선생의 일

미당(未堂) 서정주(徐廷柱)
『샘터』, 1975년 9월호 게재

나는 누구의 장례식(葬禮式)에 나가거나 별로 눈물바람을 하지 않는 버

릇을 가지고 살아왔다. 그러나 그런 마당에서 걷잡을 수 없는 통곡이 터져 나와 주체할 수 없이 된 일이 단 한번 있었으니, 그것은 십수 년 전 조계사 (曹溪寺)에서 있었던 범부(凡夫) 김정설(金鼎卨) 선생의 영결식(永訣式)에 서였다.

나는 이때 고희(古稀)가 훨씬 넘어 돌아가신 이분의 죽음을 서러워한 것이 아니라, 이때 읽은 내 조시(弔詩)에서도 말해 보인 것처럼, 그 많고 또 깊은 정신역량(精神力量)을 가지고서도 그것을 두루 펼 길이 없어 늘 모두 다 접어두고 살다가 죽어가는 이 나라 선비의 한 표본(標本)을 이분에게서 느끼고, 그 느낌을 견디지 못해 '왜 소년 때부터 일찌감치 관(棺)에 들어 계셨느냐'고 울부짖고 있었던 것이다.

범부는 신라(新羅) 태종무열왕(太宗武烈王)의 후예(後裔)로서, 그것을 언제나 의식하고 살아온 후예로서, 19세까지 유교(儒敎)의 사서삼경(四書三經)과 노장(老莊)의 경전(經典)에 통달하고, 또 조혼(早婚)도 하여, 19세 때는 이미 상투에 갓을 받혀 쓴 선비로 자기의 중시조(中始祖)인 태종무열왕의 능(陵) 앞에 장검(長劍) 한 자루를 놓고 기도하고 있었다. '어떻게든 이 칼과 이 힘으로 일본에 망한 이 나라를 구하게 해달라'고… 그 뒤 그는 일본인의 소학교(小學校)도 안 다닌 학력으로 일본에 건너가 일본 경도제국대학(京都帝國大學) 철학과(哲學科)에 한 학생이 되어 동서철학(東西哲學)의 비교연구(比較硏究)에 안목을 잡고, 당시의 일본협객주(日本俠客主) 도야마 미쯔루(頭山滿)에게도 대단한 존경을 받는 청년이 되었다. 최두선(崔斗善), 홍명희(洪命憙) 등등의 이 나라 전국 각지에서 일본에 모여든 수재들 가운데서도 그 재조(才操)는 단연히 치솟는 고봉(高峰)이어서, 그에게만이 '영남(嶺南)의 제일천재(第一天才)'라는 딱지가 붙게 되었다.

이 동안 그가 항시 품에 품고 다니던 건 한 자루의 날카로운 칼, 그러나 외국어의 공부에선 하루 수백 단어씩도 잘 외워 내는 소년의 기억력이 늘 건재했었다고 한다.

그래서 그는 그만큼한 푼수의 동서양(東西洋) 의 철학, 문학(文學)과 정치(政治)에 통달한 젊은이가 되어 고국에 돌아 왔다.

그런 그와 내가 만난 것은 1934년의 정월인가 2월, 그의 나이는 이미 38세가 되어 있었는데, 겨울인데도 그는 아직 옥양목의 하이얀 홑두루마기를 걸치고, 카이젤식의 콧수염 밑의 그 호한하게 단단히 흰 두 줄 이빨은 늘 여유 도도한 소리없는 웃음만을 풍기고 있었다. 그는 내가 이 세상에 태어나서 사귀어 본 모든 존장자(尊長者)들 가운데서는 제일 휜출한 미남이고 또 가장 시원스러운 호장부(好丈夫)였던 것 같다. 그의 두 눈의 그 기이다랗던 속눈썹들, 그 안에 늘 번개치던 결의적(決意的)인 동자(瞳子)가 유난히 크고 빛나던 두 눈, 그 위의 그 활등같이 두루 잘 굽은 눈썹을 딴 선배들의 모습에서 나는 쉽게 찾을 수가 없다.

그러나 내가 지금도 안 잊히는 것은 그런 그의 외모 때문은 아니다. 그의 그런 천진한 소년풍의 외모 속에 들어 있어 때로 조용한 때 새어 나오던 그의 학문과 인간에 대한 넓고 깊은 이해 때문인 것이다.

내가 대학에서 서양철학 시간에 배운 칸트의 범주적 인식(範疇的 認識)과 요청적 종교(要請的 宗敎) 사이의 이해가 잘 안 되어 있을 때, '이 사람아. 칸트는 공부꾼은 공부꾼이겠지만 꽤나 답답키야 답답한 사내야. 우리 동양에 생겨났더라면 그렇게 답답할 수야 있겠는가?' 하시어, 내게 대학의 강의가 채 다 못 풀던 한 소슬한 이해의 관문(關門)을 열어 보여 주던 이도 바로 이 분이었다.

해방되어 그는 신라사(新羅史) 속의 화랑도에서 이 민족의 진로를 생각하시고, 시인 조진흠(趙璡欽)군 등에게 그의 저술(著述) 준비를 시키면서 6·25 사변을 맞았던 것인데, 조군은 6·25 때 공산군에게 학살되고, 그의 이 마지막 소원마저 못 이루게 되고 말았다.

그래 1957년이던가. 휴전조약(休戰條約) 속의 소강상태의 어느 날 광화문통(光化門通)의 어느 뒷골목을 지나다가 이미 고희 넘은 백수(白首)의 이 분을 우연히 만났는데, 이 분은 그 여전한 소년의 얼굴로 말하고 있었다. '여보게. 우리는 그냥 가네. 능력이 없어선가? 이 사람아! 그렇지만, 하여간 그냥 가네! 자네들이 우리를 알아 잘 해내야 돼!'

이 분을 생각할 때마다 되살아 나는 기억이 하나 있다. 그것은 내가 1934년 우리집 형편과는 달리 인도적인 한 거지가 되어 빈민굴의 거지 사이에서 넝마주이의 구럭을 걸머지고 서울 시내의 방방곡곡을 헤매고 있었을 때, 아마 그의 일생의 최후의 일로 한 한글문장의 시를 지어 내게 준 일이다.

> 쓰레기통 기대어 앓는 잠꼬대를,
> 피리소리는 갈수록이 애 터져…

운운하셨던 구절이 새삼스레 생각난다.

나는 지금, 이 분과 아울러 나보다 앞서 가신 모든 선배의 이해와 지조(志操)를 생각한다. 범부 선생 같은 이 아니었으면 또 나 같은 사람의 작정도 어려웠을 것만 같은 것이다.

4) 신라(新羅)의 제주(祭主) 가시나니: 곡범부 김정설 선생(哭凡父金鼎卨 先生)

서정주(徐廷主)
김범부(金凡父), 『화랑외사(花郞外史)』(이문출판사, 1981) 게재

하늘 밑에서는 제일로 밝던 머리, 쫓기어 헤매다가 말도 없이 가는 머리, 학비(學費) 없어 퇴학(退學) 맞아 서성이다 운명(殞命)하는 소학교(小學校) 일등생(一等生)의 입관(入棺)을 보는 듯 설웁습니다.

선생님!

한밤중 들으시던 땅속의 부흥이 소리 인제는 그만 우리에게 다 맡기시고 하늘에선 노자(路資) 없이도 댕기시리니 그 다 말 못하시고 간 강의(講義) 날마다 하시러 내려오시옵소서.

열아홉살 때 태종무열왕능(太宗武烈王陵)에서 품에 끓이셨던 비수(匕首), 그때 마련하셨던 신라(新羅)의 제사(祭祀) 그릇, 거기 담으셨던 능(陵) 앞 호수(湖水)의 말풀나물, 이월(二月) 능(陵) 앞의 산수유(山茱萸) 향기, 인제는 두루 우리에게 맡기시고 신라(新羅)의 대제주(大祭主)이시여 마음 놓으시고 하늘에 드시옵소서.

옛날 사천왕사(四天王寺) 앞길에서 월명(月明)이 한밤에 불던 피리, 선생님이 이어 받아 부시던 피리, 인제는 그것도 우리에게 주옵소서. 거기 선생님의 마음을 받아 담아 우리 길이 불고 따라 가오리니…

1966년 12월 14일
고애후학시생(孤哀後學侍生)
서정주(徐廷柱)

5) 범부(凡父) 선생과의 만남

이종후(李鍾厚)
『다심(茶心)』, 1993 · 봄(창간호) 게재

공자님은 그 따르는 제자가 삼천 명이나 되었다고 전해지는데 이는 아마도 중국적인 과장법에 의해 꾸며진 전설일 것이다. 그 가운데서 고제(高弟)가 일흔 둘이었다고 함은 사실에 가까울 것이고, 안연, 자로, 자공, 증상 등 이른바 공문십철(孔門十哲)은 사실 그대로일 것이다. 이 공문십철은 각각 공자의 정신과 사상의 실천 가운데 그 일면을 계승 전달함으로써 공자학파를 형성하는 데 각별히 기여한 제자들이라 할 것이다.

그런데, 범부 선생님의 경우 그 한평생 동안 그에게 친자(親炙)하여 각자의 관심사에 관하여 한두 번 이상 가르침을 받은 바 있는 그런 제자들의 수는 어림잡아 백여 명에 달할 것이며, 그런 제자들의 직업이나 전공하는 바도 각양각색이라 할 수 있다. 즉 학문이나 사상에 관심을 갖고서 진리를 탐구하고자 하는 이나 경세(經世)에 관심을 갖고서 정치 활동이나 기업 활동에 종사하는 이와 문학가, 국악인, 한방의학자 등등 이루 말로 다 할 수 없을 정도였다.

이들 가운데서 비교적 젊은 시절부터 선생에게 친자하여 사세시(辭世時)까지 계속해서 사사를 했던 제자들은 아마 십여 명에 불과할 것이다. 나 또한 이 가운데 한 사람으로 자처는 하지만 그러나 내 스스로 스승께 대하여 불초한 제자임을 통감하지 않을 수 없는 터이다.

그러면 내가 어떻게 젊은 시절부터 범부 선생께 사사를 하게 되었는지 그 대략적인 경위를 여기서 회상해 보기로 한다.

나는 아주 어려서부터 내 천성이 사색형임을 자각하고 중학 3학년 때부터는 대학에 진학하면 철학을 전공하리라고 마음속으로 작정하고 될 수 있는 대로 좋은 고등학교(일제 때의 학제)에 입학해야 하겠다고 열심히 시험 과목 공부를 하고 있던 중에 5학년 방학 때 실시되었던 10일간의 근로봉사 활동 끝에 그 여독으로 그 당시로는 중병(늑막염과 척추카리에스)에 걸려서 수개월 동안을 치료를 받으며 병상에 누워있게 됨으로써 중학교 졸업장도 못 받고 상급학교 시험도 치를 수가 없는 처지가 되었다. 그러나 병상에 누워서도 독서는 그런대로 할 수 있었으므로 입시 공부의 지옥에서 해방됨을 기회로 하여 우선 세계명작을 읽는 데 열중하였다. 그래서 나의 독서 범위는 문학에서 출발하여 종교와 철학의 세계로 옮아가게 되었다. 내 나름대로 나의 인생관을 탐구하고 있었던 것이다. 이 시기에 나의 길잡이 역할을 해준 사람은 그 당시 일본의 젊은이들에게 많이 읽히고 영향을 끼친 바 있는 창전백삼(倉田百三, 일본의 대정~소화 시대에 걸친 유명한 문학가이자 사상가)이었다.

1941년 내 나이 21세 때 나의 건강상태가 고등학교 학업을 수행할 수 있을 만큼 양호하게 되었다는 진단 아래 그 당시 중학 4년 수료로써 수험 자격을 인정해 주는 일본 동경의 모 사립 고등학교에 시험을 쳐서 입학을 하였다. 입학 후 제1학기 동안은 그럭저럭 학교에 나가 고등학교 과정의 수업을 받았다. 그러나 하기방학 동안은 서울에 와서 지내고 제2학기가 시작되어 동경에 가서 다시 학교를 다니게 되었는데, 학교 수업에는 전혀 흥미를 느끼지 못해 아예 학교 가는 것을 집어치우고 하숙방에 틀어박혀 책이나 읽거나 아니면 동경 교외로 나가 온종일 들판이나 숲속을 헤매곤 하며 세월을 보냈다. 그런 와중에 철학하는 자로서의 자기 자신의 자질에 회의를 품게 되고 나아가 이 세상의 모든 학문에 대한 회의마저도 느끼게 되었던 것이다. 그래서 모든 것을 팽개쳐 버리고 고국의 어느 산사로나 들어가서 수도생활이라도 해볼까 하는 생각을 했다.

그러던 중 때마침 일본 공군의 하와이 진주만 공격으로 태평양전쟁이 발발하였는데, 나는 이를 핑계 삼아 동경 유학생활을 청산하고 책 짐을 싸가지고 고향(경남 의령)으로 돌아와 버리고 말았다. 그리하여 나는 가족들이 서울로 이사를 가버리고 없는 텅 빈 고향집에서 칩거하며 마치 산사에 있는 것처럼 독서와 사색에만 몰두했던 것이다. 그리고 얼마 안 있어서 나의 고향 친구로 보통학교도 2년 후배요 중학교도 2년 후배인 평계(平溪) 이정호(李正鎬) 시인이 내가 일본 유학을 그만 두고는 고향에 와 있다는 소문을 듣고 찾아왔다. 그가 말하기를, 사천군 곤양면 다솔사란 절 근처에 김범부(金凡父)라는 아주 훌륭한 천재적인 철학자가 살고 있는데, 작가인 김동리의 백씨요, 자기 부친(이시목)의 친구이기도 하다는 것이었다. 나는 그때 학업을 중도 포기한 데서 마음 한 구석이 매우 허탈했던 차에 그 친구의 제의에 흔쾌히 따라 나섰던 것이다.

우리 두 사람은 의령서 기차를 타고 진주까지 가서 진주에서 버스로 곤양으로 가는 도중에 다솔사 어귀에서 하차하여 다솔사가 있는 산기슭으로 좀 걸어가다가 절 부근에 있는 한 외딴 초가집에 들어가 범부 선생에게 초대면의 인사를 올리게 되었다.

내 친구 평계는 이미 범부 선생과는 초면이 아니었다. 그때 그 자리에는 어떤 노선사(老禪師) 한 분이 앉아 있었는데 이 스님이 바로 훗날 다름 아닌 불교정화 후 조계종 종정을 지낸 바 있는 설석우(薛石友) 스님이었다. 평계가 범부 선생에게 나를 소개하고 나의 형편에 대해 대충 설명해 올렸다. 범부 선생께서는 한참을 듣고만 계시다가 혼잣말 비슷하게 "건강만 허락된다면 학업을 계속하는 것이 좋을 걸!" 하셨다. 나의 장래에 대해서 관심을 보이셨다. 그리곤 다시금 스님과 더불어 주고받던 청담(淸談)을 계속하셨다. 대화의 내용인즉 두 분의 근작 시에 관한 것인 듯하였다.

그날 그때의 초당 방안에서의 광경과 분위기는 내가 어디서도 일찍이 맛보지 못한, 그래서 평생 동안을 잊을 수 없는 참으로 감동적인 그것이었다. 나는 두 분의 그날의 모습 가운데서 내가 상상 속에서만 그려볼 수 있었던 그러한 이상적인 선비와 스님의 상(像)을 발견했던 것이다. 더욱이 범부 선생의 풍모는 깊고도 강한 인상을 나에게 주었다.

조금 있었더니 세 사람의 내방객이 방문을 열고 들어와 인사를 나눈 뒤에 좌담에 함께 참가하였다. 그 가운데 한 분은 먹물 옷을 입은 스님으로서 다솔사의 주지 스님임을 이내 알게 되었다. 다른 두 분에 대해서는 나중에 최범술 주지 스님을 통해서 그 성씨와 약력에 대해 대충 소개를 받았다. 한 분은 범산 김법린 선생으로 그때 범어사에 승적을 가지고 있으면서 범어사 승가대학교의 교장직을 맡고 있다 하였으며(이 분은 해방 후 이승만 정부 치하에서 문교부장관을 역임했음), 또 한 분은 전진한 씨라고 하여 독립운동가이자 노동운동가로서 경찰서 드나들기를 자기 작은집 드나들 듯이 한다고 하였다. 전진한 씨는 해방 후 공산당의 노동자총동맹과 대결하여 민족주의 진영의 노동자총동맹을 조직 결성하여 투쟁하였고, 이승만 정부 치하에서는 사회부장관을 역임하였다.

그분들이 나누는 좌담의 내용은 주로 시국에 관한 것이었다. 그런데 미일전쟁과 독소전쟁의 추이와 국내외 독립운동가들의 동태를 얘기하던 중 방안에는 갑자기 삼엄한 공기가 맴돌기 시작했다. 그래서 범부 선생은 분위기를 좀 누그러뜨리려는 생각이었는지 다음과 같은 취지의 말씀을 했다. "세계대전의 귀추가 어떻게 되든, 즉 동과 서에서 일독(日獨)이 승리를 하든 미소(美蘇)가 승리를 하든, 새로운 국제질서 속에서 우리 민족의 처지가 지금의 식민지적 처지보다는 낫게 되지 않겠느냐"는 것이었다. 나는 그때 내 자신이 조국을 잃은 식민지 백성의 한 사람임을 뼈저리게 느낄 수 있었다. 그래서 나는 난생 처음으로 정치적 차원에서 민족주의적 의식이 스스로 싹트는 것을 통감하였다. 나는 비록 구도자로서의 나의 사명감 때문에 독립운동에 투신할 처지는 못 될망정 우리의 민족적 양심을 저버릴 짓은 결단코 하지 않겠노라고 마음속에 굳게 다짐하였다.

저녁때가 되어서 우리 방문객들 모두는 주지 스님을 따라 절에 가서 공양을 하고 숙박을 하기 위해 선생님의 서재에서 나왔다. 그리하여 어둑사리 낀 산길을 조금 걸어가니 고색창연한 절이 나타났다. 저녁 공양을 마치고 주지실에 들었더니 주지 스님은 다솔사의 내력에 대해 간단히 이야기한 후 스님 자신의 젊은 시절 이야기로써 즉 일본 유학 시절에 동경에서 아나키스트요 항일투사인 박열(朴烈)씨를 따라 항일 독립운동을 했던 얘기들을 우리 두 사람에게 아주 실감나게 들려주었다. 그리고는 한 해 전에 일본의 선종계(禪宗系) 스님들과 불교대학 교수들 일행 수십 명이 다솔사를 내방하였을 때 범부 선생님께서 이들을 상대로 「중국위진시대(中國魏晉時代)의 현담파(玄談派)와 격의불교(格義佛敎)」라는 제목의 학술강연을 했다는 이야기도 들려주었다.

나는 그날 하룻 동안에 겪었던 여러 가지 감격스러운 일들로 가슴이 울렁거려 잠을 제대로 이루지 못한 채 다음 날 새벽을 맞이했다. 나는 석우 스님을 따라서 절 뒷산 산마루로 올라가 남해 바다를 바라보면서 거닐었다. 나는 스님에게 "부처(佛)가 무엇입니까?"라고 물었더니 스님도 진지한 태도로 아무 말 없이 짚고 있던 지팡이를 땅위에다 꼿꼿하게 세우고서 나를 노려보는 것이었다.

아침 공양을 마치고 나서 다른 손님 두 분(범산 선생과 전 선생)은 일찍 절을 떠나버리고 평계와 나는 절 경내와 대웅전 등을 두루 살펴보고난 후에 주지 스님에게 하직 인사를 올리고 절에서 나와 초당 서재에 계신 범부 선생께 아침 문안 인사를 올렸던 것이다.

범부 선생은 어제의 화제에 관련하여 특별히 우리 두 젊은이를 상대로 대략 다음과 같은 취지로 평소의 소신을 피력하시는 것이었다.

> 이번 전쟁은 세계사에 있어서 제국주의 자체를 역사의 무대에서 퇴장 시키는 마지막 단계의 제국주의 전쟁으로서 어느 진영이 승리를 하든 하나의 세계 질서를 실현하게 될 것이며, 이 속에서 모든 약소민족들은 제한된 독립성이나마 획득할 수 있을 것이다. 그리하여 이 하나의 세계 질서 속에서 각각의 민족들이 차지하는 국제적 지위는 그 민족들의 문화적 창조활동 여하에 의해서 결정될 것이다. 그 점에 있어서 나는 우리 민족의 천부적인 자질의 우수성을 믿어마지 않는 바이다. 옛날 삼국 시대에 삼국 즉 고구려, 백제, 신라에는 중국에서 또는 중국을 통해서 불교니 유교니 도교니 하는 종교사상을 받아들여 우리 민족 나름대로 소화를 시켜서 삼국통일 후 신라에서는 불교문화의 꽃을 피워 이것이 고려시대까지 이어졌으며 조선시대에 와서는 유교문화의 꽃을 피웠다

네. 그런데 이러한 외래 종교의 밑바닥에는 우리 민족의 고유 종교인 풍류도사상(風流道思想)이 맥맥히 흐르고 있었다네. 오늘날도 우리는 역시 이 풍류도정신(風流道精神)을 바탕으로 하여 서양의 종교나 철학이나 과학 등을 배워 익혀서 제 것으로 만들어 새 시대의 우수한 민족 문화를 창조함으로써 이 우수한 문화로 일본을 이겨야 하는 것이며 꼭 그럴 때가 오고야 말 것이네!

대충 이와 같은 취지의 말씀을 하셨던 것이다. 그때 그런 말씀을 하고 계시는 선생님의 눈에서는 강렬한 빛이 흐르고 있었다. 그리고 다음과 같은 말씀으로 우리를 상대로 한 바탕 강화(講話)를 끝맺음하셨다.

주역(周易)에 "천행건 이군자자강불식(天行健 以君子自强不息)"이란 말이 있거니와 이 말씀대로 자연은 어김없이 운행을 하고 있고 역사도 어김없이 제 갈 길로 진행을 하고 있으니 따라서 이를 본받아 우리 공부(工夫)하는 사람들도 쉬지 않고 힘써 좌절하지 말아야 할 것이다.

나는 감격의 눈물을 글썽이면서 선생님에게 하직 인사를 올리고는 다시 가까운 날에 찾아뵈옵고 가르침을 받을 것을 마음속에 다짐하면서 선생님과 헤어졌다.

나는 고향집으로 돌아오는 도중 내내 내 구도의 길에서 나를 이끌어주실 참다운 스승을 만남에 대한 기쁨과 감사로 가슴이 벅차 있었다.

6) 간행사(刊行辭)

이종후(李鍾厚)
김범부, 『정치철학특강』(이문출판사, 1986) 게재

금반(今般) 범부선생유고간행회(凡父先生遺稿刊行會)에서는 김범부 선생의 20주기에 즈음하여 선생의 두 번째 저서를 저술한지 24년만에야 비로소『화랑외사』에 이어『정치철학특강』이란 제호로 간행하여 선생의 영전에 바침과 동시에 세상에 공개하게 되었다. 이는 선생의 유족들이나 문하생들로서는 만시지탄은 있으나 참으로 감회 깊은 일임은 말할 것도 없거니와 이 나라 이 사회를 위해 시의에 맞는 의의 깊은 경사가 아닐 수 없다.

　선생께서는 해방 전 비교적 젊은 시절부터 강의나 강연 같은 것은 꽤 자주 하신 셈이고, 또한 특수문제에 대해 청탁을 받아서 쓰신 논문들도 10여 편 신문과 잡지에 발표하신 바가 있다. 그러나 저서라고는 단 두 권 밖에는 저술하지 않으셨으니 첫 번째 저서가『화랑외사』요 두 번째가 곧 이『정치철학특강』이다. (『화랑외사』의 저술과 간행에 관한 일은 1981년 2월 이문출판사에서 발간한『화랑외사』의 삼간사(三刊辭) 참조)

　본 유고는 1962년 1월에서 동년 7월 사이에 선생께서 본디『건국정치(建國政治)의 성격(性格)』이란 제목 하에 구상해온 것을 손수 집필하신 것으로서 원고지 1,700매 가량 되는 이른바 대하논설(大河論說)이다. 본 원고를 집필하게 된 직접적, 외적인 계기는 5·16 직후 1961년도 제2학기에 부산대학교에서 초청강사의 자격으로 정치철학에 관한 특강을 얼마 동안 하시게 된 데서 마련된 듯하다.

　그런데 선생께서는 그 저서를 출판할 기회를 자기 생전에는 끝내 얻지 못하시고 원고보따리를 침두(枕頭)에 둔 채 영면을 하시고 말았다. 선생 서거 후 유족을 중심으로 구성된 범부선생유고간행회로부터 원고의 보관, 정리, 출판 일체에 대한 책임을 필자가 맡게 되었다. 이에 선생의 친필 원고를 소중히 간직하고 출판의 기회와 조건이 성숙되기를 기다려 온지 어언 20년이란 세월이 흘러가 버렸으니 참으로 송구스러울 따름이다.

　헌데 금년 들어 선생의 20주기의 해를 맞이하여 선생의 유고간행을 필자의 정년퇴직 후 제일 우선적으로 완수해야 할 과업으로 작정하게 되었다. 이에 이문출판사 지경원(池景源) 사장의 후원과 격려에 힘입어 죄송함과 사명감과 보람이 뒤섞인 벅찬 느낌 속에서 원고의 정리와 교정에 온 정성과 힘을 쏟았던 것이다.

본서의 내용은 2부로 나누어지는데 그 제1부는 국민운동의 준비과제란 제목 하에 우리나라 건국의 기초 작업을 거국적, 거족적인 규모의 자각적 국민운동을 통해 완수하자는 취지이다. 그러한 국민운동을 우리의 민족적 전통과 건국기에 처한 우리의 국가적 현실에 맞게 전개함에 긴요한 국민의 정신적 태도, 사상(윤리관, 국가관, 정치관 등), 실천 방법 등에 관하여 국내외의 제 전례와 대조하면서 깊이 있게 체계적으로 논술한 것이다. 그리고 제2부는 공산주의 비판이란 제목 하에 공산주의 이론과 실제 정책에 대한 비판이란 방식을 빌려 인간, 사회, 역사(민족사, 중국사, 세계사), 문화, 정치, 종교 등에 관한 선생 자신의 사상과 견해를 대강 윤곽적으로나마 서술한 것으로 볼 수 있다. 그래서 본서의 내용은 2부가 다 대학 국민윤리교육의 교재가 될 수 있을 것이다. 물론 본서 내용의 지엽적인 면에서는 집필 당시와는 비교가 되지 않으리만큼 엄청나게 발전을 한 오늘날의 현실에 비추어 이미 시효가 지나가 버린 부분이 없지 않을 것이다. 그러나 본서에서 서술된 선생의 사상과 근본 견해 자체는, 우리나라의 정치적 상황이 지닌 위기적 국면은 건국초기에 해당하는 그 당시보다 성장기인 오늘날에 어느 면으로는 오히려 더 첨예화되었다고도 보겠으므로 오늘날에 와서도, 아니 미래 영구히 십분 타당한 것으로 남을 것이다. 그것은 오늘날에도 우리 사회의 각계 지도층 인사들이 꼭 가짐직한 건전한 양식의 주요 요소가 될 수 있을 것이다. 그런 의미에서 본서는 지도층 국민의 필독의 사상독본 구실을 할 수 있을 것으로 기대되는 바이다.

선생은 본서의 저술에서 현대 한국을 대표할 만한 위대한 학자, 위대한 사상가, 그리고 위대한 스타일리스트로서의 면모와 역량을 십분 발휘하신 것으로 보인다. 다만 선생은 저술 당시의 절박한 시국에 대한 깊은 우려와 현실에 대한 실천적인 관심에서 '건국정치의 요체'라는 제한된 주제 하에 본서를 저술하셨기 때문에 자기의 철학적 사상과 학설을 체계적으로 충분히 상세하게 논술하지 못하고 단지 그 윤곽 또는 편린만을 제시한데 그치고 만 것은 그지없이 아쉬운 일이라 아니할 수 없다.

선생은 단순히 동방의 전통적인 사상과 학문(유가, 불가, 도가 등)의 전수자 내지 해석자만도 아니요, 더구나 서방의 사상과 학문의 해설자 내지 전달자도 아니었다. 선생은 실로 동서고금의 사상사를 관통하여 스스로의 독자적인 융통 투철한 사상적·학문적 경계를 개척한 창조적인 학자·사상가로서 현대란 세계사적 시대가 안고 있는 중대하고도 어려운 문제들을 철학적인 차원에서 근본적으로 해결할 수 있는 사상체계를 그 가슴과 머릿속에 진작부터 형성해가지고 있었던 것이다. 이렇게 말하는 것은 결코 단지 사제 간의 정의(情誼)로 자기 스승을 높이 받들려는 제자 된 자의 심정에서 나온 주관인인 평언(評言)만은 아닐 것이다. 사실 선생 생전에 선생의 강석(講席)에 한 번이라도 참석할 기회를 가졌던 누구라도 선생의 강론과 풍모에서 그런 것을 느꼈을 것이다. 또한 본서를 정독하는 자도 도대체 '책'이란 것을 읽을 줄 아는 자라면, 큰 강물처럼 도도하게 세차게 논술을 펴 나가는 그 압도적인 필세(筆勢)에서 그런 것을 느낄 것이다.

그러나 선생께서 한 평생 살아 왔던 시기(일제 36년간과 독립 후 20년간이라는 기간)의 억압되고 혼란된 이 나라 이 사회의 객관적 정세와 선생 자신의 불우하고 불여의한 개인적 제 사정이 선생에게 한가히 저술에만 전념하도록 허락해주지 않았다. 그런 탓으로 선생께서는 그 불세출의 천재를 학문적인 저술로써 충분히 발휘하지 못한 채 천추의 한을 품고 향년 70세로 이 세상을 떠나시고 말았으니 참으로 애석하다 아니할 수 없다.

그러나 선생께서 남기신 두 권의 저서(『화랑외사』와 본서)와 신문이나 잡지에 실린 글들, 그리고 선생의 강의를 속기한 단편적인 기록들만으로도 선생의 사상과 학문의 깊이와 규모와 그리고 그 진경계(眞境界)를 짐작하기에 넉넉하다 할 것이며, 그의 사상과 학문을 계승하고 더욱 발전시켜 사상의 이론적 체계화를 완성시키는 일은 우리네 후생들에게 부하된 과업이라 할 것이다. 이런 의미에서 본서는 선생의 사상과 학문을 연구하는 데 있어서 선생의 저서들 중에서 가장 필수불가결의 소중한 논저로 지목될 것은 두말할 나위도 없다.

끝으로 본『정치철학특강』을 간행하는 데 후원과 격려를 아끼지 아니한 이문출판사 지경원 사장과, 선생의 친필 원고의 필사, 교정 등의 작업에 본인과 노고를 함께해주신 여러 분들(이정호(李楨鎬) 선생, 이완재(李完裁) 교수, 강사 신상형(申相衡) 군, 정달현(鄭達鉉) 군 등)에게 심심한 사의를 표하는 바이다.

1986년(丙寅) 11월 27일
범부선생유고간행회 회장
현대종교문제연구소 소장
이종후(李鍾厚)

【ㄱ】

건국 111

建國公報 99

建國交遞 99

建國國防 99

建國內務 99

建國農政 99

건국대학 69

建國文敎 99

建國防共 99

建國法務 99

建國保健 99

건국사상 12, 112

建國社會 99

建國商工 99

建國外交 99

建國議會 99

建國理想 99

建國財務 99

建國政黨 99

건국정치 70, 99, 104, 105

「建國政治의 方略」 71, 123

건국철학 105

經世家 99

경세학회(經世學會) 21

경주 84

경향신문 76

계림대학 125

계림대학장 60

계백 31

「共産主義 批判」 88

공적 정신(public mind) 30, 46

공칠과삼(功七過三) 59

곽상훈(郭尙勳) 21, 123

곽좌기(郭左驥) 86

관창 32

광명학원 120

구상 54

口證 38

『국가와 혁명과 나』 65

국가재건최고회의 78, 91

국민도덕 24

국민운동 70, 80, 83, 84, 104, 112,
  127

「國民運動의 準備課題」 88

국민윤리 70, 74, 80, 83, 84, 127

국민윤리론 112

「國民倫理特講」(국민윤리특강」) 26,
  27, 71, 104, 124

國土統一 99

군사혁명위원회 78

김계사(金桂史) 20, 116

김계영 135

김광식 11

김달진 54

김동리(金東里) 24, 25, 54, 70, 116,
  131, 135

김동리기념사업회 11

김동주 54, 80, 83, 135, 136

김두홍 135

김범부(金凡父) 85, 127

김법린(金法麟) 21, 54, 120, 123

김상기(金庠基) 54, 130, 131

김석근 10, 11

김석장 135

김성곤 54

김소영 135

김소운 54

김영술 135

김영진 54

김용옥 28, 29

김유신(金庾信) 31, 32, 40

김윤식 136

김을영 57, 135

김익진 54

김인장 135

김재홍 135

김정근 9, 10, 11, 135

김정설 123

김정실 54

김정호(金正鎬) 86

김종직 116

김주홍 135

김지하 23, 137

김태창 10, 30, 48, 63

김품일 32

김한수・택수 형제 54

김흠춘 32

김희장 135

【ㄴ】

『나는 불교를 이렇게 본다』 29
난랑비서문 37
남북통일 83
노블레스 오블리주 63
농촌개발 104
농촌재건 94

【ㄷ】

다솔사 22, 119
「大神師 생각」 20
동리목월기념사업회 9
동리목월문학관 113
동리목월문학제 9
동방사상연구소 61, 69, 74, 125
동방사상연구소장 60
동방학 69
동범(東範) 20
동아일보 76
동학 61, 76
동학인 59
두레 95

【ㄹ】

『루어투어 시앙쯔』 29

【ㅁ】

文獻 38
물계자(勿稽子) 40
物證 38
미육군 포병학교 67
민의원 60
민주공화당 91
민한한의원 80

【ㅂ】

박맹수 9, 10
박목월 54
朴正熙 拜上 101
『박정희 평전』 64
『朴正熙: 한 근대화 혁명가의 비장한
　　생애』 64
박정희 77, 80, 127, 128
박창희 21
박희창(朴熙昌) 123
반굴 32
「邦人의 國家觀과 花郎精神」 85, 127
백결선생(百結先生) 40, 43
백광하 54
백산상회(白山商會) 118
범부문고 125
범부사상 115
凡父先生遺稿刊行會 22
범부연구회 10, 107, 113

변창헌 54

불교중앙학림(佛敎中央學林) 118

【ㅅ】

사다함(斯多含) 40, 41

事證 38

『삼국사기』 37

삼국통일 28, 83

『삼국통일과 한국통일』 28

새마을운동 74, 80, 83, 84, 94, 104,
   112, 127

서강선 175

서구추수주의 99

서악서원(西嶽書院) 117

서정주 54, 102, 129, 131

석우일 135

성경린 54

성해준 10

小春(金起田) 20

손진은 9, 10

송정숙(宋靜淑) 175

송지영 54

신라 83

신라문명 29

「新羅文化와 風流精神: 風流道論緒言
   (신라문화와 풍류정신: 풍류도론
   서언)」 126

신라사 28, 32

신라정신 33

신라학 61, 70, 76

신생국 106

신생국정치 106

신소송(申小松) 54, 61, 125

신형로 121, 136

【ㅇ】

안용복(安龍福) 86

안출(案出) 8

『예감』 23

오덕선원 69, 82

오영수 54

오월동지회(五月同志會) 56, 57, 91,
   128

오월동지회 부회장 60

오제봉(吳濟峰) 54, 121

오종식(吳宗植) 21, 54, 61, 76, 102,
   120, 123, 125

오증자료(五證資料) 39

오치성 92

왕학수 54, 81

우기정 9, 10, 24, 107

「우리는 經世家를 待望한다」 97, 129

「雲水千里」 75, 126

원술 32

『월간 공공철학』 30

『월남망국사(越南亡國史)』 118

유광열(柳光烈) 127

유석창(劉錫昶) 54, 69, 104, 125

윤석산 10

을영(乙英, 김을영) 83, 88, 95

이관구 54

李基白 28

이기주(李基周) 21, 123

이대위(李大偉) 54, 61, 125

이덕일 30

이만열 30

이시목(李時穆) 21, 123

이완재 9, 10, 54, 135

이용주 10

이용태 135

이의립(李義立) 86

이종규(李鍾奎) 54, 61, 125

이종익(李鍾益) 54, 61, 125, 135

이종후(李鍾厚) 54, 61, 80, 113, 125, 135, 136

이창배 54, 61

이태우 10

이하천 135

이항녕(李恒寧) 54, 61, 76, 125, 130

이희승(李熙昇) 127

일오구락부(一五俱樂部) 21, 123

「잊혀진 사상가의 歸還」 24

자문역 103

자조 95

장면 123

장윤익 10, 113

장준하 79

전인권 64

전진한(錢鎭漢) 120

정다운 10, 24, 33, 107

정영도 80, 135

『정치철학특강』 71, 88, 104, 123

정허 스님 69, 82

정형진 11

제3휴머니즘 23

조갑제 64

조동택 81

조시형 92

조연현 54

조지훈 54

조진흠(趙進欽) 61, 124

조홍윤 135

지영진 54

지정(至情) 106

지정론(至情論) 87

지홍(趾弘) 21, 102

진교훈 9, 10, 57, 83, 135

진흥왕 30

【ㅈ】

자립 95

【ㅊ】

천명(闡明) 8, 9, 11

최경상 20

최덕환 135

최동식 135

최범술 54

최복술 20

최시형 20, 116

최익현 24

최재목 10, 24, 107, 113

최정간 21

최제우 20, 61, 116

「崔濟愚論(최제우론)」 21, 75, 127

최치원 37

【ㅌ】

통일문학포럼 11

통일사상 12, 115

【ㅍ】

풍류도(風流道) 35, 43

풍류정신 25, 33, 61, 70, 104, 112

「風流精神과 新羅文化」 75

【ㅎ】

하기락 80

『韓國史新論』 28

한국일보 76

한용운 119

한태수 54

함석헌(咸錫憲) 79, 127

『해월 최시형家의 사람들』 21

향약 95

허영호(許永鎬) 120

혁명공약 78

현리사상강의(玄理思想講義) 120

血脈 38

협동 95

화랑 35, 83

「花郎과 風流道」 76

화랑도(花郎徒) 31, 33, 35

『花郎外史』(『화랑외사』) 22, 25, 27,
　　61, 70, 104, 124

화랑정신 80, 84, 127

황산덕(黃山德) 54, 61, 76, 125, 130,
　　135

【기타】

5·16군사혁명 77

김범부(金凡父)

1897년 경주에서 태어나 1966년 70세를 일기로 세상을 떠났다. 일제 식민지 시대에는 사상범으로 몰려 많은 고초를 치렀다. 경남 사천의 다솔사에 머무는 동안 해인사 사건에 연루되어 여러 차례 일제 경찰에 체포되고 포승으로 묶여 트럭에 실려가 감방 신세를 졌다. 그 기간은 합해서 2년 정도 되는 것으로 조사되고 있다. 풍류정신과 화랑도 연구가였으며 특히 동학에 조예가 깊었다. 그는 동학을 조선의 얼굴을 한 풍류도라고 보았다. 일생을 야인정신으로 살면서 독서와 사색, 강의와 저술 활동을 했다. 민족재생의 동력을 찾기 위해 남들이 부러운 눈으로 서양을 바라볼 때, 우리 민족의 오랜 역사와 전통에서 근거를 찾으려고 노력했다. 그러한 작업의 일환으로 풍류정신을 구명하고 그것을 해석의 틀로 삼아 신생 대한민국의 국민윤리를 세우고자 했다. 역시 같은 틀에서 범국가적인 국민운동과 새마을운동의 전개를 제창했다. 그의 서거 50주기를 전후하여 학자들은 그를 건국사상가, 통일사상가로 읽기 시작했다. 2대 민의원(지금의 국회의원)을 지냈으며 계림대학 학장, 동방사상연구소 소장, 5월동지회 부회장(회장은 박정희 국가재건최고회의 의장)을 역임했다. 지은 책으로는 『화랑외사』, 『풍류정신』, 『정치철학특강』, 『범부 김정설 단편선』이 있다. 그밖에 「국민윤리특강」, 「화랑과 풍류도」와 같은 강의 속기록이 남아 있다. 영남대학교 도서관에 범부문고가 설치되어 있으며, 범부연구회(초대회장 최재목 교수, 2대회장 김용구 박사)를 중심으로 여러 학자들이 그의 사상에 대한 재해석 작업을 진행하고 있다.

김정근(金正根)

경상북도 경주에서 태어났다. 서울대학교와 같은 대학의 대학원을 졸업하고, 미국 도미니칸대학교에서 석사, 캐나다 토론토대학교에서 석사와 박사학위를 받았다. 부산대학교에서 교수 생활을 했으며 재직 중에 도서관장과 대학원장을 역임했다. 현재 부산대학교 명예교수이며 범부연구회의 자문위원으로 활동하고 있다. 부산시문화상(2012년)을 수상했다. 지은 책으로 『김범부의 삶을 찾아서』, 『김범부의 생각을 찾아서』, 『김범부의 건국사상을 찾아서』 3부작을 포함하여 다수가 있다. 단독 또는 제자들과 공동으로 집필한 저작 가운데 지금까지 모두 7권이 대한민국학술원, 문화체육관광부 등이 주관하는 우수학술도서에 선정되었다. 현재 부산광역시 기장군에 거주하고 있다.